山西师范大学荀子学院资助

安泽文化研究丛书

张有智 — 主编 —

毛巧晖 著

记忆、表演与传统
——当代文化语境下安泽文化寻踪

Memory, Performance and Tradition:
the Pursuit of Anze Culture in Contemporary Cultural Context

中国社会科学出版社

图书在版编目（CIP）数据

记忆、表演与传统：当代文化语境下安泽文化寻踪／毛巧晖著 . —北京：
中国社会科学出版社，2016.3
（安泽文化研究丛书）
ISBN 978 - 7 - 5161 - 7882 - 9

Ⅰ.①记…　Ⅱ.①毛…　Ⅲ.①文化史—研究—安泽县
Ⅳ.①K292.54

中国版本图书馆 CIP 数据核字（2016）第 063184 号

出 版 人　赵剑英
责任编辑　郭　鹏
责任校对　董晓月
责任印制　李寡寡

出　　　版　中国社会科学出版社
社　　　址　北京鼓楼西大街甲 158 号
邮　　　编　100720
网　　　址　http://www.csspw.cn
发 行 部　010 - 84083685
门 市 部　010 - 84029450
经　　　销　新华书店及其他书店

印　　　刷　北京明恒达印务有限公司
装　　　订　廊坊市广阳区广增装订厂
版　　　次　2016 年 3 月第 1 版
印　　　次　2016 年 3 月第 1 次印刷

开　　　本　710×1000　1/16
印　　　张　17
插　　　页　2
字　　　数　307 千字
定　　　价　58.00 元

序

中国历史悠久，疆域辽阔，人口众多，其文化面貌千姿百态。东部与西部不同，南人与北人有异。若按照通常的办法，将中国文化进行较为详细的区域性划分，则有燕赵文化、三晋文化、齐鲁文化、关中文化、关东文化、荆楚文化、吴越文化、草原文化、岭南文化、青藏文化、巴蜀文化、滇云文化、西域文化、台湾文化等。这些不同的地域文化在特定的空间环境中经过长期的历史积淀逐渐形成了自己的个性特征和文化传统，同时，也在文化的交流与传播中使其固有的文化传统发生着或多或少的变异、转型和创新。对于各个区域文化的研究愈深入，了解愈详细，对多元一体的中华文化具有海纳百川的普遍性格的认识也就愈清晰。

事实上，某种区域文化内还包含许多次级区域文化，县域文化即属此类。它是指在县域一级行政区划内经过长期积淀而形成的文化。其内容包括该县域人们生产生活的样式、价值观念、思维方式、民俗风情、语言、信仰、艺术、习惯等。如若对这些诸多的县域文化的过去和现在逐一进行梳理，探索它们的共性与个性，将是对其所在的区域文化以及中华文化学术研究的扎实推进和整体认识的不断深入。同时，对县域文化建设大有裨益。

安泽文化研究便是一种探索。探索始于 2006 年鄙人应邀参加安泽首届荀子文化节高层论坛。自那时起，同安泽有了不解之缘。荀子文化节共举办了七届，鄙人参加了六次，并协助安泽县委县政府邀请国内外学者与会，整理论文资料。其间有两件事情感受深刻。一是，2008 年下半年同王福才先生带领专门史和戏曲文物研究所的部分研究生走遍安泽县的山山水水，村村寨寨，寻找碑碣，清洗传拓，碑文抄录、校对标点、摄影整理，编辑形成《安泽碑碣》初稿交付安泽县政府。二是，2009 年山西师范大学与安泽共建荀子学院的建立。交往不断进行，了解随之加深。于是，便对安泽县域文化研究产生了浓厚的兴趣。《安泽文化研究丛书》的编撰即是初步尝试。

本套丛书通过大量的田野调查，结合文献资料，拟从四个方面展开研究。一是安泽碑刻与社会。主要对安泽现存碑刻进行梳理、分类、统计，直观反映碑刻在安泽县域的基本状况，并通过对碑刻资料的研究，揭示安泽县域的宗教信仰、民间信仰以及社会生活，等等。

二是安泽方言与社会。方言是地方文化的载体，它可以反映出各个地域特有的人情风貌、风俗心理及艺术风味。可以说，没有方言，地方文化就失去其支撑。安泽是一个典型的移入民栖息地，其移民类型和特点极具复杂性和典型性。本套丛书将对安泽的土著方言、府城新话及移民语言进行实录分析，从语言角度透视安泽特有的语言现象和文化内容，探寻语言在文化身份的建构和维护中起的重要作用，以期为安泽县域文化研究添上一份独有的风采。

三是安泽民俗与社会。我们首先选取了从 2006 年安泽开始举办的"荀子文化节"，它可以说是一个完全建构出来的文化现象，但是其在安泽以外的地域影响非常大，可以说当下已成为安泽的一张文化名片。对于这种地域文化符号重构的描述与理论阐释，可以折射出非物质文化遗产推广以后的一种政治文化现象，具有较强的现实意义。另外，黑虎信仰是安泽地方信仰系统中较为突出的点，在安泽分布着大大小小数量很多的黑虎庙，是当地民间信仰的典型代表。从民间与官方两个层面阐释黑虎信仰，有利于对安泽民间信仰的理解与民众生存经验的认知。最后对安泽当地民间文艺中最有影响的唐城花灯秧歌与和川道情进行阐释，以期为非物质文化遗产的保护提供一定的参考价值。

四是安泽革命斗争史实。安泽是太岳革命根据地主要县份之一，也是开辟岳南革命根据地西南门户和前哨阵地，在军事上政治上处于重要的战略地位，在当年曾有"晋冀鲁豫小边区"之称。在安泽这块神圣的土地上，安泽人民为中国革命的胜利作出了重要贡献，谱写了壮丽篇章。太岳军区司令部、太岳行政公署、太岳军区政治部、太岳兵工厂、太岳新华日报印刷厂都曾驻扎于此，还留下了朱德、刘少奇、邓小平、陈赓、薄一波等老一辈无产阶级革命家生活战斗的足迹。我们对此进行梳理研究，将是对革命英烈的崇敬与纪念，也是对今人的教育和激励！

　　既是尝试，则疏漏与不足便在所难免。期望读者批评指正，期望县域文化研究蓬勃开展！

张有智

2015 年 4 月 12 日

目　　录

导　言

安泽县古称岳阳，位于山西省南部，临汾地区东北部，总面积1967.3平方公里。早在五六千年前就有先民定居，在漫长的历史发展过程中，朝代更迭，辖区几经变更，分合无常。隋唐、金元时期，它占据重要的军事战略位置；明清两朝至今，它处于山西南部到山西东南部的交通要塞。现在，安泽在临汾市属于一个人口较少的县，但是在这片古老的大地上，除了近几年因为政府的大力宣传而打造的大思想家"荀子故里"外，它的民俗文化绚丽多姿、错综复杂，值得深入研究。

一　民俗学与民间文艺学

民俗学是以民俗为研究对象的学科。民俗即民间风俗，指一个国家或民族中广大民众所创造、享用和传承的生活文化。[①] 民俗学这一概念不是中国固有的，但对于其研究对象——民俗的重视，中国则是有悠久的历史传统。民间文艺学一般用以指"关于民间文学的理论、研究，有时也兼及民间文学的收集、整理等学术活动"[②]。民俗学与民间文艺学关系密切，他们的研究对象有重合，民间文学是民俗学和民间文艺学的共同研究对象（见图 0 - 1）。

[①]　钟敬文主编：《民俗学概论》，上海文艺出版社 1998 年版，第 2 页。

[②]　钟敬文：《民间文艺学的建设》，《钟敬文文集·民间文艺学卷》，安徽教育出版社 2002年版，第 211 页。

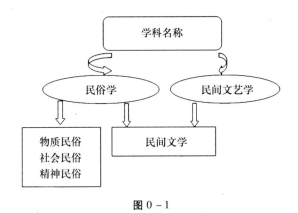

图 0 - 1

　　先秦时期，正统的上层文化体系还没有形成，无所谓民间风俗、上层文化，它们之间彼此交融在一起，所以孔子提出了"礼失求诸野"；删定《诗》三百篇，将风、雅、颂置于同一层面；并且穿朝服观看傩戏。到汉代，整个社会"独尊儒术"，上层文化形成体系，"统治阶级的文化就是社会的统治文化"（马克思语），民间风俗处于社会的边缘。自汉以后的中国历史上，民间风俗发展出现三个高峰期，即两宋、晚明以及清朝中后期。两宋时期政治控制松弛，城市经济迅速发展，而且人身依附关系松动，这些都为民俗文化的繁荣提供了必要的条件，宋代的讲史、说浑话、戏曲歌舞极为繁荣。晚明时期虽然政治黑暗腐朽，但是思想控制相对松弛，而且教育水平提高，特别是在东南沿海一带出现了资本主义的萌芽，这些都导致思想界的变革，学术界形成抨击"伪道学"，肯定"私欲"，张扬自由个性的局面。民间风俗被重新审视，文人在其中发现了与自己主张相合的理念，这样就有大量的文人开始宣传、搜集和加工民间风俗，其中最具有代表性的就是冯梦龙。他出版了民歌、民间故事、谜语和笑话，认为"只有假诗文，没有假山歌""借男女之真情，发名教之伪药"。①在文人学者的宣传下，整个社会掀起了一股热衷民间风俗的热潮。清朝中后期，社会处于转型期，同样出现了一个关注民间风俗的高潮，但是它与历史上其他时期有着显著的差别。清代在中国文化史中占着很灿烂的一

---

① （明）冯梦龙：《山歌·叙》，江苏古籍出版社 2000 年版。

页，因此谈论20世纪中国的思想和学术，很多人喜欢"从晚清说起"①，民俗学的研究也可以追溯到晚清时期。钟敬文在《建立中国民俗学学派刍议》中提道："其实，严格地讲，中国的科学的民俗学，应该从晚清算起。"②晚清时期是科学民俗学形成的酝酿时期。刘锡诚也明确提出："中国现代民俗学的滥觞，实际上确比'五四'新文化运动更早，应在晚清末年。"③

中国民俗学从民间文学的研究开始起步，正如钟敬文指出的中国引进民俗学是"从文学切入"④，日本民俗学家直江广治强调："中国民俗学的诞生是和文艺紧紧相连的。"⑤ 这一特征与世界民俗学学科的兴起和发展相吻合，德国和法国的民俗研究也是从民间文学开展起来的。这种倾向的结果之一就是"民俗学范畴内逐渐出现以民间文学搜集和研究为主的趋向"⑥。

从学科体系归属上，民间文学在不同国家情形不同。在西方，民间文学归属于民俗学学科，但是不同的国家具体定位差异很大。德国民俗学"被视为广义上的民间诗学"；俄苏则指"民间文学或口头文学"；英国民俗学"关心的是民俗的社会功能，即使研究民间口头创作也只对其中的古代文学遗留物感兴趣"；法国介于两大传统之间。⑦ 也就是说，民间文学在德、俄苏、英、法等国家民俗学的学科体系中所处位置及意义不同。

晚清时期，西方新思想的输入主要是转道日本，中国"民俗学"一词直接译自日语。日本民俗学来自西方，但是它的一些理论，却是日本学者在自己实践中形成的，具有自己的特色，它从社会科切入，包含民间文学部分。这样民俗学作为新兴学科，它不像其他学科那样可以直接从西方

---

① 陈平原主编：《中国文学研究现代化进程二编·前言》，北京大学出版社2002年版，第4页。

② 钟敬文：《建立中国民俗学学派刍议》，载《广西民族学院学报》（哲学社会科学版）2000年第1期。

③ 刘锡诚：《民俗百年话题》，载《民俗研究》2000年第1期。

④ 钟敬文：《从事民俗学研究的反思和体会》，载《北京师范大学学报》（社会科学版）1998年第6期。

⑤ ［日］直江广治：《中国民俗学·序》，林怀卿译，台湾世一书局印行1970年版。

⑥ 陈勤建：《20世纪中日民俗学学术倾向及前瞻》，载《民俗研究》2001年第1期。

⑦ 钟敬文主编：《民俗学概论》，上海文艺出版社1998年版，第426、441、429页。

引进，更无可以依托的学术传统。中国民俗学的形成和发展受英国人类学派民俗学影响最大。当时翻译的理论著作中英国班恩女士（Charlotte Burne）的《民俗学问题格》①、柯克士女士（Marian Cox）的《民俗学浅说》② 等最为有名。弗雷泽（James Frazer）、安德鲁·朗（Andrew Lang）等英国人类学派代表人物对周作人、江绍原、茅盾等的巨大影响更是学术史常识。另外就是受到美国民俗学的影响，例如美国学者詹姆逊（R. D. Jameson），在清华大学任教讲述民俗学课程，后来他将讲义集结成册，出版了《中国民俗学三讲》。③ 从 20 世纪初至新中国成立，学界学科指称中运用"民俗学"术语非常普遍，它与 folklore 对译，与英国的民俗学思想一致；而民间文艺学的称谓混乱，学术空间也相对狭小，仅限于民间文学。20 世纪 90 年代，学科规划中又将民间文学完全纳入民俗学的研究范畴，民间文艺学也失去了学科的独立性。这与 20 世纪二三十年代的学人论述相同，那一时期学人也是将民间文学视为民俗学的研究对象。所以在下文叙述中，民间文艺学形成和发展的初期，基本上直接使用民俗学指称。

民俗学特殊的研究对象，使得它与社会思潮密切联系在一起。正如丹·本－阿莫斯所说："……他（按：指吉乌塞普·科奇亚拉，《欧洲民俗学史》的作者）把民俗学的观念和内容当作欧洲思想史的内在部分"④，可见民俗学与思想史、思潮的内在关系。赵世瑜强调："不仅把民俗学视为一门学科，而将其当作一种思想、一种社会思潮……"⑤ 因此，民间文艺系与民俗学一样，与社会思潮紧密联系。

在中国内部文化思想演变的同时，西方的思想伴随着西方对中国的侵入以及中国学者的"放眼看世界"逐渐进入中国。19 世纪末 20 世纪初，西方各种思潮与学派通过翻译涌入中国，进化论、无政府主义、实证主义、经验自然主义等都被引进。思想文化界内外交合的变革，其目的都与民族主义紧密联系，核心主题就是民族的生存和兴盛。在这个历史语境

---

① 杨成志译：《民俗学问题格》，原为班恩女士《民俗学手册》中的两个附录的选译，1928 年 6 月作为中山大学民俗学会丛书出版。

② ［英］柯克士：《民俗学浅说》，郑振铎译，上海商务印书馆 1934 年版。

③ ［美］詹姆逊：《中国民俗学三讲》，北平三友书社 1932 年版。

④ 赵世瑜：《眼光向下的革命——中国现代民俗学思想史论（1918—1937）》，北京师范大学出版社 1999 年版，第 4 页。

⑤ 同上书，第 14 页。

中，出现了一个共同的声音，那就是民间。

清朝后期，中国学者在引进西方近代文化时，表现出了对"民"与"民间"的关注，除了受到西方人文主义的影响外，还有内源性的因素。他们在引进和接纳过程中受到中国传统的"民本"思想和"采诗"的影响与规范，在政治思想上表现出了平民意识，文学上则开始重视、推崇"白话文学""平民文学"。

清末政治思想变革，关注"民间"成为一种思潮，在这种政治思潮的影响下，文学领域也发生了巨大的变革。最显著的表现在于对文学语言的态度，主张用俗语著作，提倡具有通俗性的文学种类，如小说、戏剧；公开提出了文学为政治和社会服务的主张（当时"政治小说"流行，并且产生了很多这类作品），特别是对于民间文学的注意，是当时学术界活动的一个重要方面，仿作民谣、俗歌，成为当时的一股巨流，并且将书本文学的起源追溯到民间文学（特别是民间歌谣）。这种观念是近代才有的，它是在进化论影响下形成的文学进化观。清末很多学者处于这一旋涡之中，从改良派到革命派，都意识到了"民间"。

清代只是现代意义上民俗学酝酿时期，但是由于中国对于民间文学关注的历史传统，以及当时特殊的历史境遇，知识分子卷入中国近代的民族国家建设的洪流中，关注民间、民众成为当时的社会思潮，而这恰好符合民俗学的研究对象和主体，因此进步的知识分子都从非学术意义上关注着民间。他们是时代的先锋，处于民族革命倡导者的位置，关注民间，向民众讲述自己的思想，鼓动民众革命。为了达到这一目的，他们用民间文学的形式创作，将其作为一种工具，向民众宣扬革命，希望得到民众的响应。因此，当时的学者虽然没有从学术意义上创建民俗学，但是显而易见，他们都在非学科的意义上为民俗学的创建做出了自己的贡献，这符合当时的历史语境，同时打下了民间文艺学的根基。

1917年12月17日北京大学建校20周年纪念前后，在校长蔡元培的号召下，计划进行多种纪念活动，那时发表了歌谣采集规约，拟刊行歌谣即民谣总集和选集两种，作为其中活动之一。1918年2月1日《北京大学日刊》，在蔡元培特用《校长启事》公告的支持下，刊登了《北京大学征集近世歌谣简章》，这一历史事件作为中国民俗学产生的标志。民俗学诞生以后，各个领域的知识分子都积极加入，但缺乏专业人士，出现

"热闹有余而专业性则显不足"①的状况。这就形成了作为运动的民间文艺学之兴盛，但学术的推进则显苍白。在西化大潮中，民俗学理论零碎、片断地被引进，学者根据自己的兴趣点进行着中国式的阐释和转化，这种局面一直持续到20世纪30年代。最初参与民俗学运动的学人，都有着深厚的国学传统，再加上民俗学伴随着新文学运动诞生，在他们接受和发展民俗学中，自然而然落足于民间文学。研究方法上则是在传统考据学的基础上吸纳了西方的实证主义，资料收集成为基本问题。那一时期随着一批欧美留学的专业人士的回国，欧美的民俗学理论得以系统化引进，但他们的研究以资料收集为主旨，目的只是进行资料系统的储备，这极大影响了民俗学理论的推进与深化。所以这一时期民俗学学术研究并没有大的提高，当然不能否认局部研究方法的更新和理论的提升。

民间文艺学在20世纪10年代至30年代，它的学术发展与民俗学轨迹几乎是重合的，如胡愈之《论民间文学》与1933年编纂、出版于上海的《辞源》都是将民间文学与folklore对译，学科名称更多使用民俗学。民间文艺学并未成为一个独立领域。民间文艺学发展的一个重要节点是20世纪30年代中国共产党新的文艺政策。

1937年，抗日战争爆发，中国分为国统区、解放区和沦陷区。解放区的民间文学研究是在毛泽东的《新民主主义论》和《在延安文艺座谈会上的讲话》思想的指导下发展，逐步显现出与之前和其他两个区域民俗学的差异。解放区的民间文学研究完全纳入文学轨道，在理论研究方面，注重探析它作为文艺的一部分，重视其对中国共产党的领导与革命战争的作用和意义以及为人民大众服务的思想；同时利用陕北丰富的民间文学资料，进行改编和再创作，掀起了新秧歌运动、新说书运动与文人民间文艺（或称通俗文艺）创作的浪潮，这些对宣传中国共产党的政策、方针，唤起民众的民族情感起到了巨大的作用。也是在这一时期以及特殊的地域环境中，逐步奠定了民间文艺学的独立性发展。新中国成立后，解放区的民间文艺学思想推广到全国，作为学科的民间文艺学诞生，民间文艺学进行了重新建构，完成了从作为运动的民间文学向新民间文艺学的转

---

① Chao Wei - pang, *Modern Chinese Folklore Investigation* 中提道："主要缺点是，那些民俗学研究工作的创始者们没有一个人充分熟悉民俗学这门科学的性质、理论和方法……"原载辅仁大学《民俗学志》1942年第1期，转自赵世瑜《眼光向下的革命——中国现代民俗学思想史论（1918—1937）》，北京师范大学出版社1999年版，第149页。

向。20世纪50年代中期至"文化大革命",这段时期民间文艺学沿着文艺学模式推进,基本上跟随作家文艺学的轨迹,没有凸显自己的文学性特质。20世纪80年代以后,民俗学的发展受到重视,钟敬文认为民俗学是人文科学的一种。他专文论述了民俗学与民间文艺学的关系,具体观点如下:

首先,民间文学作品及民间文学理论,是民俗志和民俗学的重要构成部分。其次,民俗学可以作为人文科学乃至于某些自然科学史的手段学——方法学,同样它也可以作为民间文学研究的方法学。最后,现在研究民间文学,必须具备一定的民俗志和民俗学知识。①

从他的论述中,我们可以看到学术名词的差异。作为学科的名称,他的提法是民间文艺学,在这个意义上,他认为民俗学与民间文艺学两者有密切的关系。他所述民间文学属于民俗学,只是在论述它作为民俗学的一种研究对象,民俗学作为民间文学研究的方法学。在这里需要明确民间文学研究与民间文艺学具有不同的内涵,民间文学可以作为民俗学与民间文艺学共同的研究对象。在钟敬文的论述中,他还强调民间文艺学与民俗学并列于学科体系之中。只是在关于民俗学与文化学交叉、并融的关系中,他将民间文艺学置于民俗学之后,而且对其学科归属语焉不详。20世纪八九十年代,随着"文化热"的盛行,钟敬文积极推动民俗学进入文化学的研究与讨论,他将民俗"作为一种文化现象",在这一思想的支配下,民俗学的研究对象,大体包括存在于民间的物质文化、社会组织、意识形态和民间文学等各种社会习惯、风尚事物;民间文学是民俗人际关系的媒介,是许多文化的载体,是一种特殊的符号民俗传承。在述及民俗学与民间文艺学等学科之间的关系时,他指出民俗学有自己的丰富内涵,与其他社会人文科学并列,是独立的学科,而对民间文艺学的归属及其学科特性则无明确阐述。这样,在他阐述民俗学思想的过程中,民间文艺学逐步消失了。随之而来的是民间文艺学的学科独立性渐趋消解,同时因为一再强调民间文学作为民俗学的研究对象,学界渐趋模糊民间文学与民间文艺学的差异,最后将民间文学从文学领域剥离。随着"文化热"的消失,民俗的文化学意义不再被提起与强调,但钟敬文在这一历史语境中的民俗

---

① 参见钟敬文《民俗文化学发凡》,《钟敬文民俗学论集》,上海文艺出版社1998年版,第265—291页。

学体系建构在继续推进。

20 世纪 90 年代末，钟敬文提出了建立中国民俗学学派的口号。中国的民俗学脱离西方民俗学的影响，进入自主阶段，其特性是多民族的一国民俗学。① 他的这一思想从 20 世纪 90 年代中期开始酝酿，得到了民俗学学界的推动和认可，成为中国民俗学发展的一个标识。在民俗学发展的过程中，学界对民间文艺学的关注渐趋消沉，同时即使在民俗学领域也忽略或轻视民间文学的研究，钟敬文反对这种做法。他在编纂《民俗学概论》时，将民间文学与物质民俗、社会民俗、精神民俗并举，由于此著作是民俗学教材，它的影响极大。他认为：

> 民间口头文学是人民大众的语言艺术。它运用口头语言，充分发挥其丰富的表现功能和概括能力，创造各种艺术形象，展示瑰丽的想象，表现高尚的审美趣味和深刻的理性认识，这是民间口头文学区别于其他民俗事象的艺术特征。
>
> 民间口头文学一直是民俗学研究的对象。现在，民间口头文学的研究在我国虽然已经发展为独立的民间文艺学，但是，由于口头文学历来密切联系着各种民俗事象，渗透到各种民俗活动之中，成为各种民俗文化的载体，因而它仍然是民俗学不可缺少的重要组成部分。②

这一论述再次清晰呈现了民俗学与民间文艺学的关系，以及民间文学作为研究对象，两个学科的共享性。后来他又撰文专门论述了民间文学在民俗学中的位置和作用：

> 从各国民俗学过去和现在对对象范畴的界定看，口头文艺都是不可或缺的部分，乃至比较主要的部分，这是值得我们认真思考的。
>
> 目前国内人类学、社会学等一时的势头强劲，是造成那些学者对民俗学研究的某些方面失去信心、感到惶惑的外在因素。但我认为，如果那些学者对口头文艺各方面有了比较深入的了解，或者他们了解

---

① 钟敬文：《建立中国民俗学学派论纲》，载《广西民族学院学报》（哲学社会科学版）2000 年第 1 期。

② 钟敬文主编：《民俗学概论》，上海文艺出版社 1998 年版，第 240 页。

人类学、社会学学科与民俗学和口头文艺学的差别与关系，那么，他们的消极或困惑是可以消除的。从另一方面说，他们正应该利用这些兄弟学科的理论、方法和资料，去加强和深化他们对民俗学中的口头文艺研究的力量和成果。①

但是与他的论述相悖，民俗学的轨迹逐步沿着文化人类学和社会学的方向前进。进入 21 世纪以后，民俗学在自己的理论形成中渐趋开始强调学科的独特性。

从上述钟敬文对于民间文学的阐释中，可以看出 20 世纪 90 年代他竭力在论述与厘清民间文艺学与民俗学两门学科之间的关系。他本人兼跨这两个领域，对民间文艺学、民俗学的研究都涉及较早，造诣极深。虽然他在民俗学思想阐述过程中，民间文艺学（或称为口头文艺学）话语逐步隐匿与消失，民俗学话语全面张扬，但不能将他的思想误读为民间文艺学属于民俗学，他一直还是坚持民间文艺学的学科独立性，强调民间文艺学与民俗学彼此都难以涵盖对方，只是认为民间文学是民俗学的重要研究对象之一，这点是必须明确的；另一方面他认可民间文学的文学艺术特性。他在《谈谈民间文学在大学中文系课程中的位置》一文中进行了具体论述，他认为：民间文学与作家文学尽管有许多关系，但是，我们必须看到：民间文学作为民族文学的一部分，它是一种特殊存在，它与一般被视为文学正统的作家文学（或精英文学）有显著区别。民间文学有它相对的独立性，反对将其消解在"中国古代文学"及"中国现当代文学"等学科中，认为那是一种历史的倒退。同样，他在民俗学理论及思想的阐释中也没有涵盖民间文艺学，包含的只是民间文学。②

关于民间文学的文学性，尽管这一问题在 20 世纪 90 年代是以回归文学的形式出现，但它仍是当时的基本问题之一。民俗学领域重视民间文学与社会生活及文化史的研究，而对于民间文学的文学性与艺术性则很少探讨，也正因为如此，民间文学与民俗学其他三类之间差别很大，彼此难以相容并达成共识。不论民俗学如何重视民间文学的研究，都不能将民间文

---

① 参见钟敬文《钟敬文文集·民间文艺学卷》，安徽教育出版社 2002 年版，第 188—189 页。

② 钟敬文：《谈谈民间文学在大学中文系课程中的位置》，载《北京师范大学学报》（社会科学版）1996 年第 6 期。

艺学纳入民俗学体系，他们之间理论难以协调及研究本体的不同不能抹杀。两个学科合一的结果就是：中国民俗学研究难以脱离民间文艺学框架，民间文艺学既不能融入民俗学，也不能为文学所接纳，其处境极为尴尬。20 世纪 90 年代民俗学视野下民间文学的研究，其艺术性与文学性逐步被忽略，因此新世纪学人呼吁回归民间文艺学的本体研究。1979 年钟敬文《把我国民间文艺学提高到新的水平》① 一文中就提到"大文学理论"，当然它与文学领域"大文学理论"之间有着差别，它主要指文学由民间文学、作家文学、通俗文学共同构成，民间文艺学作为文学有自己的特殊性，这种特殊的文学性可以补充和完善现存的作家文学研究。但是立足于文学领域的民间文艺学大多是将作家文学的文学性延伸至民间文艺学，或者直接用作家文学的框架来规范民间文艺学，致使它的研究范式并没有转换到"口头性"。20 世纪 90 年代关于回归文学的探讨，只是开始厘清民俗学之民间文学研究与民间文艺学之间的差别，关于民间文学文学性的探讨还处于沉寂状态，这样新世纪学人的研究重点就要置于后者，逐步在这一关于民间文艺学内部研究问题上既不偏离原有轨道，同时又能取得实质性突破。民间文学特殊文学性的破解对于它的学科独立以及学术思想的自主发展都是至关重要的。

厘清民俗学与民间文艺学的学科界限与关系之后，本书所讨论的安泽地域文化内涵、脉络及其特质就可以有一明晰的思路。民俗是最重要和最基本的文化现象之一，本书试图通过对安泽民俗的论述，追寻当代社会中安泽文化的踪迹。依照上文所述，安泽民俗除了物质民俗、社会民俗、精神民俗等民俗事象外，还包含民间文学，当然其重点是探讨民间文学与社会生活语境及文化史的关系，呈现其中所蕴含的独特的地域文化基因与生活方式。

二　民俗的地域性与典型民俗

民俗作为一种文化事象，一种特殊的社会存在，远古人类早已关注。在先秦文献中就有关于民俗事象的大量记载和描述。但是从学术意义或者

---

① 参见钟敬文《把我国民间文艺学提高到新的水平》，《钟敬文民间文学论集》（上），上海文艺出版社 1985 年版。

理论意义上去研究民俗，则是从五四运动前后开始，逐步由国外引进。民俗学发端于 19 世纪初期的德国，它的兴起与浪漫主义和民族主义思潮有着直接关系。我们对"民俗"的理解经历了"民族文化传统""文化遗留物""民众生活"等历程。民俗学的兴起也与民族国家的兴建以及民主革命的发展有着密切关系，但是长期以来其民众生活的特性被遮蔽。民俗与一般的文化意识形态不同，它是人类文化意识的原型。在人类文化意识形态"宝塔"构制中，民俗处在最底层，它是一种生活样态、生活方式，具体而言表现为生活技艺和生活习惯，是民众日常生活的规范或范式。用费孝通的话说，就是"孩子碰着的世界不是为他方便而设下的世界，而是一个为成年人方便所设置下的园地"①。民俗作为民众集体程式化的传承生活文化，范围是广泛的②，它涉及我们社会生活的各个领域，但也不是宽泛到没有边界。对于纷繁复杂的民俗事象，为了研究的方便，一般将其分为物质民俗、社会民俗、精神民俗、语言民俗四类。物质民俗主要指人民在创造和消费物质财富过程中所不断重复的、带有模式性的活动，以及由这种活动所产生的带有类型性的产品形式。它主要包含物质生产民俗以及民众的衣食住行等特定的方式。社会民俗，亦称社会组织及制度民俗，指人们在特定条件下所结成的社会关系的惯制，它关涉个人、家庭、家族、乡里、民族、国家乃至国际社会的社会交往的行为方式。精神民俗主要指物质文化与制度文化基础上形成的有关意识形态层面的民俗，它是一个地域或民族的集体心理习惯。语言民俗，就是日常所讲的民间文学，它包含民间故事、神话、传说、史诗等各个类别以及谜语、谚语等语言艺术。"十里不同风，百里不同俗"，各类民俗共有的特征之一就是地域性，也称为"地理特征"或"乡土特征"。它主要指民俗在空间上所呈现出的基本特征。民俗与社会发展密切相关，所以民俗学的研究可以说是与时俱进的。长期以来，民俗学的研究集中于社会热点，比如岁时节日、婚丧嫁娶、信仰禁忌、衣食住行等各个层面，众多学人运用知识考古的方法，对其起源、发展、传承与变迁等进行考察与研究。但是这些研究不能凭空进行，某一地域的个案研究一直以来就是民俗学研究的重要方法与手段。在此基础上，在民俗学领域逐步形成和发展起来一个分支即区域民俗学，即

---

① 费孝通：《乡土中国》，上海人民出版社 2006 年版，第 41 页。

② 陈勤建：《文艺民俗学》，上海文化出版社 2009 年版，第 3 页。

对一定区域内,各类民俗事象共同呈现的基本特性进行阐释与研究。本书就是对安泽这一地域内各种民俗事象的综合研究,阐释在同一地域内各类民俗事象的共同特征以及它们的基本特性。

一个地域内的任何民俗事象都不是孤立存在的,它们之间彼此联系,共同构建成一个复杂的网络,其中包罗物质民俗和精神民俗的众多民俗事象。在安泽丰富多彩的民俗宝库中,有许多具有鲜明地域特色的民俗事件和民间形象。它们集中体现了安泽民众的生存经验和生存智慧,折射出了安泽这一地域独特的价值观、道德观和审美观。这些民俗事象可以说在这一地域中具有典型意义,它们是这一地域的民俗标志物,具有凸显民俗事象的标志性意义。

三 基本思路与基本框架

在对民俗学及其发展历史阐释的基础上,可以看到传统意义上对民俗事象的梳理,即从衣食住行、生辰婚丧、民间信仰、民间文学等层面全面论述并不能凸显民俗特性及其个性差异,只有从地域的视野,对于典型民俗事象深入阐释才可能彰显这一地域民俗的本质与独特性。因此,本书就以安泽这一地域为研究对象,在对其民俗事象进行总体描述的基础上,对于它具有节点意义的典型民俗进行论述。

首先,我们选择了从 2006 年安泽开始举办的"荀子文化节",它可以说是一个完全建构出来的文化现象,但是其在安泽以外的地域影响非常大,可以说当下已成为安泽的一张文化名片。对于这种地域文化符号重构的描述与理论阐释,可以折射出非物质文化遗产推广以后的一种政治文化现象,具有较强的现实意义。

其次,安泽是一个典型的移民县,当地原住民很少,大部分是从山东、河南移居而来,还有一部分是山西平遥人。所以对于安泽移入民民俗与社会变迁的研究对安泽社会的理解具有本质意义。

再次,安泽的黑虎信仰在当地以及整个山西南部影响较大。虽然安泽是移民县,信仰庞杂多样,但是黑虎信仰是安泽地方信仰系统中较为突出的点,在安泽分布着大大小小数量繁多的黑虎庙,是当地民间信仰的典型代表。从民间与官方两个层面阐释黑虎信仰,有利于对安泽民间信仰的理解与民众生存经验的认知。

　　最后，对安泽当地民间文学中最有影响的唐城镇花灯秧歌与和川镇道情艺术进行论述。唐城镇每逢过年期间，在夜幕降临后人们纷纷走上街头观赏花灯，白天则是欣赏秧歌表演，此时表演者手中并不持花灯。随着秧歌的发展，人们将花灯与秧歌合二为一创造出花灯秧歌，在秧歌行进表演中花灯得以充分展示，从远处看秧歌队就像一片花海，美轮美奂；从近处观，每位表演者手中所持花灯形态各异，富有特色。后来唐城镇秧歌的表演不再只局限于唐城镇，在每年阴历的正月十五秧歌队会到安泽城进行表演，对于唐城镇花灯秧歌安泽民众可以说是家喻户晓。和川镇道情艺术则是多种文化交融的产物，虽然冠以名称较晚，但是这一艺术形式存在却有较久远的历史。针对这两种民间文学现象进行阐释，对于了解安泽的民间文化具有重要意义，同时也为非物质文化遗产的保护提供一定的参考价值。

第一章　安泽人文地理概况

安泽历史悠久，文化古迹众多，被誉为千年古县，相传是唐尧的发源地、古代思想家荀子的故里。安泽历经朝代更替、祸患战乱，其地域范围与建制多番变动，在历史的演变中累积了深厚的文化底蕴。

一　安泽历史沿革

（一）先秦时期

安泽的人类活动最早可追溯至五六千年前的新石器时代，现考古发现多座文化遗址，有和川镇西洪驿遗址、府城镇川口遗址、府城镇义唐遗址、子坪遗址等。唐虞夏商之时，安泽属于冀州之域。《尚书·禹贡》记载，大禹治水后将天下分为九州，"禹行自冀州始。冀州既载壶口，治梁及岐。既修太原，至于岳阳"①。西周，史传周成王与其弟叔虞玩耍，周成王把一片桐树叶削成圭状送给叔虞，言："以此封若。"史佚认为："天子无戏言。言则史书之，礼成之，乐歌之。"② 便请求周成王封叔虞为诸侯。于是把唐封给叔虞，唐在黄河、汾河的东边，方圆一百里。后叔虞子燮父徙居晋水边，改国号为晋。公元前789年，安泽和川镇发生历史上著名的"千亩之战"，《史记·周本纪》记载："（宣王）三十九年，战于千亩，王师败绩于姜氏之戎。"③ 战役的失败加剧了西周的衰亡。春秋时期，安泽属于晋国的管辖范围。当时晋国有名相赵衰、狐偃等辅政，极大地发展了农业和手工业生产，使晋国出现"政平民阜、采用不匮"的局面，

---

① 慕平译注：《尚书》，中华书局2009年版，第52页。
② （汉）司马迁：《史记》卷三十九，西安出版社2002年版，第223页。
③ （汉）司马迁：《史记》卷四，西安出版社2002年版，第64页。

逐渐强大起来。公元前 376 年，韩、赵、魏三家灭晋并瓜分领土，现在的安泽所在区域先归属韩国，公元前 262 年，秦国武安君讨伐韩，上党郡与韩国的联系被切断，韩便将上党献给赵国，以利用其力量对抗秦，现在的安泽即被赵国统辖。

（二）中世纪王朝时期

公元前 221 年，秦始皇统一六国建立秦王朝，废分封，行郡县制，将全国分为三十六郡，以后又陆续增设至四十余郡，现在的安泽属于上党郡。西汉时期的地方行政体制沿袭秦朝的郡县制，在现在的安泽所属区域内首次置县，设猗氏县统辖该地，北部地区归属穀远，这一带均隶属上党郡（见图 1 - 1）。

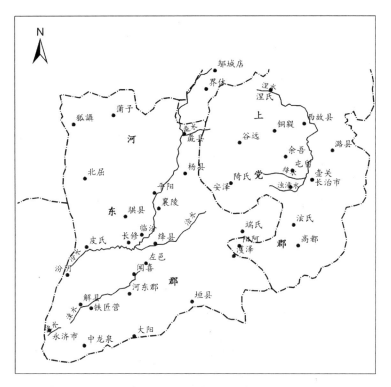

图 1 - 1　西汉时期安泽版图

王莽改制将"穀远"更名为"穀近"，后恢复旧名。东汉基本沿袭西汉，分封王、侯与州、郡、县双轨并设之制。猗氏改为猗氏，北部仍属榖远，归属并州上党郡管辖。东汉末年，国家政权在军阀混乱中灭亡，天下形成魏、蜀、吴三国鼎立局面，北方由曹魏政权统治。曹魏的建制大抵沿袭东汉，为州、郡、县三级制，现在安泽所属区域仍归猗氏和榖远管辖，隶属于魏国并州的上党郡。280 年，西晋完成全国统一，在晋地设置司州、并州、幽州3 州和9 郡。废猗氏和榖远，现在安泽区域并入襄陵，隶属于司州平阳郡。316 年，西晋灭亡，第二年，琅邪王司马睿在建康建立东晋，中国进入东晋十六国时期。十六国时期的汉国刘渊建都平阳郡（现在的山西临汾市西北部），其统治地区包含并州刺史部、雍州刺史部、秦州刺史部、豫州刺史部、司隶校尉部、冀州刺史部部分地区，安泽仍属襄陵，隶属雍州平阳郡。319 年，刘曜继帝位于长安，建立前赵，在安泽设置冀州。329 年，石勒攻灭前赵，控制中国北方大部分地区，冀州被废。此后，平阳地区先后被后赵、前燕、前秦、西燕、后秦统治，现在的安泽所属区域一直归属襄陵。439 年，北魏太武帝拓跋焘经过多年征战统一北方，中国历史上正式形成南北朝对峙局面。北魏初期，《读史方舆纪要》载："后魏主焘神麚，擒赫连昌，析襄陵东北置禽昌县，并置禽昌郡。真君二年，郡废，县属平阳郡。"[①] 现在的安泽所辖区域从属平阳郡禽昌和襄陵管辖。建义元年（528 年），北魏对平阳郡重新划分行政区域，改猗氏为冀氏郡，下辖冀氏和合阳，设置义宁和安泽，归义宁郡管辖，共属并州。冀氏在现在的安泽东南15 公里冀氏镇，合阳在现在的安泽东南27.5 公里杜村乡河阳村，义宁在现在的安泽北15 公里和川镇，当时的安泽乃现在的古县岳阳镇。安泽因"界安吉、泽泉间"得名，名始于此时。北魏灭亡后，出现东魏和西魏两个相互对峙的政权。东魏时，冀氏和合阳仍属冀氏郡，义宁和安泽隶属义宁郡，两郡隶属晋州（治现在的山西临汾市尧都区）。此后，高洋与宇文觉先后取代东魏和西魏建立了齐朝、周朝，史称"北齐""北周"。北齐时，废冀氏郡，将合阳并入冀氏，冀氏改属义宁郡，义宁和安泽仍属义宁郡，义宁郡属晋州。577 年，北周灭亡北齐，再度统一北方，为后来隋朝重新统一中国奠定了坚实的基础。北周时，现在的安泽所属区域的行政区划延续了北齐。

581 年，隋文帝杨坚代周建隋，结束了自东汉以来相继四百年的分裂局

---

① （清）顾祖禹：《读史方舆纪要》卷四十一，商务印书馆1937 年版，第1730 页。

面，再度统一全国。由于当时州、郡、县三级行政区划制度混乱难调，郡一级形同虚设，隋文帝便废除全国郡制，改为州、县两级制；隋炀帝时，将所有的州改为郡，实行郡、县二级制。现在的安泽区域在隋文帝时属于晋州，在隋炀帝时属于临汾郡。隋开皇三年（583 年），废义宁郡，安泽、冀氏、义宁 3 县属晋州；开皇十八年（598 年）改义宁县名为和川，属沁州；大业二年（606 年），改安泽名为岳阳，以县在太岳山之南故名，县治移往西赤壁（现在的古县旧县镇），冀氏和岳阳均隶属于临汾郡。《隋书·地理志》临汾郡中曾记载过，"岳阳，后魏置，曰安泽，大业初改焉"①。大业三年（607 年）和川并入沁源，隶属上党郡（见图 1－2）。

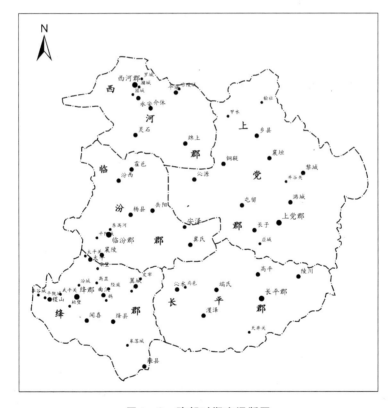

图 1－2 隋朝时期安泽版图

① （唐）魏徵等：《隋书》志二十五，卷三十，中华书局 1973 年版。

618 年，隋炀帝死后，李渊废隋恭帝在长安称帝，改国号为唐。唐朝初期将郡改称州，成为一级行政区划，下领县，实行州县两级制。唐武德元年（618 年），划分沁源，设和川，隶属于河东道沁州管辖。武德二年（619 年），岳阳移治东池堡（现在的古县东南茶坊乡东池村）。贞观六年（632 年），又移于岳阳城（现在的古县岳阳镇城关村），冀氏、岳阳同归晋州。由于唐王朝发迹于山西，正如唐太宗李世民言："太原王业所基，国之根本。河东殷实，京邑所资。"晋州作为河东重镇，农耕与手工业生产空前繁盛，晋州的粟米常通过漕运接济京师长安。"河渭之间，舟辑相继，会于渭南。"此外，岳阳（现在的古县）、翼城、昌宁（现在的乡宁）和汾西的采矿炼铁均很有名。唐武宗会昌三年（834 年），刘稹拥兵挟制朝政，唐武宗派兵讨伐。河中节度使陈夷命一千步兵和骑兵屯守翼城，五百步兵增援冀氏。后任命石雄代替李彦佐为晋绛行营节度使，令他由冀氏进兵攻取昭义的治所潞州，同时分兵屯守翼城，终平定叛军。唐朝在安史之乱后日渐衰落，至天祐四年（907 年），节度使朱温废哀帝为济阴王，自立为帝，建国号"大梁"，史称"后梁"，中国历史进入五代十国时期。唐朝灭亡后，中原地区先后经历后梁、后唐、后晋、后汉、后周五个政权，史称"五代"。其间，现在安泽所属区域的行政区划仍同于唐代，但是由于战争频繁，百姓死伤逃亡者甚多，户口锐减，经济衰落（见图 1-3）。

960 年，后周都点检赵匡胤发动政变，建立宋朝，史称"陈桥兵变"。经过十几年征战，北宋陆续消灭其他割据政权，结束了自安史之乱和黄巢之乱以来的分裂局面。宋朝行政区划实行州、县二级制。宋朝初年，和川仍属沁州。太平兴国六年（981 年），废沁州，和川改属晋州。晋州是宋代设铁官的"十二冶"之一，铸大钱，以一当十，助关中军饷，是当时北方重要的商业贸易城市。宋熙宁五年（1072 年），降和川县级行政区划，致为和川镇并入冀氏，元祐元年（1086 年），复置和川。1127 年，北宋政权经历"靖康之变"被金灭亡，宋徽宗之子赵构在南方建立政权，史称"南宋"，女真人建立的政权金朝占据了中国北方。金朝时，冀氏、岳阳、和川三县并存，均隶属平阳府，平阳府隶属金朝河东南路。

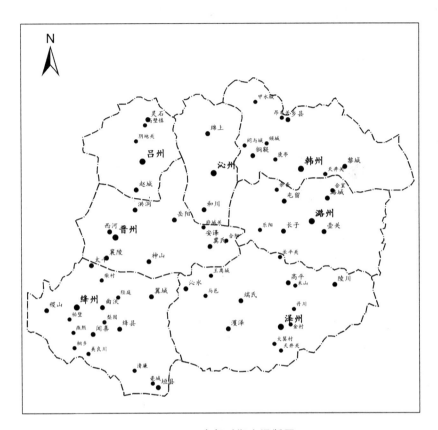

图 1-3 唐朝时期安泽版图

金天兴三年（1234 年）正月，南宋与蒙古联合攻克蔡州，金灭亡，北中国归于蒙古。1271 年，蒙古大汗忽必烈称帝，改国号为大元，1276 年，元军攻克临安，灭亡南宋，重新完成全国大一统。《元史·志第十·地理一》记载，元朝实行"行中书省"行政区划，元初年改冀氏为猗氏，属平阳府。至元三年（1266 年），把冀氏、和川并入岳阳；至元四年（1267 年），因冀氏为交通要道，重新在今古县岳阳镇设冀氏，岳阳和和川并入冀氏。后又改冀氏名为岳阳，移治岳阳城，至此，冀氏、和川、岳阳三县合并，形成新的岳阳县级区划。岳阳隶属平阳路（1305 年，改名晋宁路），直属中书省管辖（见图 1-4）。

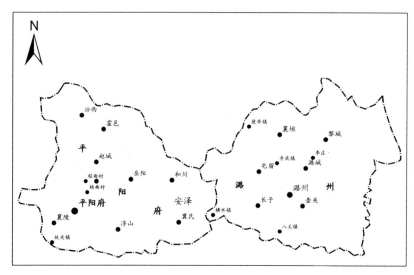

图 1-4　金代安泽版图

　　1368 年，朱元璋消灭元朝建立明朝。明初曾沿袭元朝的行省制，太祖洪武元年（1368 年）将晋宁路改置平阳府。洪武九年（1376 年），改行省为承宣布政使司。承宣布政使司下设府和直隶州，府以下有县和属州，各州以下有县，形成省、府、州、县四级制与省、州、县三级制并存的格局。岳阳隶属于平阳府，平阳府隶属于山西布政使司。崇祯八年（1635 年），农民起义军攻占岳阳大部分地方，崇祯十七年（1644 年）再破岳阳城，杀县官，分散粮食救济百姓。1644 年 1 月，李自成在西安称帝建国号"大顺"，同年 4 月，明朝崇祯皇帝自缢殉国，李自成进入北京，推翻明朝。不久，清兵入关，后镇压农民军、消灭南明诸政权，逐步控制全国。清朝在汉族地区沿用明代旧制，实行"省、府、县"三级制，岳阳仍隶属山西省平阳府。清康熙三十四年（1695 年）时，临汾盆地内发生 8 级大地震，史称"平阳地震"或"平阳、潞安大地震"。《历年记》记载："山西平阳府于四月初六、七、八三日，大雨地震，房屋坍倒，压死多人，既而地中出火，烧死人畜、树木、房屋、什物无算，随又水发，淹死人畜又无算……地俱沉陷，朝廷差官勘验，发帑赈济，拯救难民，查报只存活六万口有零。又云系火龙作祟，地陷山崩，如此灾异，古今罕见。"① 震后治安混乱，人民流离失所，面临巨大灾难。清咸丰三年（1835年），太平天国军队进入山西境内，连克垣曲、曲沃、平阳至洪洞；后遇清军堵截，转而东向经旧县、府城、良马进攻上党。光绪二十六年（1900年），义和团在安泽北关河神庙设神坛，招从民，传法术，练武运枪，从者上百。毁教堂，焚教书，杀死荷兰传教牧师。② 由于清朝末年政府苛捐杂税繁重，农民穷困潦倒，浮山北王村农民陈彩彰秘密发展哥老会，开展反清斗争。1911 年爆发辛亥革命，清王朝覆灭，陈彩彰积极响应武昌起义，协助国民革命军攻打平阳府。1912 年夏天，陈彩彰组织农民起义部队洪汉军再次起义，对抗阎锡山封建军阀统治活动，洪汉军范围扩大到翼城、曲沃、洪洞、安泽、襄汾、临汾等地。1914 年冬天，因陈彩彰身患重病，加之内部分裂，洪汉军退至安泽一带，1915 年陈彩彰在翼城辛家角逝世。

（三）民国时期

1912 年孙中山就职临时大总统，发布《临时大总统宣言书》《告全国同胞书》等文件，正式宣告中华民国的诞生。民国元年（1912 年）2 月，革命军五路征讨大都督李岐山，其部属陈其麟在安泽唐城镇留守半月多，并招兵入伍，经岳阳城时砸开监狱，释放了原清朝衙门关押的囚犯。民国三年（1914 年），由于其与湖南省岳阳重名，故山西省政府奉总统令将岳阳改名为安泽（治所属现在的古县岳阳镇），属河东道，道废后直属省。抗日战争爆发后，中国共产党领导的八路军和山西新军，于 1937 年冬季开始创建太岳和晋豫两块革命根据地，安泽划归山西省第三行政区管辖。安泽领导针对当时形势，开始发动群众，改造旧政权，组织人民武装自卫队。1938 年 2 月，侵华日军进攻临汾，朱德和左权率第十八集团军总部警卫营抵达安泽城，配合国民党军队共同抗敌。1937 年 7 月初县政府与群众团体转移到和川镇，当月下旬日本即占领了县城。和川镇的守旧势力少，有利于抗日工作的开展，此时府城以南中央军势力大，但府城以北的西洪驿、岭南、高壁、上县、北崖底都有扎实的群众基础。同年 12 月阎锡山派遣突击团到冀氏、和川、罗云一带，欲控制县区政权，与独立营交战，然而八路军工作团取得最后胜利，抗日工作迅速恢复。"十二月事

---

① （清）姚廷遴：《清代日记汇抄·历年记》，上海人民出版社 1982 年版，第 149 页。
② 逯丁艺：《安泽志》，山西人民出版社 1997 年版，第 327 页。

变"后，以临屯路划界，路南属中央军辖地，路北是八路军决死队驻地，即中共领导的民主基地。1939年5月，日本进攻和川，政府机关向罗云一带转移，自卫队配合八路军、决死队迎战，群众也纷纷拿起武器打游击。这一阶段八路军工作团在安泽农村主要推行减租减息的抗日政策。1940年8月，晋冀鲁豫边区在安泽西部复置岳阳，百团大战后日寇疯狂报复，安泽作为前沿阵地，深受其害。1941年9月，晋冀鲁豫边区政府太岳行政公署成立，安泽、岳阳具属太岳行政公署二专署。1942年岳阳、冀氏并入安泽，治所为义井村，属晋冀鲁豫边区太岳区。1942年4月26日，邓小平在安泽的石槽亲自召开"石槽会议"，作出了"开辟和巩固、建设岳南根据地，迅速建立抗日民主政权，改造基层政权，组建人民武装自卫队和民兵，发展地方游击队"的重要指示，决定了转变岳南局势的大政方针。1944年大生产运动，安泽取得良好成绩，开荒地几万亩，增产粮食几千石，各村妇女都纺花织布，军民共同劳动，为大反攻准备了物质条件。1945年8月日本无条件宣布投降，抗日战争取得伟大胜利。抗日战争期间日军在安泽制造了东岭惨案、节条坟惨案、杏湾惨案、尖阳惨案等无数骇人听闻的惨案，给安泽人民造成了巨大的灾难和伤害。1946年同蒲路反击战开始，解放军太岳纵队相继攻克洪洞、赵城、霍县、汾西、灵石五座县城，安泽民工自发组成参战团，随军运粮抬伤员支援作战。1946年10月冀氏并入安泽，隶属太岳行政公署岳北专署。1948年8月22日，太岳行政公署所属各专署宣布撤销，太岳行署所辖各县基本上划归山西省各专署。1949年6月，安泽隶属翼城临时专区管辖。

（四）新中国时期

1949年10月1日，中华人民共和国成立。1950年11月，安泽隶属临汾专署，安泽县人民政府迁驻府城镇，原驻地改称古县镇。1954年设立晋南专区（临汾专区和运城专区合并组成），安泽隶属山西省晋南专员公署。1970年撤销晋南专区，分设临汾地区和运城地区，安泽隶属临汾地区。1971年8月国务院批准组建古县，划安泽西部七个公社（北平、热留、下冶、岳阳、石壁、古县、永乐）84个大队设置古县，将屯留良马公社划归安泽，同年10月，山西省革命委员会批准将古县更名为岳阳，同年12月，再因与湖南省岳阳重名而复称古县，安泽和古县都隶属临汾地区。2000年临汾地区改名为临汾市（地级），原临汾市（县级）改名为尧都区，安泽和古县现今都隶属临汾市。2001年区划调整后，全县辖4个镇、3个乡：府城镇、和川镇、唐城镇、冀氏镇、马必乡、杜村乡、良马乡，县政府驻府城镇。2007年，安泽在全省首家被联合国地名专家组认证为中华"千年古县"（见图1-5）。

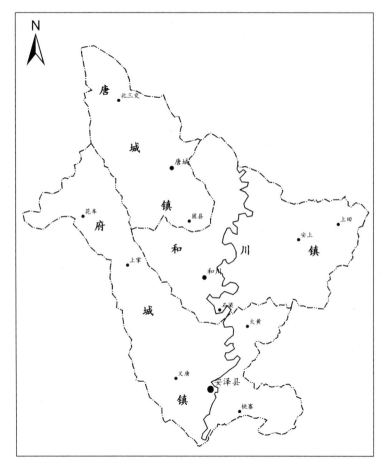

图1-5　安泽县地图

二　安泽自然地理环境

（一）地形地貌

安泽位于山西省东南部，临汾市东北部，地处太岳南麓，东与长治市屯留、长子两县毗邻，西与临汾市浮山、古县接壤，北与长治市沁源交界，南与晋城市沁水相连。海拔介于750—1500米，地理位置处在东经112°5′—112°35′、北纬35°35′—36°30′。全县东西宽约43公里，南北长约91公里，总面积1967平方公里。

安泽境内山岭起伏，相互交错重叠，沟壑纵横，整体地势北高南低。本地地形复杂，受地壳运动的影响，形成东西两翼隆起，中间川谷相对下降的地貌特征。依据地貌不同可分为土石山区、丘陵区、川谷区三大主体地貌单元。土石山区位于安泽东西两边的深山峡谷，相对高度200—500米，山间大片岩石裸露，土层较为贫瘠不宜农耕，占全县总面积的35%左右；丘陵区位于沁河以西与汾河分水岭地带，沁河以东跑马岭、三不管岭和枕山周围，海拔800—1300米的地带。山间有不少洪积倾斜的小平原和黄土残垣，主要植被是草及乔灌，范围约占全境面积的58%；川谷区分布于沁河两边及主要支流的河谷地带，海拔732—900米，是由河流、山洪淤积物堆积而成，沁河川谷有串珠状的小平原是主要的农耕区，大约占全县总面积的7%（见图1-6）。

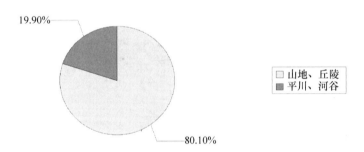

19.90%

80.10%

山地、丘陵
平川、河谷

图1-6 山西省各地貌类型占总面积比例

图片来源：百度图片网，2013年10月19日。

（二）山川分布

安泽周围群山环绕，东部受太行山构造的影响，安泰山、黄花岭、安子山、盘秀山、摩珂岭、尖山等错落有致地耸立，这些山海拔大多在1400米以上；西部有黑虎岭、大东沟梁、五福原、夹山、牛头山、霍山分支草峪岭与东坞岭等，海拔在千米以上；南部有青松岭、白马山等，海拔最低约800米。其中不乏古代名山和旅游胜地，霍山，又名中岳、太岳、霍岳，峙立在距离古岳阳约 20 里处，高 30 米，有两座山峰，峰下有泉水汇入涧河。《诗经·尔雅·释地》中有记载："西方之美者，有霍山之珠玉也"[1]，岳阳因地处其南而得名。明朝洪武中敕建中岳庙，祭祀中岳霍山之神。安吉岭是涧水的发源地。北魏置安泽，因在安吉岭之下泽泉之上而得名，此处曾有路通沁源。盘秀山，古称鹿渎山，又名方山，因此山形似巨龙盘卧而得名。此山位于良马乡华寨村北，界屯留八泉乡煤炭沟村，山势耸崎，孤峰独峭，形势庄秀，海拔 1573.2 米，山顶有宋代建筑祖师庙，共有三间，外貌似房，内实为窑，全系料石砌成，结构别致，且东西内墙有清代壁画存留。老寨岭，位于县城南 55 公里石槽村河南，山壁陡立，顶部两阶平台，前低后高，呈掎角形，三面以巨石砌垒，可瞭望东西数公里，火炮可以控制岭下通路，相传建于汉代。千亩原，《括地志辑校》记载："亩原在晋州岳阳县北九十里"[2]，春秋时晋侯千亩之战即发生在此地。安泰山位于县城东南部 35 公里处，横卧于石槽和社村两乡间，东北西南走向，主峰海拔 1593 米，总面积为 66.37 平方公里。现已开发成旅游胜地，安泰山景区山大沟深、峰峦起伏，山中植被茂密，宛如一座天然植物园。黄花岭原名三不管岭，因其在历史上长期处于安泽、和川、屯留三县交界地带得名。元至元四年（1267 年）和川并归安泽，1971 年屯留的良马乡划归安泽后，三不管岭归安泽，居于良马、英寨之间，更名为三管岭。三管岭主峰海拔 1355 米，总面积 166.53 平方公里，此处是安泽野生连翘最为集中的地区之一，每年清明节后，连翘花开，漫山遍野皆为金灿灿的黄花，久而久之便称为黄花岭。

安泽水资源丰富，总量达到 3.19 亿立方米，年平均用水量为 329 万立方米，占当地水资源量的 1.2%。地下水资源 174 万立方米，属低矿化度淡水，多分布于沁河及各支流两岸，补给量足，易于开采。县境内大小河流共有 23 条，大小泉水 145 处，人均水资源占有量 2500 立方米。

安泽地处沁河流域，沁河在其境内全长 109 公里，纵贯全县，南北落差 210 米。沁河古称泊水，也称少水，发源于沁源铁布山二郎神沟，自安泽和川镇罗云乡议亭村东入境，南北纵贯流经和川、城关、冀氏、马壁 4

---

① 王秀梅译注：《诗经》，中华书局 2008 年版。
② （唐）李泰等撰：《括地志辑校》卷二五，贺次君辑校，中华书局 2005 年版。

乡镇 35 村，于马壁村南出县。郦道元《水经注》中记载过："沁水又南，经猗氏县（现在的安泽——笔者注）故城东，刘聪以詹事鲁繇为冀州，治此也。"① 沁河是山西省第二大河、黄河主要支流之一，河床绕山多弯曲，流域内植被覆盖率高，流水含沙量小，枯水季节清水流量保持在 1.5 立方米/秒以上，天然径流量 3.17 亿立方米，总出境水量 5.24 亿立方米。沁河东西两侧有多条支流汇入，蔺河源于古县北平镇党家山下，因附近有蔺相如墓而得名。流经李子坪、宝丰、贾寨、黄家窑进入唐城镇东湾村，南至和川镇注入沁河，境内长 28 公里。《岳阳县志》中记载的李灼诗"蔺水潆洄独系情"② 即此。段峪河源于马壁乡金村西东坞岭下，东至壁村东入沁河，长 37.1 公里，刘村以下沿河有泉水，数九天不冻。李垣河源于三交乡佛寨村祭星台下，东南向流经三交乡全境，至城关镇高壁村入沁河，全长 33.6 公里。泗河源于良马乡华寨、宋店、小寨、小官道四处故名，西南至冀氏镇北孔滩村入沁河，长 35.3 公里。兰河发源于长子王村乡之摩坷岭下，流经安泽桑曲、杜村、合阳等村，西南至冀氏镇北孔滩神湾村入沁河，境内长 33 公里，古称八十里川，因岸低河床高，经常改道冲毁土地造成灾害。石槽河源于沁水东峪乡雕黄岭下，西南于石槽乡辛庄村西界头入境，至马壁乡河东村流入沁河，境内全长 24 公里，两岸为沙质土壤，吸附性低，耕地面积逐年减少。受地质结构影响，沁河东诸支流水质较为良好，清水常有；而河西各支流旱年多干枯断流。涧河为汾河支流，其上游分为南北二涧，北涧河发源于古县境内，南涧河发源于安泽境内。据《水经注》记载："涧水东出穀远县西山，西南迳霍山南，又西迳杨县故城北，晋大夫僚安之邑也。其水西流入于汾水。"③《安泽县志》亦载："涧河即县城外河，其水一出安吉岭，一出金堆里，至古阳合流……西南入洪洞郭盆村界。"④

安泽境内崇山峻岭，溪水潺潺，山泉暗涌。马跑泉位于县城北 25 公里处，传说秦王李世民出师经过此地，人马干渴难耐，便命人在此掘

① （北魏）郦道元：《水经注》卷六，陈桥驿译注、王东补注，时代文艺出版社 2001 年版，第 71 页。
② 李钟珩：《民国岳阳县志》卷二，王之哲纂，成文出版社 1968 年影印本，第 100 页。
③ （北魏）郦道元：《水经注》卷六，陈桥驿译注、王东补注，时代文艺出版社 2001 年版，第 74 页。
④ 逯丁乙：《安泽县志》，山西人民出版社 1997 年版，第 6 页。

泉随即涌出大量泉水，故名。暖泉在县城东南 100 公里处，孙海村的北面，因其水一年四季温暖如春，冬天也不结冰，附近山上森林翠绿、飞鸟畅翔。圣泉在县东 1 公里的东山之麓，相传古代延庆观有水从石鲸喷吐流出，注入观中石渠，婉转伏流至三清殿下汇在池中，盛产红鱼。唐城镇东 200 米处莲花山下有两处龙王泉，泉水清澈甘甜，冬日寒冷水温就会上升，从不结冰；夏日则泉水冰凉透彻。水中富含丰富的矿物质、微量元素，据称民国十五年（1926 年）取样参加全省泉水质量评比，名列第二。

（三）气候灾害

安泽气候宜人，属暖温带大陆性季风气候，四季分明，春季干燥多风，温度回升缓慢，时有倒春寒和春旱发生；夏季炎热高温，降水量集中；秋季温和凉爽，多阴雨天；冬季西北风凛冽，雨雪偏少，素有"北国小江南"的美誉。受季风交替变化影响，全年十二个月日照、气温、降水各有不同，形成了安泽独特的小气候。

全年平均日照为 2457.7 小时，日照率为 57%，其中 5 月至 8 月日照 977.5 小时，占全年日照总时的 38.8%，良好的日照条件有利于农作物的种植。日照时间最少的是 2 月和 11 月，均低于 200 小时。全县年平均气温 9.4℃，1 月最冷，平均气温为 -6.2℃，极端最低气温为 -26.6℃；7 月天气最热，平均气温为 22.9℃，极端最高气温为 38℃。昼夜温差较大，一般在 11—15℃ 之间。霜期从 10 月中旬到次年四五月结束，全年无霜期 176 天以上。由于安泽受山川地形制约，各个区域气候差异较大，南部马壁乡、石槽镇一带偏暖，北部唐城镇、和川镇、良马乡一带偏寒。安泽年平均降水量为 586.8 毫米左右，空气相对湿度 66%。降雨年际、月际变化率均大，多雨年份可达 900 多毫米，少雨年份不足 300 毫米，约 56% 的降水量集中在 7 月、8 月、9 月三个月内，这有利于农作物的生长。受地区小气候影响，三交乡、唐城镇以北，良马乡以东，马壁乡唐村以西山区平均降水量为 650—700 毫米；东南部马壁乡、石槽镇、杜村及冀氏镇南部的川谷地带，年平均降水量为 500—550 毫米。

受地理环境和气候条件的影响，安泽自古以来就有地震、干旱、洪涝、雹灾、风霜、虫害等自然灾害，以干旱和洪涝为主。现将县志①中记载的重大灾害作简要概括（见表1－1）。

表1－1　　　　　　明清至民国时期安泽重大自然灾害记录

灾害	时间	描述
地震	清康熙二十四年	房屋倒塌，人畜压死无数
干旱	明嘉靖十三年	大旱，禾多枯死，老幼倒毙者众
	明崇祯九年十一年并十四年	连遭干旱，黎民饿死大半
	清光绪三年、四年	连年大旱，倒毙无数，万民求命，官府开仓赈济
	民国十八年	春夏大旱，夏粮颗粒未收，大秋未种
洪涝	清乾隆五十八年夏	大雨数日，房倒屋塌，沁河两岸灾情尤重
	清宣统二年夏	沁河水暴涨，淹没村庄数十，人畜伤亡近百
	民国六年农历五月	义唐河洪水数丈，冲进府城，大街深水数尺，西门卖饭老王一家三口亡命
	1956年7月	大雨，冲田地1080公顷，死7人，伤牲畜38头，猪羊43只。沁河洪峰达800立方米/秒，淹没农田2200公顷，毁地830公顷，淹浸房屋5045间，死亡2人，经济损失1176万元
	1988年8月	沁河暴发洪水，沿河罗云、和川、城关、冀氏、马璧灾害严重。受灾8217户，淹没冲毁田地2331公顷，损失畜禽2.5万头，毁桥22座，经济损失13250万元
雹灾	清咸丰五年夏	风卷冰雹，草峪岭东十余村禾苗全毁
	1990年5月	7乡镇73村遭冰雹，3400公顷小麦受灾
风霜	清光绪三十一年冬	降雪三尺，冻死牲畜上百，路人有落雪丧生者
	民国三十八年五月	大风骤至寒流滚滚，33个行政村重灾
虫害	民国三十七年七月	豺狼（驴头虫）半月之间伤119人

---

① 逯丁艺：《安泽县志》，山西人民出版社1997年版，第60页。

近几十年来，科学技术的进步使得某些自然灾害能够被预见、被防控，政府对环境气候的重视令自然灾害的预防及灾后救援工作变得更为有效。在多项因素的推动下，安泽自然灾害的不良影响逐步减弱，对民众的伤害也进一步降低。

（四）自然资源

安泽有着丰富的自然资源，不仅矿产资源充足，而且生物资源种类繁多，垂直分布明显。

安泽矿产资源主要有煤、铁、石灰石、石膏、方解石和煤层气等。全县煤炭资源面积达 1944 平方千米，贮量达 240 多亿吨。其中正在开发的唐城镇上庄、三交一带约 40 平方千米储烟煤，计 5 层，总厚 6.2 米，系优质主焦煤。县城以南煤矿的储藏面积达 1132 平方千米，属贫瘦煤或贫煤（系优质电煤）。安泽冀氏镇盆地有煤层气蕴储，煤层气储量多达 4400 多亿立方米，有待进一步开发。唐城镇上庄后岭底储藏或出露铁矿，面积约 1.4 平方公里，储量约 100 万吨。良马乡刘家沟红色砂岩层中发现方解石，矿床如龙脊裸露，长 3000 米，宽 5—10 米，初步预测储藏量在 10 万吨以上。经化验含氧钙率和纯度及多种元素均达到国家化工和建筑业用标准。唐城镇上庄村一带储藏瓷土，前岭底北坡质优，20 世纪 70 年代曾有陶瓷厂开采烧制多种瓷器。

安泽境内生态良好，环境优美，植被茂盛，其中森林面积 206 万亩，森林覆盖率达到 67.2%，森林蓄积量达到 330 万平方米，位居山西省第一。灌木草地 24.25 万亩，占总面积的 13.4%，植被覆盖率达到 67.2%，其中中山区覆盖率 65%—70%，低山区在 55% 左右，川谷地带较少。安泽多乔木、灌木和草本植物，大致可分为 14 个群落。油松侧柏群落主要分布于海拔 1000—1300 米的山岭地带；杨柳林群落主要分布于各河流两岸；刺槐群落多分布于近山斜坡；虎榛子群落分布于灰褐色土壤；连翘群落多分布于半阴坡及土壤贫瘠的山岭地带；山蒌子白草群落分布于灰褐色土壤；沙棘白草群落成片状分布于其他群落间；荆条鼠李群落分布于干旱瘠薄的阳坡地带；白草群落间与灌木混生组成草灌群落；蒿属群落主要分布于撩荒土地，与白草混生；细叶苔藓群落面积较小，分布于下湿地和近河滩地；红果、苹果及核桃树形成的水干果群落，多成林分布于近村田地或丘陵坡地等。安泽植物品种繁多，有经济价值的野生乔灌木百余种，其中银杏、雪松、杜松、核桃楸、枫杨、杜仲、刺果泊树、黄蘖 8 种为珍稀物种；草本植物近 1000 种，有药用价值的多达 400 余种，尤其是野生连翘面积达 150 万亩，蕴藏量达 400 万公斤，占全国总产量的 1/4。干货以花椒、核桃为主，还生长着松蘑、草蘑、木耳、羊肚菌等菌类物质，全县林业总产值达到 6400 万元。全县境内有野生动物 218 种，有豹、狼、狐、石貂、獾、野猪、草兔等，鸟类 47 种，其中国家保护级动物金钱豹、石貂、水獭、红尾狐、鸢等珍禽异兽 10 余种，松雀鹰、金鹃、鹞、红脚隼、苍鹰、鹃鸦、红角鸮等属国家重点保护动物。

安泽依托自身的生态优势，积极申报建立自然保护区。2005 年山西省政府正式批准红泥寺自然保护区为省级自然保护区。红泥寺自然保护区位于太行山南部、太岳山东南麓的安泽杜村、良马两个乡镇的交界处，面积 20700 公顷，保护区保存了比较完整的自然生态系统，天然落叶阔叶林和针叶林分布均匀，生长茂盛，森林面积 8833.3 公顷，占全县森林总面积的 8.5%。安泽经过多年的努力，已建成山西省生态示范县、国家级生态示范区、中国绿色名县、全国连翘第一县、全国生态环境监察十佳示范单位和全国首家以政府为单位通过 ISO 14001 环境管理体系认证的县级政府。

三 安泽的民族与人口

安泽自古以来就是多民族分散杂居的区域。历朝历代的人口迁徙、屯田、移民等都使得安泽人口规模、人口构成等不断发生变化。

（一）人口规模

古代安泽行政区划变更频繁，人口数量统计困难，直至元朝至正十三年（1253 年）冀氏、和川并入岳阳后，安泽遂成为固定的行政区域。安泽人口不同朝代时期的变化，根据《安泽县志》的人口统计数字，概括总结如表 1－2 所示。

表1-2　　　　　　　　　　　安泽人口统计表

时间	人数		
洪武十四年	4819 户，34197 人		
永乐十年	2191 户，14029 人		
成化八年	2440 户，13084 人		
万历十四年	3737 户，11539 人		
顺治五年	2773 男丁		
雍正四年	4164 男丁		
光绪十年	5172 户，35473 人		
光绪十二年	5138 户 32326 人	男 18424 人	
		女 13902 人	
民国元年	31303 人	男 18939 人	
		女 12364 人	
民国十年	14366 户，58762 人	男 34847 人	
		女 23915 人	
民国二十年	18468 户，78160 人	男 45938 人	
		女 32222	
民国二十六年	101900 人		
民国三十年	安泽　24001 人	64859 人	
	岳阳　20847 人		
	冀氏　20011 人		
民国三十五年	安泽　64251 人	101525	
	冀氏　37274 人		

从表1-2可以看出，洪武到永乐年间人口锐减，综合相关资料分析，其原因是当时天灾疫病侵袭，加上赋役繁重，农民逃亡或匿报，人口剧

减。明末清初，社会动荡，清军破城时大肆屠杀，人口急剧减少，顺治年间，人口与明代根本无法相比。康熙年间休养生息，再加上雍正朝实行"地丁合一"，取消人头税，人口开始回升。民国年间人口在稳定中持续增长，只是抗日战争期间人口有所减少。新中国成立后，社会安定、生活水平提高，再加上医疗卫生保健条件的改善，人口迅速增长。

20世纪80年代开始国家实行计划生育政策，安泽人口增长速度减慢，总体上人口数量处于缓慢上升趋势。

（二）人口流动与分布

安泽人口流动较大，追本溯源几乎全是外地移入民。自古至今不断有外来人员迁入本地，同治、光绪年间晋中平遥不少人来到和川、府城、冀氏一带经商或务农。光绪二十六年（1900年）至民国三十年（1941年）先后有数百户山东籍客民来到和川、府城、良马等地定居。民国九年（1920年）安泽迁入人口2260人，其中河南籍客民占大多数，达1747人；接下来6年又迁入1419人。民国三十二年（1943年）和三十三年（1944年），安泽和冀氏两县安置难民3748户，19755人。新中国成立后，三年恢复时期迁入4785人，"一五"期间迁入8111人，"二五"期间迁入9636人，"三年调整"时期迁入6788人。"六五"迁入7289人，"七五"迁入5931人，"八五"迁入4625人。2000年第五次人口普查数据显示迁入人口有3959人。直到现在，由于安泽部分乡镇工业较为先进，依然吸引不少外地人来此务工，2010年第六次人口普查安泽迁入人口达到13852人。安泽迁出的人口较少，民国三十六年（1947年）土改运动，出现过大规模人口迁移，两年间81个行政村迁走2923户，8940人。1949年迁出1389人，"三年恢复"时期迁出5652人，"一五"期间迁出9893人，"二五"期间迁出7277人，"三年调整"时期迁出8357人。"六五"迁出9084人，"七五"迁出5833人，"八五"迁出3427人。[1] 现在的安泽人口较之以往流动性更强，经济的发展以及乡镇企业的建立使得乡镇人口互相迁移，既有迁入又有迁出，人口呈现稳定的流通局面。

安泽下辖众多乡镇，人口分布广泛（见表1-3）。

---

[1]　逯丁艺：《安泽县志》，山西人民出版社1997年版，第71—72页。

表 1－3　　　　　　　　　　安泽人口分布

年份	乡镇	人数	合计
1971	府城	2570 户，10217 人	15149 户，62479 人
	和川	1907 户，7707 人	
	冀氏	1988 户，8185 人	
	唐城	1888 户，7334 人	
	杜村	1489 户，6601 人	
	良马	842 户，3782 人	
	马壁	1285 户，5084 人	
	石槽	636 户，3363 人	
	罗云	1000 户，3883 人	
	郭都	773 户，2619 人	
	三交	711 户，2449 人	
	唐城羊场	62 户，282 人	
	县直机关	61 户，972 人	
1982	府城	2827 户，11156 人	17061 户，70886 人
	和川	2012 户，8229 人	
	冀氏	2098 户，8903 人	
	唐城	2086 户，8330 人	
	杜村	1602 户，6951 人	
	良马	942 户，4112 人	
	马壁	1292 户，5352 人	
	石槽	819 户，3653 人	
	罗云	1015 户，4123 人	
	郭都	778 户，2935 人	
	三交	726 户，2602 人	
	城关	870 户，5440 人	
2000	城关	22813 人	76139 人
	和川	7633 人	
	冀氏	9637 人	
	唐城	10023 人	
	英寨	2465 人	
	良马	4102 人	
	马壁	4579 人	
	石槽	2791 人	
	罗云	3847 人	
	杜村	6197 人	
	三交	2052 人	

（三）人口构成

人口构成是按照人口的生理特征、自然属性、社会经济特征划分后的各组成部分的比例关系，其中自然构成主要指年龄和性别，社会构成包括民族、文化、职业等内容，它们与社会经济发展、人口再生产以及人口素质等有着密切联系。

1. 年龄构成

年龄构成是人口状态中最重要的特征值和比例关系之一，它不仅制约着人口本身的变化趋势，在社会、经济的许多领域中也都有其深刻的影响。人口的年龄构成主要取决于出生率的变动，当出生率上升时，低龄人口比重增大，年龄构成趋于年轻化，反之则趋于老龄化；此外，死亡率和平均寿命也有一定影响。旧中国人口出生率高，死亡率也高，故年龄构成稍偏于年轻化。根据《山西省统计年鉴》记载，民国二十年（1931 年）安泽人口年龄构成如表 1-4 所示。

表 1-4　　　　　　　民国二十年安泽人口年龄构成

年龄段	人数（人）	比例（%）
耆老	4462	6
老年	8004	10.8
壮年	21966	29.6
青年	20629	27.8
学童	9569	12.9
幼儿	5973	8%
婴儿	3434	4.6

新中国成立后，人口再生产形势发生了显著变化。20 世纪五六十年代，人口出生率大致仍保持在过去的高水平上，死亡率则大幅下降，其中儿童的死亡率下降尤为显著，到 20 世纪 60 年代中后期，人口的年轻化达到了历史上的最大值。进入 20 世纪 70 年代以来，出生率连续锐降，死亡率则在低水平上趋于稳定，这一巨大变动使人口的年轻化发生了根本性逆转，并出现了老龄化趋势，见表 1-5。

表 1 – 5　　　　　　1990 年、2000 年、2010 年安泽人口普查年龄构成

年龄段 年份	0—14 岁	15—29 岁	30—44 岁	45—59 岁	60—69 岁	70 岁以上
1990	21653 人	22661 人	15588 人	7983 人	3739 人	1618 人
	29.56%	31.02%	21.14%	10.89%	5.19%	2.2%
2000	20177 人	52033 人				3929 人
	26.50%	68.34%				5.16%
2010	14992 人	62469 人				4551 人
	18.28%	76.17%				5.55%

　　性别是人口最基本、最明显、最重要的特征之一。对于一个国家或地区的人口状况来说，性别构成具有举足轻重的影响，它不仅是涉及人口的婚姻、生育和家庭状况的一个基本因素，而且与人口的分布和迁移，以及包括就业结构在内的其他人口构成都有密切的关系。古代中国以农业为支柱产业，男丁作为主要劳动力和家庭继承人受到民众的偏爱，这种重男轻女的传统观念导致人口性别比例严重失衡，安泽亦如此。新中国成立后，人均寿命大幅延长，婴儿孕妇死亡率下降，妇女社会经济地位显著提高，这些因素促使上述状况发生了根本性变化，人口性别比持续下降（见表1 – 6）。

表 1 – 6　　　　　　　　　安泽人口性别比例

年份	男性（人）	女性（人）	性别比值
1911	18939	12364	153.1:100
1935	42951	25894	127.6:100
1946	44825	41706	107.4:100
1949	44225	42627	103.7:100
1971	34601	29019	115.28:100
1982	37212	33314	111.7:100
1995	41038	36234	113.2:100
2000	39969	36170	110.5:100
2010	43936	38076	115.39:100

2. 民族构成

安泽境内居住的主要是汉族，还有回族、壮族等少数民族。1982年第三次人口普查，全县居民 70886 人，其中汉族 70853 人，占总人口的 99.95%；回族 31 人，满族 1 人，傈僳族 1 人。安泽客家汉人为数不少，客家民系是在民族迁移的过程中形成的。据考古材料及文献资料记载，早在新石器时代安泽就有人群繁衍生息，而后繁衍数千年。古代历经战乱掠夺，分分合合，安泽被不同的朝代和地区管辖，民众通过不断迁移开垦土地，躲避战争祸乱。尤其是魏晋南北朝和五代十国两次大分裂时期，造成人口的大迁移。明清以后，有山东、河南、陕西等地的客民和山西省内平遥、长治、晋城等地民众迁入安泽，形成今天的安泽客民。

历史上的安泽被多个少数民族政权管辖，南北朝时期的北魏、东魏、西魏、北齐、北周，金代，元代等。少数民族人口大量迁入汉人地界，安泽亦为汉族和少数民族并存的区域。经过长年累月的民族融合，少数民族人口被汉化，逐渐都演变为汉族。目前，安泽少数民族人口较少，仅占总人口的 0.05%。新中国成立以来，党和政府实行各个民族一律平等政策，并对少数民族予以优待，汉族和少数民族相杂而居，少数民族的社会政治地位日渐提高。

3. 文化构成

文化程度是反映人口素质最重要的指标之一，它与社会经济发展关系非常密切，同时又相互促进。一个国家经济越发达，生活水平越高，它对教育、文化、科技、艺术、体育等事业的要求也越高。封建时期的文化教育具有典型的阶级性和等级性，受社会制度和经济状况的制约，很多下层民众没有接受教育的权利和机会。一直到民国七年（1918年），安泽识字的人仅有 1420 人，占总人数的 3.23%。民国二十二年（1933 年）在校学生 4141 人，连同成年人识字人数约 6500 人，占总人口的 8.6%。新中国成立后开始普及文化教育，提高民众文化素质。1950 年全县中小学生在校人数 4941 人，成年识字人数 2100 人，合计约 7000 人，占总人口的 8.13%。新中国成立后，不同时期人口的文化程度才有了明确数字（见表 1-7）。

表 1-7 安泽教育程度

年份	文盲（含半文盲）比值	小学比值	初中比值	高中比值	大学比值
1964	22983 人 22.30%	19688 人 19.1%	3187 人 3.09%	666 人 19.1%	
1990	13720 人 18.73%	28906 人 39.46%	16965 人 23.16%	3890 人 5.31%	223 人 3.03%
2000	4794 人 6.29%	26583 人 34.91%	29591 人 38.86%	4857 人 6.38%	3217 人 4.22%
2010	1312 人 1.6%	19687 人 24.01%	40232 人 49.06%	10310 人 12.57%	4759 人 5.8%

总之，经过数年的普及教育和义务教育，安泽民众的文化程度日益提高，文盲半文盲人数逐年下降，1964 年普查中文盲半文盲 12 周岁以下人数转多，比重较大，而到目前，12 周岁以下基本已经不存在文盲半文盲人口，整体上群众自身素质和文化修养都相应提升。

4. 职业构成

古代民众主要从事官事及士农工商这几种职业，其中绝大多数是农民。直至近代，职业结构发生重大变革。民国十一年（1922 年）安泽有官员 39 人，军警 121 人，占总人口的 0.26%；教师 104 人，医生 31 人，占总人口的 0.21%；矿工 241 人，占总人口的 0.39%；从事商业的有 608 人，占总人口的 0.98%；务农依然占大多数，计 24122 人，占总人口的 66.68%。新中国成立之后，安泽人口的职业构成日趋多样化（具体数字见表 1-8）。尤其是进入 21 世纪以后，从事农业的人口逐渐减少，服务业人员所占比重日趋加大。

表 1-8 安泽人口的职业构成

行业	1971 年（%）	1995 年（%）
工业	474 人	831 人
	0.75	1.14
农林水利气象	449 人	426 人
	0.71	0.57
运输邮电	99 人	298 人
	0.15	0.38

行业	1971 年（%）	1995 年（%）
商业服务	541 人	1888 人
	0.86	2.44
文教卫生	483 人	1257 人
	0.77	1.62
金融保险	25 人	252 人
	0.04	0.32
农村劳动	19430 人	22539 人
	31.09	29.16
社会团体干部职工	849 人	1924 人
	1.35	2.48

四　安泽的经济与交通

（一）安泽经济状况

经济是人类社会的物质基础，经济基础决定上层建筑。一个国家或地区的经济发展状况体现在农业、手工业、商业等方面。

1. 新中国成立之前的经济形势

中国的原始农业起源于黄河——长江流域，尤其在中原地区达到较高水平。随着生产工具的进步，原始社会的刀耕火种发展到简单协作的耜耕农业；春秋战国时期，铁犁、牛耕技术出现并广泛使用；到了汉代，牛耕铁农具普及。封建王朝以农业为治国之本，安泽地区土壤肥沃，气候条件良好，农业发展迅速，同时开展畜牧、狩猎、捕鱼等生产活动。清朝末年土地大都由地主掌控，农民拥有极少的土地，高额的地租令民众生活困苦。古代社会是以家庭为单位，经济主体是农业与个体手工业相结合的自给自足的小农经济。明朝中后期，在私营手工业里产生了雇佣关系，孕育了资本主义萌芽。早期商业发展较为缓慢，直至明清之际，封建经济全面繁荣，商业发展出现了新特点。安泽地理位置特殊，东西连接上党平阳，南北贯通泽州和晋中，新中国成立之前是著名的货物集散地，商业兴隆，杂货铺、当铺、作坊、盐店、副食、药铺、租行、饭馆旅店、借贷业、修理店等种类繁多，应有尽有。民国二十二年（1933 年）《山西统计年鉴》记载：安泽全县有商号 177 家，从业人员 1289 人，合计资本 142.8 万元。输出商品有粮食、木材、畜产品、干鲜果、煤炭、药材等；输入商品有布匹、绸缎、服装、烟丝、茶叶、食盐、煤油、火柴等。挂牌商号集中于城关、旧县、府城、唐城、和川、北平六镇，其中城关镇 24 家，旧县镇 17 家，府城镇 22 家，和川镇 18 家，唐城镇 16 家，北平镇 12 家。抗日战争爆发后，安泽与外界联系被切断，商号悉数倒闭，商业市场萧条。

2. 新时期的经济形势

新中国成立后，安泽经济快速发展，全力推进转型发展、跨越发展、安全发展，加快资源优势向产业优势转化、生态优势向发展优势转化，全面加快现代农业、新型工业、旅游服务业三个转型进程。2011 年，全年全县地区生产总值 488968 万元，按可比价计算，比上年增长 17.9%。其中，第一产业增加值 34651 万元，增长 7%；第二产业增加值 402370 万元，增长 20.1%；第三产业增加值 51947 万元，增长 9.9%。第一、第二和第三产业增加值占全县生产总值的比重分别为 7.1%、82.3% 和 10.6%，对经济增长的贡献率分别为 3%、90.8% 和 6.2%，对经济增长的拉动力分别为 0.53%、16.25% 和 1.12%。

安泽是农业县，农业是第一支柱产业。全县现有耕地面积 191734 亩，林地 1551000 亩，园林 5677 亩，牧草 583759 亩，未利用土地 890535 亩。政府落实对种粮农民补贴面积达 34.64 万亩，涉及 113 个村、场，28486 户，补贴资金达 1427.78 万元。全县农作物播种面积达 38.59 万亩，其中粮食作物 35.74 万亩，总产量 1.146 亿公斤，户均产粮 6366 公斤，人均产粮 1848.4 公斤。2011 年农民人均纯收入预计达到 5252 元，较上年增长 16%。安泽立足实际情况，积极调整优化农业产业结构，转变农业增长方式，大力发展优质玉米、草食畜、中药材、林果四大特色主导产业，并围绕这四大主导产业，建好产业基地。安泽粮食主要以玉米为主，杂粮有小麦、谷子、高粱、大豆、薯类。全县农作物种植面积 385860 亩，比上年减少 1.74%。其中，粮食种植面积 357419 亩，减少 1.22%；油料种植面积 3154 亩，减少 10.65%。在粮食种植面积中，玉米种植面积 281710 亩，增长 0.66%；小麦种植面积 30771 亩，减少 15.82%。粮食总产稳定在 105802 吨，比上年增产 0.23%，总产量占到临汾市的 1/3，安泽作为全国商品粮基地，连续 20 年人均售粮、人均生产粮食、粮食商品率、亩均单产均居全省首位。安泽的草食畜业以黄牛、羊、奶牛为主，产值占到全县农业总产值的 30% 以上。在养殖基地建设上，大力推广舍饲圈养，种草养畜，引进和推广优良品种和科学饲养方法。安泽境内山多林丰，野生资源丰富，具有药用价值的就有 480 余种。其中，连翘总面积 150 万亩，全县连翘年产量达 400 万公斤，采收量可达 280 万公斤，占全国总产量的 1/4，素有 "全国连翘在山西，质优量大数安泽" 的美誉。安泽的传统林果品种主要有核桃、红果、苹果、黄梨、枣、桃、杏等，尤其是核桃和红果两大特产。现已建起李家岭、关圣岭等 4 处优质核桃基地，核桃种植已达 3 万亩。安泽红果有大山植、大红果、粉口山植、山果红四个品种，20 世纪 90 年代发展大面积红果园 77 处，栽植红果 59 万株，年产红果达 130 万公斤。安泽还大力发展茶叶种植，建起百亩优质茶叶示范基地。

安泽工业基础差，起步较晚，经过几十年的艰苦努力，已经从仅有简单的制造农具等手工劳作，逐步发展到今天行业众多、门类比较齐全、具有一定规模、技术水平不断提高的工业生产体系。2011 年中型规模以上工业企业完成工业增加值 40.14 亿元，比上年增长 23.9%。近年来，安泽依托丰富的煤炭资源和农业资源招商引资，大力发展煤焦、煤电和农副产品加工业，建设唐城镇煤焦、冀氏镇电气、府城镇农副产品加工三大园区。安泽围绕四大主导产业，重点扶持培育了润祥、时珍、中药材、亿家康乳液等一批农副产品生产加工企业，府城镇工业园区就拥有农副产品、中药材等加工企业十余个，企业以加工绿色农产品为突破口，逐步加大科技含量，提高产品知名度，带动农产品基地扩张，辐射带动了当地农产品的转变增值，初步形成了市场牵龙头、龙头带基地、基地连农户的农业产业化经营模式。

伴随着工农业的深入发展，安泽逐步改变支柱产业单一的现状，推动优势产业多元发展。目前，旅游、交通、商贸、通信、餐饮、邮电、居民服务等行业都取得不小突破，2011 年全县生产总值完成 48.9 亿元，同比增长 17.9%，财政收入突破 10 亿元。安泽有良好的生态环境和深厚的文化底蕴，是适合人们休闲疗养的圣地，被人们称为 "太行明珠""华北的小江南"。安泽立足当地实际，依托积淀深厚的历史人文资源和优美秀丽的自然风光，着力发展各具特色的五大旅游板块，大力打造知名文化品牌，全力打造"太行圣境、天然秀色、荀子故里、神奇安泽"品牌。
2005年10月建成荀子文化园，成功举办了首届荀子文化研讨会和荀子文化节，提升了安泽的知名度。还筹建开发劳井山黄花岭、三交红叶岭、安泰山原始森林、青松岭、段峪河瀑布群、望岳楼等景区，加快太岳行署、太岳军区司令部等红色旅游资源的开发保护。安泽依靠旅游业的发展，推动其他行业发展，全面提升第三产业发展水平，为经济跨越式发展提供强大动力。安泽商贸物流服务业在工农业生产飞速发展的基础上取得了巨大成就，城乡市场呈现繁荣昌盛景象。2001年安泽润祥农贸有限公司成立，公司集生产、加工销售为一体，主要从事粮菜、食用菌、食用醋、果类等传统产品的生产加工和销售，是安泽农副产品加工的龙头企业。自2002年以来，安泽抓住国家实施"万村千乡市场"工程的机遇，新建乡（镇）级农资连锁店7个、村级便民服务店20个，丰富了农村消费市场。2003年投资540万元兴建商贸城、府城建材批发市场。2011年全县社会消费品零售总额52176万元，比上年增长17.85%。其中，城镇消费品零售额37652万元，增长17.95%；乡村消费品零售额14524万元，增长17.59%。餐饮、酒店、服务等相关产业也齐头并进，有安泽宾馆、黄河京都大酒店、运鸿酒店、红楼等服务设施，提升了服务业整体水平。此外，金融、保险、信息咨询等现代服务业亦快速增长。

安泽坚持以经济发展和民生建设为工作重心，加大项目建设力度，加快企业转型跨越发展，使经济社会步入良性发展的新阶段，先后荣获山西省粮食生产先进县、山西省新农村建设先进县等殊荣。

（二）安泽交通状况

安泽范围内山多路险，地理交通极为不便，雍正年间《岳阳县志》记："山岭相阻，舆马不能至……生斯土者，或终身不知贸易事，以故民多贫苦。"[1] 后来在官府和个人的共同努力下，安泽终于通路。乾隆五年（1740年），三不管岭住庙和尚募款修劳井桥，方便人们通行。此后，民国九年（1920年）春，知事组织人员扩宽古县城至洪洞界马车路。民国二十二年（1933年）安泽已有多条道路通往外界，东自屯留三不管岭，

---

① 安泽县史志办公室编：《雍正岳阳县志民国安泽县志合集》卷三十，李裕民点校，内部资料，2010年。

西至洪洞界，有大车路一条；县城至洪洞郭盆村界大路一条；县城至北平镇、旧县镇车路各一条；旧县镇至和川镇、府城镇至北平镇、府城镇通冀氏镇车路三条。

1954年10月，全县动员3519名民工，献工17500个，扩修府城至尧店的大路，临汾到府城汽车通行。1956年，安泽县人民委员会成立筑路委员会，组织21个乡镇调集民工500人，投工12.4万个，架桥16座，修通南起冀氏北抵北平公路，便利城乡物资交流，北煤南运。1959年修公路236公里。1965年，县人民委员会调集17个公社，投工76359个，彻底改造三不管岭至郭都路段，年底长治至临汾通车。1977年铺设府城至草峪岭柏油路。1981年改建冀氏至南孔滩路段6公里，路线下山。1982年改造飞岭至西沟路段，避开黄家岭，在山下开新路。1988年至1990年，凿开关圣岭卡颈部，降缓桥板窑陡城，使得险阻终于变成平路。1994—1995年，铺设县城至唐城镇东湾村油路。2002年以来新修了府兴南北路、西环路、西北环隧道、二中路、职中路，临汾到长治高速公路即将开工建设，纵穿安泽东西，这将进一步改善安泽交通状况。目前，安泽已经形成贯穿东西南北的交通网络。309国道横贯全县东西45公里，是山西省连通河南、山东、河北的主要通道；326省道、府东山区二级县道纵穿全县南北94公里，连接长子、高平、古县、沁源等地。全县乡镇之间开通油路，村与村之间互通公路。

桥梁是沟通两岸的交通要道，过去没有桥梁时，人们只能依靠津渡过河。沁河贯穿全境早年有五处津渡，自北至南分别是西洪泽—东洪驿，府城—川口，冀氏—半道，西里—东里，上店—河东。清乾隆五年（1740年）建了劳井桥，清咸丰九年（1859年）建了孔旺桥，民国十五年（1926年）建了万善桥（马壁乡下唐村），均竖立同善碑。民国二十一年（1932年）县志中记载有桥梁11座，现在安泽范围内保存完好的桥梁有4座，分别是柳寨桥（位于柳寨村西）、卧虹桥（位于大渠村西）、利往桥（位于义唐村西）、石栏桥（位于核桃庄西）。由于府城—川口连接东西古官道，民国三十七年（1948年）秋，太岳行署拨小米400石，派专人监工架桥一座。1965年，县人民委员会资助府城村500元，造木船一艘。1966年山西省交通厅兴工修建府城沁河大桥，长117米，宽9.2米，高12米，载重量13吨，为309国道线主要桥梁之一。1977年和川村蔺河桥建成，长60米，宽7.5米，高8米，载重20吨，是进出和川村的主要通道之一。1984 年冀氏村南 1 公里处修建冀氏沁河大桥,长 150 米,宽 9.2 米,载重量 20 吨。1991 年冀氏镇北桥建立,横跨王村河,长 28 米,宽 8 米,高 3 米,载重 20 吨。2009 年安泽新建成的神南沁河大桥横跨沁河两岸,将县城与沁河以北的乡村连为一体,彻底解决了沁河两岸群众多年来的出行问题。大桥全长 125 米,宽 20 米,其中行车道 16 米,两边人行道各 2 米,单跨跨度为 25 米,是安泽境内沁河上第一座钢筋混凝土厢梁式大桥。神南沁河大桥的建成通车,不仅对促进县城扩容提质、扩大城市规模、提高城市品位起到重要的作用,更直接带动神南村开发,极大地推动了城市建设和经济发展。

安泽拥有山西省山区县最大、功能最齐全的县级长途客运站,有公路客运班线 25 条,目前全县 95% 的行政村通客车,全县公路通车里程达 890 公里。其中连接山东、河北、河南、陕西四省省际客运班线 5 条,跨地市客运班线 7 条,跨县班线 13 条,发挥着重要的枢纽港作用。

安泽凭借自身优势大力发展农业、工业和第三产业,在新时期积极发展生态农业和生态旅游,不断提高交通运营能力,成功地构建了和谐优越的生活环境。

第二章　安泽民俗文化

安泽历经数千年的发展历史，在饮食、岁时节日、人生仪礼与民间信仰方面都形成了独特的地方民俗文化，人们有着约定俗成的行为方式和行为规范。

一　饮食民俗

"民以食为天"，饮食在人们的生活中占有重要位置。它不仅能满足人们的生理需要，而且具有丰富的社会内容和文化内涵。饮食民俗是人们在选料、烹饪和食用食物的过程中形成的风俗习惯，包括日常食俗、节日食俗和待客食俗。由于各个民族和地区的历史、地理、气候条件与社会经济状况的差异，形成各具特色的生态环境、文化传统，在饮食习惯上各自形成不同的风格。饮食民俗反映了社会变迁、特定族群的生活方式，民众的精神生活和性格特征。因此，通过对饮食民俗的挖掘，能够探析民俗背后的文化意蕴。

（一）日常食俗

安泽的饮食民俗伴随着时代的不同也发生些许变化，20世纪60年代以前，食粮以玉米面为主，以瓜类、薯类、野菜蔬菜伴食。早餐是窝窝头就小菜，午餐多吃米饭、干面，晚上米汤窝头。副食冬春多以咸菜、酸菜下饭，隔几日吃回萝卜或山药丝，夏秋多以自家产的青菜、瓜、豆角为副食。20世纪80年代以后，人民生活水平提高，主食成为小麦面粉和白米，肉、蛋、奶与各种蔬菜也成为日常食物。风味小吃有莜面烧烙、酸菜擦圪斗、羊汤、煎饼等。多数家庭餐制是一日三餐，早饭多食小米稠饭加凉菜丝；午饭较为丰盛，有面条、饼子或馒头，配以土豆、粉条、白菜及腌菜等；晚饭多备汤类杂锅饭，和子饭面食，拌汤配捞饭，或配锅贴等。

安泽盛产小麦、玉米、谷子、稻子等，这为百姓提供了丰富的食材。安泽人特别喜爱面食，面条、面片、馒头、饼子，都是餐桌上的必需品。面条种类有剔尖、拉面、刀拨面、刀削面、扯面、龙须面、河捞面、柳叶面、揪片、抿面、切面等。刀削面与北京的打卤面、山东的伊府面、河南的鱼焙面、四川的担担面被誉为中国著名的五大面食。因用瓦形钢刀削成得名，外形似柳叶，入口内虚外筋、柔软光滑。面食原料有白面、玉米面、豆面、莜面、红面、高粱面、高粱面掺和白面、高粱面掺和榆皮面等；外观有长有短，有宽有窄，有粗有细。馒头、饼子的造型和口感也独具特色。饼类分烧、烤、煎、烙、蒸、贴、焙等多种制作方法。火烧、馅饼、烙饼、干面饼、发面饼等，都靠烧烙而成。葱花脂油饼深受安泽百姓喜爱，主料为猪板油和葱段，将它们切碎拌匀为馅，包入面皮后擀成旗墩形圆饼，放鏊上烙烤而成；其色泽金黄，层多，焦脆香嫩，令人回味无穷。安泽人爱喝汤饭，不但种类多，吃法也最为讲究。有吃面时的面汤；有将面与各种瓜菜同锅煮食形成的"混锅"饭；也有小米稀饭、玉米圪糁稠饭、玉米面糊糊、油面茶、红豆南瓜饭、黄豆面、和子饭、瓜菜稀饭等辅助饭食。根据地方条件和个人口味不同，随手制作，既富营养又简便可口。

安泽火腿是山西传统名食，已有三百多年的生产历史。据《安泽县志》载："金华火腿而外，以安泽火腿为最，亦土产中之绝佳者。宦游他处者，每购以馈亲友焉。"① 安泽火腿色泽红白分明，气味浓香，味道鲜美，享誉省内外。相传源自金华火腿，《安泽县志》载有"安泽火腿溯源金华据为嫡宗，独北国第一家"② 之说。北宋真宗年间，一位浙江金华人到岳阳（即现在的安泽）当县令，经常思念脍炙人口的金华火腿；但岳阳境内交通壅塞，与浙江远距数千里。他便从家乡请来一位制作火腿的师傅，按照金华火腿的传统加工技艺，在岳阳生产"金华火腿"，从此火腿在这里流传开来。到了清代，岳阳火腿已作为贡品进入北京，被当作火腿中的上品。614 年，岳阳改称为安泽，岳阳火腿也被改为"安泽火腿"。安泽火腿虽源于金华火腿，但从原料到加工均结合本地情况，有自己的独

① 逯丁乙：《安泽县志》，山西人民出版社1997年版，第62页。
② 同上书，第63页。

到之处。它的制作时间一般在秋天，原料为较小较瘦的猪后腿；制作前把猪腿先用食盐和硝反复进行搓擦，再置于砖砌的池子里或缸里，保持一定温度，月余后再搓盐，如此往复三四次，时间达四五个月；到第二年春天，将腌腿取出，抹上小磨香油，在阳光下翻晒；再重复数次，火腿才制作完成。这种制法，便于保存且色味不变，故安泽火腿有"不装瓶的罐头"之说。

安泽人如所有的山西人一样，口味偏重，喜爱吃醋。无论是面食、水饺类包馅食物，或者烹调菜肴，都离不开醋。这与当地的水土特征、自然气候和生活条件有着直接关系。旧时人们以杂粮为主，不易消化，加之山西水质偏硬，人们便饮醋帮助消化。安泽人喜喝白酒，不少人家经年不断，平常每户年均可达30—40公斤。大叶茶是安泽人的待客佳品，他们用茶解渴化食，调剂口味，又用茶待客，随喝随添，不容半盏（见图2-1、图2-2）。

图2-1　传统美食——刀削面

图2-2　安泽火腿

（二）节日食俗

中国传统节日众多，每个节日都有固定的特色饮食，不同的饮食富含各自的文化内容。

腊月三十除夕之夜，晚饭被称为团圆饭，全家老少围坐一起共同庆祝新年的来临。安泽有的家庭吃面条，取意长命百岁，人们期盼吃过长面后，来年六畜兴旺、五谷丰登、事事如意。有的家庭做满桌的菜肴，荤素搭配，凉热均有，丰盛美味，有些菜含有象征意义，"鱼"和"余"谐音，象征"吉庆有余""年年有余"；吃糕，意即步步高升；芹菜象征一年之中要勤快；青菜和白菜象征一年清清白白；吃葱象征聪明伶俐。

正月初一为新年第一天，人们一般要吃水饺，名曰"填穷坑"，因其形状像元宝，有"招财进宝"之意。包饺子意味着包住福运，吃饺子取"更岁交子"之意，"子"为"子时"，"饺"与"交"谐音，有"喜庆团圆"和"吉祥如意"的意思，饺子中包有铜钱，吃到者意味着来年福运当头，寄托了人们对新年的祈望。有的地方加吃清汤豆面，谓之"宽心面"。还有各种冷菜、火锅或炒锅烩肉菜等。

正月十五元宵节，安泽一带要蒸黄糕，同时用糕面制成各种花样食品来祭神。元宵又名汤圆，以白糖、玫瑰、芝麻、豆沙、黄桂、核桃仁、果仁、枣泥等为馅，用糯米粉包成圆形，可荤可素，风味各异。可汤煮、油炸、蒸食，有团圆美满之意，是元宵节必不可少的食物。

五月端午以吃粽子、喝雄黄酒为主。粽子又称"角黍""筒粽"，民间流传是为纪念屈原而产生的，南朝梁吴钧在《续齐谐记》中载："屈原五月五日投汨罗水，楚人哀之，以竹筒贮米投水以祭之。"① 于是广泛传播，相沿成俗。传统粽子以黍米或白米为馅，佐以红枣，外包苇叶，吃时加糖。现在亦配以各种豆类、麦类以及江米为馅，佐料中加有柿饼、栗子、果脯、肉类等，口味形状各异。

八月十五，月饼、瓜果梨枣等水果都是中秋节必不可少的食品。月饼原为祭祀月亮的供品，为饼状食物。《帝京景物略》曰："八月十五日祭月，其祭果饼必圆……家设月光位，于月所出方，向月供而拜，则焚月光纸，撤所供，散家之人必遍。月饼月果，戚属馈相报，饼有径二尺者。"② 明代时，中秋节吃月饼的风俗已经盛行，《酌中志》说："八月宫中赏秋海棠、玉簪花。自初一日起，即有卖月饼者。加以西瓜、藕，互相馈送。至十五日，家家供月饼瓜果，候月上焚香后，即大肆饮啖，多竟夜始散席者。如有剩月饼，仍整收于干燥风凉之处，至岁暮合家分用之，曰'团圆饼'也。"③ 月饼发展到今日，品种口味更加繁多，按口味分，有桂花月饼、梅干月饼、五仁、豆沙、玫瑰、莲蓉、冰糖、白果、肉松、黑芝麻、火腿月饼、蛋黄月饼等；按饼皮分，有浆皮、混糖皮、酥皮、奶油皮

---

① （南朝）吴钧：《续齐谐记》，《汉魏六朝笔记小说大观》，上海古籍出版社1999年版，第1008页。

② （明）刘侗、于奕正：《帝京景物略》，北京古籍出版社2000年版，第69页。

③ （明）刘若愚：《酌中志》，北京古籍出版社1994年版，第181页。

等；造型上有圆形、方形、花边形等。

九月九日重阳节人们多吃花糕，饮菊花酒。花糕是用发面做成的糕点，辅料有枣、杏仁、松子、栗子等，吃糕有"步步登高、百事俱高"之意。菊花酒可以延年益寿，治疗头风等病症。

腊月初八安泽人普遍饮用腊八粥。最早的腊八粥是用红小豆来煮，后经演变，加之地方特色，逐渐丰富多彩。腊八粥开始用江米或糯米为主料，配以枣、栗子、杏仁、花生、桂圆等多种干果，此粥可加糖成甜品，或者加盐，依据个人口味而定。"腊八"过完，家家户户就开始准备春节时期的食物。蒸团子、烙折饼（亦叫摊糊儿）、炸油布袋、炸麻花、炸馓子、做年糕、蒸枣山、花糕、花馍馍、做丸子、烧肉、烧豆腐等，为新年提供充足美味的食物。

（三）待客食俗

安泽人热情好客，无论是近亲远朋还是常友稀客，均待之以程度不同、规格各异的"宴礼"，让人们有宾至如归的感觉。民间待客食俗，经年累月已形成规范。

安泽人平时吃饭较节俭，但有客人来，必然竭尽全力热情款待。主人力邀客人用餐，待客人入席，主人相陪，一般要拿新碗筷给客人使用，饭前多饮酒助兴。上菜家贫者两凉一热、四凉一热、四凉四热；富裕者六六、八八、十全席、双十席，还要上火锅。主人暖酒后，双手执壶为客斟满酒，客人要以手护盅杯表示致谢。主人举杯劝酒，客人轻抿少许以示礼貌。席间主人会频频指点、调换菜盘位置，热情劝饭。客人要讲究吃一口菜放一次筷子，若连续用餐会被视为"少礼失教"。过去午饭为白馍、饺子、油糕，馍馍搁盘子里端上，要放在客人面前。客人吃好后将筷子搁碗上稍往前推，以示用餐结束。

当走亲访友时，必备自制的白馍等食品，忌带双数。主人不全留，走时回赠自家食品或土特产品。请人用餐事先会发帖或上门口头邀请，俗称"安人"，若有特殊贵客，要在饭前再去邀请一次。如遇红白喜宴，饮食规矩更为讲究。宴席分普席与主席，娘家姑舅姨表亲戚为上宾，上宾未到不能开饭。酒壶、酒盅、筷子要先于其他人而摆好。座次以右为上，依尊长秩序安置，旧时方桌安坐三面留下一面不能坐满。席间，人们讲究猜拳行令，尤其是婚礼、乔迁、得子、祝寿、团聚等喜宴席上通常豪饮尽醉。

酒行至高潮，主人依次与每位客人同干一杯，谓"打通关"。大部分农家在做完婚嫁喜宴后，要分送左邻右舍吃食，以便增进情谊。

安泽人有着悠久的品茶历史以及相应的待客礼节。每当有客人来访时，主人必起身欢迎把客人请进门。待客人落座后，随即备水斟茶。茶沏到一定程度，主人先将茶水斟出半杯，看茶水的浓度是否适中。如合适，便给客人斟茶，先倒半杯，待壶添水后再续满。客人饮茶，要小口品尝，以示文明。客人品尝一口主人续添一次，再喝再添，茶杯永远保持满杯。这显示了主家的敬重之意，满接满待。客人若茶足只需将杯中剩余的茶水倾倒脚底，或是以手捂茶杯谢绝主家再斟，主人便停止添茶。大叶茶已成为安泽人沟通交流的必需品。

美国生态人类学家尤金·N. 安德森在其著作《中国食物》中认为，作为社会交往、礼仪方式、特殊场合及其他社会事务的标志，食物已不全是营养资源，而更是一种交流手段。在正式功能方面，语言有时只能传达一般的情感，而食物则能传达重要的社会关系。① 因此，人们可以通过食物满足情感沟通、人际交往和信息交流的需要，安泽人的待客习俗充分体现了他们朴实的性格和乐观的生活态度。

二 岁时节日民俗

中国经过千百年的发展历史，逐渐形成许多形式多样、内容丰富的传统节日。中国传统节日起源于古代农业社会，与古代天文、历法知识有密切联系，它们的形成是一个民族或国家的历史文化长期积淀凝聚的过程，是人类文明发展到一定阶段的产物。

春节是安泽民众最重要的传统节日，俗称"过年"。黄河流域谷物一般是一年一熟，人类祖先便用"年"作为计算时间的单位。古代历法不统一，年节并未固定，直至汉武帝太初元年（公元前104年）始，以夏历（农历）正月初一为"岁首"（即年），年节的日期由此固定下来延续至今。

年节虽然指农历正月初一，但是春节的活动从腊月二十三日，一直持续到二月二日，民间有"忙腊月，闹正月，拖拖拉拉到二月"的说法。春节期间，民间要举行各种活动以示庆祝，一切敬神、祭祖、拜年、串亲

---

① ［美］尤金·N. 安德森：《中国食物》，刘东译，江苏人民出版社2002年版，第196页。

戚、家庭气氛渲染、膳食，甚至说话行动，都有一定的仪式、俗规或禁忌，民间忌扫院，忌洗衣，忌使针，忌说不吉利的话。过年首要事项是祀神祭祖，家中长辈率领全家，依次给各个神位点灯、敬香、摆供、奠酒，磕头行礼，神位与牌位前摆放各式各样的供品。从初一到初五，一日三餐都要先供献神灵和家堂，吃饭前要烧香放炮，基本上"晨昏三叩首，早晚一炷香"。接下来就要开始拜年，大体上分为家拜、近拜、远拜以及团拜等形式，顾禄在《清嘉录》中描述拜年的场景："男女依次拜家长毕，主者率卑幼出谒邻族戚友，或只遣子弟代贺，谓之'拜年'。"① 家拜是在家庭内部晚辈向长辈行跪拜礼，长辈要给晚辈——特别是未婚的少男少女和刚过门的儿媳妇压岁钱。近拜是给本村未出五服的长辈拜年，远拜是给亲朋好友拜年。拜年时要携带新年礼物，见面后拱手作揖互相祝贺说些"过年好，恭喜发财"一类的吉祥语，主人家用早已备好的糖果、瓜子、花生等盛情接待，亲友之间要喝酒庆贺，名曰"请春酒"。正月初二是走亲戚（外祖母）家，初三、初四和初六是走岳父母家的日子，各有不同。

农历正月初五有"送穷"习俗，黎明时分，主家就起来清扫屋内灰尘，并将年节时积攒的垃圾、家中的旧衣物，全都倒出去，意即送走贫穷。这日还举行"出行"，家家户户手端供品牵上牲畜，到村外宽敞的地方烧香放炮，表示出行大吉大利，人畜免灾、四季平安。然后从另一个方向返回为喜迎财神。

农历正月十五是上元节，又称"元宵节""灯节"。安泽上元节的主要活动是赏花灯、看秧歌表演、吃元宵。《东京梦华录》中描述了宋时的元宵节场景："两廊下奇术异能，歌舞百戏，鳞鳞相切，乐声嘈杂十余里……灯山上彩，金碧相射，锦绣交辉。"② 节日来临之际，安泽大街小巷都悬挂着彩灯，供人观赏购买。花灯形式多样，旧时多是人们自己用纸、纱类手工制作，五颜六色，甚是好看；现在人们多买做工精致、质量上佳的现代工艺灯。民间社火有秧歌队扭唱、踩高跷、舞狮、骑竹马、划旱船、小丑表演等，秧歌队伍白天多在广场进行，各队轮流上场，带有竞赛性质，晚上则要沿街进行表演，讲究见旺火就舞，各家见有秧歌前来，便放鞭炮迎接。秧歌队碰面还要各使绝技，互相竞技，比拼各自本领，他

---

① （清）顾禄：《清嘉录》卷一，江苏古籍出版社 1999 年版，第 7 页。
② （宋）孟元老著，邓之诚注：《东京梦华录注》，中华书局 1982 年版，第 164—165 页。

们欢快的表演增加了节日气氛。夜幕降临后开始放烟火，绚丽多彩的礼花，震耳欲聋的鞭炮声，星星点点的孔明灯，伴随人们度过欢乐祥和的节日。

农历正月十六，人们都外出去城头或街上游玩，意为"游百病"。

农历正月十九为"小填仓"，农历正月二十五为"大填仓"，是民间传统节日。所谓"填仓"，意思是填满谷仓，清代潘荣陛《帝京岁时纪胜》填仓条载，"念五日为填仓节。人家市牛羊豕肉，恣餐竟日。客至苦留，必尽饱而去。名曰填仓"①。这日，安泽一带用谷、黍、麦、豆等面蒸丸子，来祭祀仓、箱、井、臼之神，祈望五谷丰登、粮食满囤。

农历二月二日是龙抬头日，俗称"青龙节"，与二十四节气之一的"惊蛰"有关。惊蛰过后，大地复苏气温回升，雨水增多，春耕开始。安泽民间家家户户都要在墙壁上贴画葫芦，来避毒虫。早晨不能担水，怕打水太早把"龙头""龙子"担回来。这天吃炒咸豆和甜面豆，传说是因为龙王不下雨，通过这种食物求得雨水降临。这日男子们都要剃头理发，女孩们结伴到村边做稀粥饭给大伙品尝，里边放有针、枣一类东西，若谁吃着针，谁就能一生手巧，名曰"吃巧巧饭"。二月戊日祭社祈谷。

寒食节源于远古时期人类的火崇拜，后来传说是为了纪念春秋时期晋国名臣介子推。晋文公重耳流亡期间，介子推曾经割股为他充饥。当重耳归国即位后，分封群臣时却遗忘了介子推，介子推不愿争功，携母隐居绵山。后来晋文公亲自到绵山恭请介子推，介子推不愿为官，躲藏山里。晋文公原打算用火烧的办法逼介子推出山，结果将其烧死。后人为纪念介子推，在其死难之日不生火做饭，改吃冷食，称为寒食节。现在寒食节禁火的习俗已经消失，民间在这日习惯吃凉粉、凉面、凉糕等。

寒食节之后即为清明节，民间要举行规模盛大的祭祖扫墓、悼念缅怀已故先人的活动，同时伴随着插柳、踏青、荡秋千、放风筝等一系列活动。宋代孟元老撰的《东京梦华录》卷七"清明节"条记载："寒食第三日，即清明日矣。凡新坟皆用此日拜扫……士庶填塞诸门，纸马铺皆于当街用纸衮叠成楼阁之状。四野如市，往往就芳树之下，或园囿之间，罗列杯盘，互相劝酬。"② 安泽人扫墓时，携带献食、纸钱、浆水等物。献食

---

① （清）潘荣陛：《帝京岁时纪胜》，北京古籍出版社 1982 年版，第 12 页。
② （宋）孟元老著，邓之诚注：《东京梦华录注》，中华书局 1982 年版，第 178 页。

一般是蒸馍、包子、糕点、烟酒果品；纸钱有折叠的元宝，有土黄纸剪成的纸钱，也有购买的冥币；浆水是清水中加入小米和青菜叶。祭拜的时候，众人焚纸跪拜，哭诉思念之情，最后要铲除坟头杂草，修坟添土，栽种松柏树，被称为整修阴宅、庇荫后代，表达了子孙后代对先人的哀思。

农历五月初五为端午节，古代"五"与"午"相通，因此端午又称"端午、重五、端阳"。端午节安泽民间流行吃粽子，饮雄黄酒，采艾叶、带香包等习俗。目前市场上粽子的种类多种多样，人们可以自己包传统粽子，亦能购买包装好的粽子，亲朋好友间互送粽子作为节日礼品。饮雄黄酒主要用于防病和祛毒，因为雄黄具有解毒、杀菌、辟邪的功效。安泽端午节还有采艾的传统。清晨，男女老少纷纷上山采艾，回来后插在家中所有屋门上，有的也给邻居家门或者孤寡老人门上插艾，让人感觉家家户户都有艾（爱）。插艾蒿也是为了防虫、防动植物病害以及辟邪。这日，小孩要佩戴香包，手腕脚踝处系五彩线，香包内装雄黄、苍术、香薰等中药材及香料，男孩多戴老虎、狮子类，女孩多戴花卉鸟类，据说可以防止病毒入身。也有人早早地到河边、井台用清水擦洗耳目，据称可以全年耳聪目明。但不能在河中洗衣，以表示对屈原的敬意。弟子们要在当天探望师长。目前，只有吃粽子和插艾叶习俗仍在安泽流行，其余的习俗已经淡薄（见图 2 - 3）。

图 2 - 3　端午插艾叶习俗

农历六月六日是汉族和一些少数民族的传统节日，由于居住地区不同，节日名称和习俗也不尽相同。由于安泽一带多为丘陵山区，适合放牧，过去羊群属于地主富户所有，他们雇用穷苦百姓放牧。牧民既要忍受恶劣的天气，又受到地主剥削欺凌，久而久之二者产生矛盾。富民为缓和矛盾便让羊工适时休闲，由此形成羊工节。这一天传统要杀羊祭祀社神，养有牛羊的家户要请放牧工吃好饭，此后，牛羊即可上市。现在安泽民间很少过羊工节。

农历七月七日是中国汉族的传统节日七夕节，又称"乞巧节"或"少女节""女儿节"，相传为牛郎、织女双星相会之日，最早源于人们的星宿崇拜。古代七夕节主要习俗有乞巧、观星、吃巧果、求姻缘等。七夕晚上，女子对着星汉灿烂的天空，摆上时令瓜果，朝天祭拜，乞求获得聪慧和灵巧的双手。有的则逮一只吐丝的蜘蛛圈在匣子里，第二天观察蜘蛛的结网疏密状况，越密乞巧越多。东晋葛洪的《西京杂记》有"汉彩女常以七月七日穿七孔针于开襟缕，俱以习之"① 的记载。《荆楚岁时记》中也载："七月七日，为牵牛织女聚会之夜。是夕，人家妇女结彩缕，穿七孔针，或以金、银、鍮石为针，陈几筵、酒、脯、瓜果于庭中以乞巧。有喜子网于瓜上，则以为符应。"② 古代乞巧习俗体现了妇女对幸福生活的追求和向往。但在安泽"七夕"不乞巧，也不祭祀神。在麦收后，用新麦面蒸馍，做成莲花、如意、蜗牛等形状，亲友之间互相馈送，称为"看夏"，取尝新之意。

农历七月十五日，俗称"祭祖节""鬼节"。道教称为"中元节"，据说道教有天、地、水三官神祇，天官职责是为人间赐福，生日在正月十五日，称上元节。地官主要职责是为人间赦罪，生日在七月十五日，称中元节。水官主要职责是为人间解厄，生日在十月十五日，称为下元节。中元节这天，道观要举行盛大法会为死者超度灵魂。佛教称七月十五为"盂兰节"，出自《盂兰盆经》中的一个神话故事。佛祖释迦牟尼的弟子目连，看到亡母在阴间受苦，求佛救度，佛祖叫目连在七月十五日备百位饮食，供养十方僧众，即可以解脱母难。佛教徒依此神话兴起盂兰盆节，形成定习。安泽民众在这天要摆设瓜果、酒馔祭祖，上坟祭奠亡人。并在

---

① （东晋）葛洪：《西京杂记》，中华书局1985年版，第3页。
② （南朝）宗懔：《荆楚岁时记》，宋金龙校注，山西人民出版社1987年版，第53—54页。

田间禾苗上挂上五彩旗，叫"挂彩谷"，将蒸的面羊与谷穗等花样送给孩子和放牧人。夜晚的放河灯最为隆重，人们用木板加五色纸做成形式多样的各色彩灯，中间点蜡烛。有的人用纸糊成一艘船，船上放若干灯，照耀着船上的纸人，船顺水漂向远方。据说若灯在水中沉没，则被认为亡魂捞到了灯可以得救投生；若灯漂得很远或靠岸，被认为亡魂到达彼岸世界进入仙界。这些祭祀活动和传说都反映了民众对亡者的祝福与思念（见图 2-4、图 2-5）。

图 2-4　农历七月十五日民众祭祀祖先

图 2-5　放河灯习俗

农历八月十五日为中秋节，因八月是秋季第二个月，故也称"仲秋节"，中秋是全国性的节日，象征着团圆美满，安泽人亦特别重视。节日来临之前，人们就开始准备节日食品，亲戚朋友之间则纷纷互赠月饼、糕点、水果、烟酒等传递祝福，尤其是女婿拜见岳父时要送份大礼。中秋之夜，在庭院摆放供桌，上置月饼、石榴、枣子、西瓜、葡萄等各种食物，先敬明月，然后全家人围坐一起，赏月聊天品尝美食，听老人讲有关月亮的传说故事。现在，祭月拜月活动已被规模盛大、多彩多姿的群众赏月游乐活动所替代。

农历九月初九称为"重阳节""重九节"，现被定为老人节。重阳节古人有佩戴茱萸、饮菊花酒、品花糕的习俗。茱萸有避疫除患害、延年益寿的功效；菊花被称为长寿花，能治疗疾病。安泽人在这日吃杂面配以酸菜、辣子香料汤，或者用新收的谷物面蒸花糕，互相馈赠品尝。现在人们多开展登山、赏花等有益身心的活动。

农历十月一日，称为"送寒衣节"，亦是祭祖的节日。安泽人给祖先上坟时要送寒衣，他们用各种颜色的纸剪成衣裤，再带上香纸、冥币一并焚烧成灰，以供祖先御寒过冬。民间送寒衣时，还讲究在十字路口焚烧一些五色纸，象征布帛类，用意是救济那些无人祭祀的绝户孤魂，以免给亲人送去的过冬用物被他们抢去。送寒衣的习俗充分反映了生者对亡人的哀思与崇敬。

冬至节亦称冬节、交冬，是二十四节气之一，时间在每年阳历 12 月 21 日至 23 日。此时是阴阳转化点，有"冬至一阳生"之说，古人视为吉日庆贺。安泽民间在这日吃馄饨或饺子，学生要去探望师长。

农历十二月初一，早上炒麦、豆、玉米、高粱吃，称为"咬炒"；初五将各种豆与米煮着吃，叫"五豆"。初八为腊八节。腊八节渊源于上古时代的蜡祭。中国自古重视农业，当农业生产获得丰收时，古人便认为是天地万物诸神助佑的结果，要举行庆祝农业丰收的盛大报谢典礼，称为蜡祭。《礼记正义》记载说："蜡也者，索也。岁十二月，合聚万物而索飨之也。"[①] 蜡祭仪式结束以后，要设宴款待，古人用新产的黍糜作粥，供人们品尝。佛教传入中国之后，佛教徒将蜡祭习俗融入佛教典故之中。相传佛祖跋山涉水寻求人生真谛，十二月八日，因饥饿疲惫昏倒路边，恰遇一牧羊女熬粥给他充饥。食后气力充足，坐菩提树下沉思，终修成正果，

---

① （汉）郑玄注：《礼记正义》卷二十六，"郊特牲"第十一，上海古籍出版社 2008 年版。

得道成佛。为纪念此事，佛教徒便用米加果物煮粥以供佛。腊八以此粥为主食，有的人家在"八宝饭"中放面条和面片一起煮食，名曰"金丝元宝腊八饭"。亲戚之间也互相赠粥，共同品尝风味以示五谷丰登的好年景。

农历十二月二十三日是灶王节，是祭祀灶神的节日，民间称为"过小年"。传说灶神是一家之主，是掌管全家炊事的神祇，每年腊月二十三要回天庭向玉皇大帝汇报人间善恶事端，以供玉帝参考决定赏罚。故每逢灶王节，人们便燃香祷告，在灶王龛前放灶糖、清水、切碎的谷草和料，以期他能"上天言好事，回宫降吉祥"。灶糖是要粘住灶王的嘴，使他在玉帝面前多多美言、别说坏话，以保全家平安无事；水和草料是喂灶王的马，所以又有"二十三，糖瓜粘"的民谣。灶祭后，民间便开始准备过年事宜。从腊月二十三日起到除夕止的这段时间叫作"迎春日"，又叫"扫尘日"，其间，家家户户都要打扫房屋，清洗器具，拆洗被褥窗帘等，除旧迎新。人们还要在这几日准备购买年货，准备相关物品（见图2-6）。

图2-6　春节临近，采购年货

除夕为新年前的最后一天，含有旧岁到次夕而除、明日即另换新岁之意，民间俗称"年三十"。这一日，人们要贴春联、贴门神。春联又称楹联、对子，它以工整、对偶、简洁、精巧的文字描绘时代背景或者抒发美好愿望。贴春联的同时，也在屋门上、墙壁上、玻璃上贴"福"字。民间讲究将"福"字倒过来贴，表示"幸福已到""福气已到"，表达了人们对幸福生活的向往和祝愿。除夕是合家团圆的日子，全家人围坐一起吃"团圆饭"。长辈要将事先准备好的压岁钱分给晚辈，相传压岁钱可以压住邪祟，因为"岁"与"祟"谐音，晚辈得到压岁钱就可以平平安安度过一年，久而久之形成习俗。除夕夜习惯守岁，苏轼《守岁》诗："儿童强不食，相守应欢哗。"午夜子时新年钟声敲响，整个安泽淹没在爆竹声中，共同迎接新年的到来。

三 人生仪礼

人生仪礼是人在一生中的重要阶段所经历的仪式活动，一般包括诞生礼、成年礼、婚礼和葬礼。人作为单一的个体，拥有年龄、生理、心理等独立的自然属性，但是当人进入社会后，就被赋予了无法割舍的社会属性。从婴儿呱呱落地的那一刻到生命的消亡，人要经历不同的仪礼过程，每一次通过仪礼都让人的社会身份发生转变，法国学者阿诺德·范·吉纳普（Arndd van Gennep）称之为"通过仪式"（Rites de Passage）。"通过仪式"是"伴随着每一次地点、状况、社会地位以及年龄的增长从一个阶段向另一个阶段过渡的序列"[①]。通过一系列的仪式从而完成人生的蜕变。

（一）诞生礼

诞生礼代表人生的开端，安泽特别注重为婴儿举办一系列的诞生礼仪式，人们认为婴儿通过诞生礼，可以获得社会中的地位，成为具有社会属性的人。

孩子是生命的延续，已婚妇女未育前多有企盼怀孕得子的习俗。最普遍的求子方式是前往寺庙上香、拜神、祈愿，所求神灵是负责主管生育的送子观音，人们拜神时会带上供品，然后在神像面前虔诚地说出自己的心愿。民间有道："心诚则灵"，日后若怀子成功要到庙里还愿，带上供品去庙里诚心地拜谢。

安泽民间称妇女怀孕为"有喜""害口"。孕妇在产前和产后都有诸

---

① 李德珠：《重生的死亡仪式——以近现代中国传统丧葬为例》，硕士论文，南开大学，2005年。

多禁忌，一般妇女怀孕后先告诉娘家母亲，娘家在产前做好衣服、被褥悄悄地送给女儿收藏。孕妇忌讳出入新娘的婚房；不能见死人；两个孕妇不能同炕过夜，害怕换胎。孕妇生产后，住房门上及帽上都要以红布做标志，非至亲的妇女和男士不能进入。月内不能随便出门，也不能进磨坊、上井台、去施工现场，防止危险发生。产后一个月内只能吃稀的食物，不能吃干的，特别是前三日内只能喝米汤水。旧时妇女生产时多请产婆在家接生，现在产妇多在医院分娩。

婴儿降生后，家人将喜讯报告给众位亲友。男家要即日请岳母来侍奉其女儿，三六九日娘家人率先携带鸡蛋、红糖、挂面探望，然后是其他亲友祝贺。孩子在不同阶段有不同的庆祝仪式。满月礼俗较为隆重，是诞生礼的高潮，主家要置办满月酒款待亲朋（男孩 29 天，女孩 30 天）。亲朋来贺生辰时一般带两样礼物：一是福锁，早年老娘家（方言，即孩子的外婆家）要带银质锁，用蓝色带系在婴儿脖子上，称"栏门锁"，普通亲友用红绳拴铜钱带锁，传说有辟邪的功效。近年流行"编锁"，用红绒绳拴钞票相赠，俗称"添喜钱"；二是生日糕当地称"谷恋"，用白面蒸制，空心，直径一尺有余，呈圆形，男婴塑 12 生肖，中间附一石榴形大馍，女婴为莲花形图案的馍。生日糕用红布包裹，到主家后打开捧到婴儿前，然后才收起来，饭后客人将糕带走一半，另一半主家切成若干份，分赠给本村同庚儿共尝，唯独老娘家的糕保全三日。小孩出生一百天时举行的仪式叫"百岁"，民间有给婴儿吃百家饭、穿百家衣、挂百家锁的习俗。周岁生日是诞生礼的最后一个重要仪式，除了要置办酒席会请亲朋，过去在这日举行抓周仪式，来卜测小孩前途命运。一般是在炕上或桌子上摆放书籍、算盘、毛笔、钱、针线包、点有红点的馒头、石块、秤等，由小孩任意抓东西，抓到的东西即意味着孩子未来志趣。此后，诞生礼纪念日每年重复一次，是为"过生日"。人们一般要吃长寿面、生日蛋糕，家长会送给孩子生日礼物以表祝贺。诞生礼包含了家长对孩童的殷切希望和祝福。

（二）成年礼

成年礼又名冠礼，是为承认年轻人具有进入社会的能力和资格而举行的人生仪礼[①]，是一个人由个体走向社会的必经程序。中国古代社会，男

---

① 钟敬文主编：《民俗学概论》，上海文艺出版社 1998 年版，第 165 页。

子成年要束发戴帽，曰"冠""加冠"；女子成年实行加笄礼，用簪把头发盘起来。因时代的不同，举行成年礼的年龄不尽相同，汉族男子多20岁行加冠礼，女子多15岁行加笄礼。安泽地区的成年礼称"圆锁"，男女都在13岁举行，故又叫"圆十三"。婴儿降生后，由于古代医疗卫生条件落后，家长害怕孩子不易成活，就用锁子锁住其魂魄，等长到13岁顺利度过童年时期，便举行开锁仪式。开锁有开启智慧之意，让孩子从幼时的蒙昧阶段解脱出来，逐渐步入成年社会，接受社会的考验，开始确定自己在家庭和社会中的地位与责任（见图2-7）。

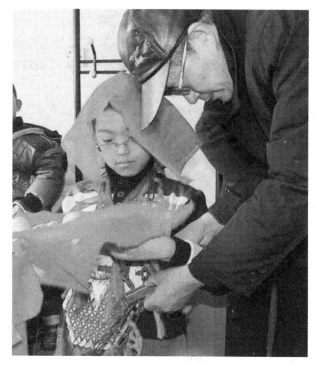

图2-7　圆锁习俗

（三）婚礼

婚姻被认为是人类繁衍和家族血统得以延续的最基本活动，从古到今，婚礼都乃人生仪礼中的大礼。原始时期，世界各民族处于杂婚、群婚的阶段，进入文明社会之后基本采取一夫一妻制的婚姻形式。各个民族地区都有独特的婚姻形态和礼仪习俗。中国的婚姻仪式有"六礼"之说，即纳采、问名、纳吉、纳征、请期、亲迎。封建社会时期，男女双方对于婚姻没有决定权和发言权，必须听从"父母之命，媒妁之言"，婚姻建立在政治、经济、社会地位的基础上。新中国成立以前，安泽范围内的婚姻仪式依然保守封建传统，大体上仍遵循古代的六礼，旧志云：婚礼行定，古制也。

纳采是婚姻程序第一步，若男家欲与女方结亲，需提前请媒人前往女家提亲，初议后，若女方允诺，男方再请媒妁正式向女家求婚，并携带礼物，此为纳采。最初纳采礼物讲究必须用雁，《仪礼·士昏礼》："昏礼，下达纳采。用雁。"[1] 雁作为纳采之礼，后多被解释为雁为候鸟，来去有时，从不失信，故其象征男女忠贞不渝，但其实它与人类早期的生产方式——游猎有一定关系，只是在民族记忆中大雁的实用功效被淡化。后世礼物种类增多，多含一定的象征意义。

问名俗称"请庚""讨八字"，即男方遣媒人到女家询问女方姓名、生辰八字、籍贯、品貌、健康、家庭情况等个人信息。女方将信息写到帖子之上，由媒人转交给男方，男方拿到庚帖，请人占卜男女双方是否符合天理命运。俗有"羊鼠一旦休、白马怕青牛、龙虎泪常流、虎蛇如刀断、金鸡怕玉狗、猪猴不到头"。若二人八字相合，就可以定亲。《仪礼·士昏礼》："宾执雁，请问名；主人许，宾入授。"郑玄注："问名者，将归卜其吉凶。"[2]

纳吉是男方将问名后的卜婚吉兆告诉女方，并送礼表示订婚的礼仪。一旦订婚，男女双方婚事即确定下来，不可以随便解除婚约。古时，纳吉也用雁作礼。《仪礼·士昏礼》："纳吉用雁，如纳采礼。"郑玄注："归卜于庙，得吉兆，复使使者往告，婚姻之事于是定。"[3]

纳征即男家向女方家送聘礼，亦称"纳成"。男方还要给女方父母、祖父母、兄嫂等亲人馈赠衣服、鞋袜、毛巾等礼物，并用红包袱裹一空梳妆盒，意为接受女方给的面（子），女子在面上按手掌印，表示"手印为印，永不更变"。女方设宴款待媒人，并拿出少部分钱退还给男方，称为

---

① （汉）郑玄：《仪礼注疏》卷四，"士昏礼"第二，上海古籍出版社 2008 年版。

② 同上。

③ 同上。

"还礼"。女子用红纸包些盐送给男子，俗称"有缘"。当聘礼送达后，婚约已经完全成立，《礼记·士昏礼》孔颖达疏："纳征者，纳聘财也。征，成也。先纳聘财而后婚成。"① 此时，虽未举行婚礼，但男女双方已确定夫妻关系。《礼记·内则》言："聘则为妻。"②

请期俗称"送日头""提日""择日子"。由男家请人占卜良辰吉日，择定结婚佳期后用红笺书写明男女生庚，此称为请期礼书，托媒人携带到女方家，言明结婚日期，经女方同意后，男家将礼书、礼烛、礼炮、雁等送往女家。男女各家将结婚日期告知亲朋宾客。

迎亲是新郎前往女方家迎娶新娘的仪式。迎亲之前，新郎要设宴请客、拜喜神和祖先，吃过鸡蛋和烙饼后启程迎亲；新娘在家中绞脸（少女出阁前的美容方法）、抹粉、描眉、梳头（亦称上头，挑选有福气的老者为之梳头，且说些吉利话）、换嫁衣时都要乐班鸣奏，俗称"拜喜"。男方接亲时多用花轿，请乐班吹奏开道，届时锣鼓喧天，热闹非凡。民间有"白虎食子"的传说，故迎亲队伍所过石磨、石碾都要贴上"白虎大吉"的红纸条镇邪。新娘上轿前要在祖先桌前"回菜"，伴娘将桌上摆的菜逐一夹点给新娘，新娘依次吐掉，表示不再吃娘家饭菜，随后在伴娘的搀扶下踩绢上轿。女方家由兄长送亲，陪送嫁妆。迎亲队伍回到男方家门口时，要请两位全女（父、母、子、女齐全者）充当喜娘，引进招呼新娘。新娘进门前，引进者喊道"某属相相克者回避"，新郎背着新娘，红灯高照在前引路，观礼的人散五谷彩纸花逗乐。进门后新人先拜天地、二拜高堂、三拜亲朋，最后夫妻对拜。新娘在喜娘的搀扶下抱着秤、筛、铜镜入洞房。结婚第二天新人拜见家中亲戚，长辈要给红包；亲朋好友这日也登门贺喜，向新人索要带的果饼，叫"讨干粮"；下午家中长辈带领夫妻上坟"拜土"。第三日为新娘的回门日，由女婿相伴且携带礼物回拜新娘父母。

过去安泽婚礼仪式较为复杂烦琐，且受封建门阀观念的严重影响，现在男女双方均为自由恋爱，待确定关系后，即可提亲、议亲、订婚、娶亲。经过介绍人或者媒人与双方家长的沟通，双方家长同意后，互相拜访察看双方的家庭人员情况。若无异议双方便选定日期订婚，聘礼一般由女方家提出，男方议定。订婚，过去又叫作"送生庚"。男方选一黄道吉

---

① （汉）郑玄：《仪礼注疏》卷四，"士昏礼"第二，上海古籍出版社 2008 年版。
② （汉）刘向等编：《礼记》，"内则"第十二，上海古籍出版社 1987 年影印本。

日，邀请女方长辈和媒人赴订婚宴，筵席最丰盛的是八碗八盘。订婚后，男女可自行购买结婚用品。结婚前一日，女方嫁妆先送到男家，送嫁妆的有车夫、扛毡、押箱儿童五六人，男方要给送嫁妆者若干"押箱礼"。男女双方都要吃"合婚饼"。结婚这日，男女双方家都张灯结彩，撑棚宴客。女方上轿前要吃几个鸡蛋，少喝水。新郎将新娘接回家后，主婚人开始主持婚礼，先拜天地祖宗，然后逐一拜见家长、亲戚长者，长辈给新人礼钱。有的家庭仍有上头仪式，选一有福的长者为新妇绞脸、梳头、整容，并由男方赏给"梳头礼"。一切仪式结束后，众人入席，新人一一敬酒致谢。参加婚礼的亲朋好友都要送礼钱，以表庆贺。晚上人们仍有闹洞房习俗。过去唐城镇有"闹房三天无大小"的旧习，这三天只要不是直系亲属，辈分不论大小均可闹洞房。闹洞房以人越多越热闹为好，要是冷冷清清则表示在当地威信不高，家人甚至会托人闹洞房，现在这种旧习减少，闹洞房较为文明。结婚的第三天，新婚夫妇要到岳父家回门，并携带些礼品，女婿走时有故意"偷"酒具、茶具、餐具的习俗，寓意嫁出去的女子，要快速融入婆家，操持家务，适应新生活。

（四）丧葬仪礼

死亡标志着人的自然属性和社会属性的全部终结，古代人认为死亡并非人的消逝，而是他从现在的世界进入了另一个未知世界，开始全新的生活。世人出于对亡者的思念、哀悼、孝顺、畏惧，为其举行丧葬仪式，完成人生最后阶段的仪礼。

安泽因民众贫苦，丧葬仪礼较为节俭，凡家中有老人者，要提前准备好寿衣，俗称"老衣""老虎"。寿衣一般八件至九件，单、夹、棉三全套，内衣及外罩（男袍女裙），不能用毛皮料。行土葬者要备好寿木，旧时往往有棺无椁，大小两殓，多不能全，棺木质地以柏松为上，槐榆为中，柳木为差。丧葬仪式一般有以下程序：

第一，初终。当老人弥留之际，家人要试探是否停止呼吸，当确知已死，周围亲属都号啕大哭，并快速给穿上准备好的寿衣，沐浴头脚，理发，剪指甲。在死者嘴里放入一小型元宝或铜钱作为"饭钱"，头盖张麻纸，身上纵放一根等身高粱秆，叫作"等身棍"，腹部放一秤杆和犁镝。事毕，将死者抬放于拆倒的门板上，民间讲究不能让死者躺在原先的床上，害怕其背着床到阴间过于沉重。在床的周围要摆供品，点长明灯，还要给死者的衣袋中放些饼干,叫作"打狗饼",寓意死者赴阴间遇拦路狗时可喂给饼干以顺畅通行。在家门上贴白纸一张,以示谢世。

第二,入殓。入殓时先在棺底铺垫炉渣、谷草及丧褥、枕头,然后尸体入棺,理好寿衣,揭去面纸,头侧放饭皿、烟具等,合上棺盖,点燃香火、白烛。

第三,吊唁。入殓后主家一面托人向亲戚朋友通报亡者死讯,此为"报丧"。一面在家内搭棚遮天,设灵堂祭奠,日夜由儿女轮流守灵。奔丧者均要着丧服。儿子头戴孝帽,媳妇、姑娘头戴长头布。儿子、侄子、外甥身穿白裤、长衫,俗称"褡罗";儿媳、姑娘均要穿白孝衫、孝裤,系草绳。古代汉族丧服分斩衰、齐衰、大功、小功、缌麻五种,称为"五服",用粗、细不同的麻布制成,按亲疏关系不同而穿不同的丧服,称为"披麻戴孝"。儿子、姑娘、媳妇都要用白布糊鞋,但不能全糊,俗称"留根儿"。待所有长辈去世,才能糊全鞋。亲朋吊唁时孝子孝孙要叩头接迎。过去至亲摆全供祭奠,为5菜30个馍;其他亲友邻里摆半祭,为3菜15个馍;现在摆碗菜者较少,多以糕点打祭。

第四,出殡。棺材一般停放三日至七日安葬,埋葬前由女子给死者净面,称为"展富"。出殡日中午12点,请木匠钉棺,俗称"封口",儿女要付封棺礼若干。封口后,众人齐聚灵堂前焚香烧纸,痛哭拜别。起灵时亲长子摔盆号哭,然后孝子们打幡挽棂前行,孝女在棺后哭送出村,不允许送葬到墓地,众人都肩搭白布拉灵。抬棺时,棺木必须是小头在前、大头在后。民间有一种说法小头在前意味亡者面向前方走;大头朝后,则意味着不仅让死者倒着走,还怕死者看着回家的路,经常回家"闹鬼",对家人不利。到坟地后,孝男们把挑幡棍(用柳木做成)整整齐齐地插在坟头正前方位置。

第五,下葬。入葬前往往要看风水、择坟地,谓"择吉地"。下葬讲究时辰,要葬尸不掩魂,即埋前有一人在墓坑下抱鸡绕棺材半圈,拍鸡叫魂,然后放鸡飞上墓穴上面,并问一声"上去没有?"上面回答"上来了"。此时才能堆土,墓堆越高越好。填毕插杨柳枝,并让儿子背拔,叫"拔墓杆",寓后辈兴旺发达之意。然后,立墓碑、设献食、焚香磕头,将花圈、纸糊金童玉女、纸马、纸糊电视机、纸糊汽车等祭品焚烧献给亡者。礼毕众人送葬回来要跨火堆,用清水洗手,取意驱邪。当天还要焚烧死者的衣物,清扫死者以前的住所。

第六，守制。"忌日"以七天为一七，共七七称"七终"。三日时守孝男女要圆坟，"头七""五七"和"百日"时儿孙要去烧纸祭奠，并用祭奠的方式往柳棍根上倒水（称米茶）。如果是春天插的柳棍，容易成活；若非春天所栽，孝子们在来年春天也会补栽柳木棍，浇上水保证其成活，长成大树来"荫护后人"。墓前也多栽松柏树，意为"护荫志青"。三年内，过春节门上不贴红色对联，第二年正月不走亲戚，叫"服忌"。满十周年置筵席祭祀，出嫁的女子必到，叫作"阴寿"。

安泽中部村庄有一奇怪的哭丧习俗，尤其是山东籍人集居的村庄里，人们死了岳父、舅父、姑父或姨夫，在祭奠的时候要哭"爹"，舅妈、姑母、姨母去世要哭"娘"。如果不这样做视为失礼，后逐渐改革现在少有。

现在安泽很多家庭治丧从简。人们先在村中发讣告，门侧贴一黄表。灵堂前仍上香摆祭品，子孙晚辈身着孝服臂挽黑纱致哀，亲友吊唁送花圈或挽帐。出殡前开追悼会，由主持人致悼词，追述死者生前功德，孝子表示哀悼并答谢亲友的关怀相助。然后下葬，圆坟，祭祀，一如以往。

四 寺庙与民间信仰

宗教来源于远古时代人类对未知事物的自我意识或自我感觉，当人们无法解释某些现象时，便寻求超自然力量作为命运的依托和精神归宿，因而对之产生敬畏和崇拜的心理，并形成相应的信仰体系及礼仪活动。宗教信仰属于社会意识形态，也是一种社会历史现象。

（一）安泽的寺庙

当人类产生宗教信仰后，需要一个固定的地方承载信仰体系，传播宗教教义，进行相关的宗教活动。寺庙的诞生满足了僧人和普通民众日常修行祈祷的需要，逐渐在民间盛行。J. K. 施赖奥克将中国寺庙分为六类：佛寺；道观；祠堂（祖庙）；名人祠；官庙；各色信仰。[①] 其中不少寺庙兼有两类或多类寺庙的属性。安泽地区从古到今建有不少寺庙，民国时期《安泽县志》收录了40余个寺庙，此后境内不断新建、重修寺庙，也有

---

① ［美］J. K. 施赖奥克：《近代中国人的宗教信仰——安庆的寺庙及其崇拜》，程曦译，安徽大学出版社2007年版，第33页。

被废弃、摧毁的寺庙，随着时代的变迁，寺庙数量有增有减。

1. 佛寺

大觉寺位于安泽县城南数里处，金大定三年（1163年）创建，原名香严寺，明洪武间置僧会司，民国时改建成第一高级小学。

菩萨庙在安泽府城镇南北街各有一个。南菩萨庙供奉的是南海大师，每年春节从初一到十五，商行民户都来烧香叩拜；北菩萨庙在北街丁字口坐东向，庙内有观音菩萨像。

圆觉寺位于安泽县城北十五里四次山，为唐懿宗三子四次修道处。

露崖寺位于安泽县城北六十里凤凰山，山上有风动，六月天可以凝冰，已荒废。

金山寺位于安泽县城北一百里和川镇东北，已改名龙泉寺。

佛骨寺位于安泽县城南七十里李家庄，民国时已废弃，仅存石佛一尊。

2. 道观

麻衣寺位于安泽县城北八十里和川镇之南玉龙山上（另一说九龙山），建于金大定年间，是岳阳古八景之一，即"沁湾塔影麻衣寺"。相传是麻衣道人布道之地，《安泽县志》载："麻衣禅师所建，寺名所由昉也。"① 由于原寺观倒塌，安泽文物部门已在遗址上新修庙宇，一年四季常有信众前来烧香祈神。

圣母庙位于安泽府城东街北侧（今为大礼堂），寺庙布局为长方形院落分上下两院，四周翠柏环抱。上院为前院，主殿圣母殿坐北向南，重檐两层，纯木结构。建筑精巧华丽，屋顶铺琉璃绿瓦，顶脊有琉璃烧制的红黄蓝绿色六兽，两端是金色高大的兽头，脊中是独角四足兽身驮一米高的宝葫芦（形状似塔）。屋檐四角飞翘，下垂风铃，挑角上装饰有大小不同的兽头、小人或小鸟等。殿前有四根高约两丈、直径粗一米的盘龙石柱，由四个石狮驮着，雄伟庄严。正殿塑有圣母奶奶坐像一尊，身高约三米，神态端庄，面目慈祥安静，衣着丝绸，两旁有侍女像各一尊。大殿内两侧墙壁画有麒麟送子图。大殿东西两侧各有配殿和厢房，东配殿是河伯庙，西配殿是马王庙，东西厢房住庙首和看庙的配官。下院东西两侧各有三间平房，正南是戏楼，戏楼东边为圣母庙大

---

① 逯丁乙：《安泽县志》，山西人民出版社1997年版，第104页。

门，门前有一对卷毛石狮。

上庄圣母庙位于安泽唐城镇上庄村南，创建年代不详，占地面积549平方米，现存建筑为清代遗构。寺庙坐北朝南，四合院布局，沿中轴线依次有戏台、大殿，两侧有夹楼、配殿。大殿面宽五间，进深五椽，单檐硬山顶，六檩前廊式构架，石砌台基高1.25米，檐下存民国重修碑1通，无记年碑1通。

通玄观位于安泽府城镇高壁村。据观内碑文记载，原名颐真庵，金兴定元年（1217年）改为通玄观，元、明、清历代均有重修，现存主体建筑结构为清代所建，占地面积1700平方米。道观坐北朝南，四合院布局，沿中轴线建有山门、戏台、正殿，两侧为厢房。正殿修建于元至元三十一年（1294年），面宽三间，进深七椽，单檐悬山顶，供奉道祖，清嘉庆年间维修，补增东西角殿走廊，为一体土木结构，正殿顶塌，有柱梁支撑。观内现存金代石碣两方，元大德三年（1299年）、清乾隆五年（1740年）、嘉庆三年（1798年）石碑三通，合成一组道教历史资料。其中金代兴定元年（1217年）礼部尚书《敕可赐通玄观世至准》说明了观名的来源及规格；《混元之图》刻大清仙境混元上德皇帝及法天、济天、乐天等十位天尊的降、升月日；元代翰林撰修状元王纲振的碑文，既阐明道教精微玄妙、应世济人的深奥之理，又表赞维首赵志可、王瑛捐资修观圣举，以及聘请吉州全真观刘志渊主观扬道的事迹。乾隆五年（1740年）、嘉庆三年（1798年）的碑文记述观内增设玉皇、三清、三宵等神位一事。

祖师庙位于安泽县城东40公里良马乡华寨村北盘秀山巅，明代建筑，白砂料石旋砌，拱圆形结构，硬山顶额檐，雕有兽形及花纹，面宽三间，进深4.3米，横宽9.6米，正面台阶塑像，东西墙壁画依稀可见。

二郎庙位于安泽县城北15公里石渠村，正殿三楹，角殿两小间，创建于唐代，清乾隆十六年（1751年）、同治七年（1868年）两度扩建重修。正殿、角殿由柱梁支撑，主体结构尚存。

延庆观位于安泽县城东部屏风山，宋宣和二年（1120年）建玉皇阁，前后殿宇森严，观内泉即圣泉，所谓活水龙吟是也。明洪武间置道会司，并通玄、清华、仙游、栖真、临溪、龙泉、清泉七观入焉。

文昌祠位于安泽县城东部南山，康熙二十四年（1685年）知县赵时可重修，民国时已荒废。

文昌宫位于安泽县城东部屏风山，由道光十五年（1835 年）知县宣麟创建，已残破不堪。

新文昌宫位于安泽县城学宫旁边，光绪二十六年（1900 年）县令张维彬建造，民国时期改为初等小学。

三官楼位于安泽县城南门外，同治年间因暴发洪水将其冲毁。

真武庙位于安泽县城内西城之上，已荒废。

玉皇庙位于安泽县城西北，雍正七年（1729 年）知县郭汝谦重修。

碧霞元君庙位于安泽县城北部和川镇。

天仙圣母庙位于安泽县城东部府城镇。

玄武庙位于安泽县城西北七十里霍山顶，顺治年间创建。

3. 祠堂（祖庙）

中镇行祠位于安泽县城西北，雍正七年（1729 年）时知县郭汝谦重修。

岱宗行祠位于县城东南，已经废弃。

4. 名人祠

唐王庙位于安泽县城东南 74 公里石槽乡王河村，建于清嘉庆十二年（1807 年），有上、下两院。上院正殿三间，东、西厢房六间；下院东、西楼房各三间，正南戏楼大门完好，具有庙宇戏院两结合的鲜明特征。

秦王庙位于安泽县城东南尧店村，祭祀唐太宗。

鲁班庙位于安泽县城北门外。

蔺公祠位于和川镇，祭祀战国时赵国名臣蔺相如。

郑大夫祠位于安泽县城北门外，民国时已废。

5. 官庙

关帝庙坐落在安泽府城镇西街，分上、下两院，建筑壮丽。上院正面三间是关帝大殿，殿内塑有关帝坐像，关平手捧大印伺立东侧，周仓手扶青龙大刀立在西侧。大殿东配殿是瘟神庙，西配殿是火神庙。殿前东西有三间厢房。下院正南方有戏台，东西边是看台，楼下各有三间房子，大门前塑有石狮子一对。每到初一、十五民众纷纷来此烧香拜神，民间其他地方也建有很多关岳庙，民国四年（1915 年）遵照制度，所有的关岳庙一起祭祀。和川镇村南也建有关帝庙，泥胎神塑已残缺，正殿墙壁上画有桃园三结义、关羽过五关斩六将等壁画，具体建庙时间不详。县志记载清代乾隆年间（1793 年）重新修缮扩建，"重修关帝庙碑记：……和川镇之南，有祠在焉……于乾隆癸丑，岁聿修乐楼（南边戏台），乙卯岁爱宏殿宇（全部建筑竣工）……"①

开天殿位于古岳阳的金堆里，祭祀三皇五帝。

舜帝庙位于安泽北部下杨庄，民国时已废。

后土庙位于安泽东部古县镇内，现已归入古县。

6. 各色信仰

城隍庙位于安泽县城南关，康熙三十年（1691年）时知县卢振光重修，民国五年（1915年）集合全县士绅捐资重修。

八蜡庙位于安泽县城南关，康熙五十年（1711年）集合全县百姓捐资重修，民国十九年（1930年）八月重修。

马王庙位于安泽县城东南角，创建于康熙四十四年（1705年），同治年间因暴发洪水将其冲毁，不复存在。

龙王庙位于安泽县城北门外，兴建于雍正九年（1731年），有专职官员祭祀，初一、十五常有上香的百姓，其他地方也多有此庙，宣统二年（1910年）僧人本旺募资重修。

药王庙位于安泽县城东部屏风山，雍正三年（1725年）重建，民国十七年（1928年）捐资重修。

火神庙，民国以前位于安泽县署前，民国时改为农林会和蚕桑局。

（二）民间信仰

民间信仰是广泛流传于乡土社会，为大多数民众所信奉崇拜的某些宗教观念、行为习惯和仪式规定。② 中国民间信仰内容丰富、种类繁多，各地区各民族都有着不同的神灵崇拜观和信仰对象，虽然不像佛教、基督教、伊斯兰教等有完整的宗教体系和国际性的影响范围，但是在历史上有着悠久的文化根源。安泽民间信仰大致可以分为以下几类。

1. 自然神

自然神是人类将与之关系密切的自然现象看作神灵加以崇拜。人类最初的信仰源于万物有灵观，认为山川草木等所有事物都具有灵魂，久而久

---

① 安泽县史志办公室编：《雍正岳阳县志民国安泽县志合集》卷四十二，李裕民点校，内部资料，2010年。

② 钟敬文主编：《民俗学概论》，上海文艺出版社1998年版，第187页。

之自然神逐渐被拟人化，成为神灵。安泽信奉的自然神有水神、土地神、城隍神等。

龙王或河伯是民间常见的水神，是中国古代神话中的四灵之一，掌管兴云降雨。从上古时期龙就被认为有司雨功能，《山海经》中记载："大荒东北隅中，有山名曰凶犁土丘。应龙处南极，杀蚩尤与夸父，不得复上，故下数旱。旱而为应龙之状，乃得大雨。"① 后来佛教传入中国，佛经中称诸位大龙王"动力与云布雨"。唐宋以来，帝王封龙神为王，唐玄宗时诏祠龙池，设坛官致祭，以祭雨师之仪祭龙王。宋太祖沿用唐代祭五龙之制。宋徽宗大观二年（1108 年）诏天下五龙皆封王爵。龙王逐渐成为民间普遍信仰，每年农历七月间在安泽府城龙王庙要唱戏三天至五天，唱戏之时杀猪宰羊供奉龙王，以报龙王一年来风调雨顺的恩泽。

土地神又称为"社神"，是管理某一块土地的神灵。《公羊传》注曰："社者，土地之主也。"② 汉应劭《风俗通义·祀典》引《孝经纬》曰："社者，土地之主，土地广博，不可遍敬，故封土为社而祀之，报功也。"③ 古时，汉族地区基本都建有土地庙或设土地神牌位，民众通过祭拜以期保佑家宅平安、五谷丰登、六畜兴旺等。

城隍神信仰起源甚早，最初被视为城池、地方的保护神，后又奉为主管阴司冥籍之神。唐代时奉祀城隍神已较为盛行，《太平广记》卷三百三"宣州司户"条引《纪闻》称，唐代"吴俗畏鬼，每州县必有城隍神"。④ 宋代城隍神信仰纳入国家祀典，《宋史》载："自开宝、皇祐以来，凡天下名在地志，功及生民，宫观陵庙，名山大川，能兴云雨者，并加崇饰，增入祀典，州县城隍，祷祈感应，封赐之多，不能尽录。"⑤ 其后城隍信仰兴盛不衰，成为保护地方、主管当地水旱疾疫及阴司冥籍的神灵。安泽每年春秋第二个月的上旬戊日举行祭祀仪式，祭品有帛、爵、羊、猪、豆等。

2. 祖先神

祖先神是人们把已故祖先或者人类始祖加以神化的结果。现在崇拜祖

① 袁珂：《山海经校注》，上海古籍出版社 1980 年版，第 248 页。

② （战国）公羊高撰，（汉）何休、（唐）徐彦注：《春秋公羊传注疏》（上册），上海古籍出版社 2014 年版，第 245 页。

③ （汉）应劭撰，关利器校注：《风俗通义校注》（下册），中华书局 1981 年版，第 354 页。

④ （宋）李昉等编：《太平广记》，中华书局 1961 年版，第 2400 页。

⑤ （元）脱脱等：《宋史》卷五十五"志第八"，商务印书馆 1937 年影印本。

先仍是民间传统习俗，人们通过敬祀仪式，来表达对祖先养育之恩的缅怀，同时又祈望祖先幽灵能庇佑子孙，福荫后代。安泽人每年清明、中元节都要祭祖扫墓，此外人们还祭祀人文始祖三皇五帝。

3. 生育神

生育神是主管生育的神灵，民间有观音菩萨、催生娘娘、圣母奶奶、女娲、碧霞元君等诸多生育神。安泽供奉较多的是圣母和碧霞元君。圣母具有保平安、保生子和治病救人的功能，每年农历四月十八日为圣母奶奶庙会，人们纷纷前来祭祀，将许愿还愿送来的泥娃娃放在圣母像前的桌子上，以及圣母怀里、腿上、周身。碧霞元君在民间地位极高，传说可以保佑农耕、经商、婚姻，尤其是保佑妇女和儿童。民众认为碧霞元君和蔼可亲、乐善好施、无所不能，能够有求必应，因而成为民众心目中的慈母、圣母，深受百姓尊重。每年的农历三月十五日是碧霞元君的生日，香客多来此祭拜以示庆贺。

4. 行业神

行业神是各行各业的人们供奉的用来保佑自己和本行业兴旺吉利的神灵。其中有的是某行业的开创发明者，也称行业祖师或祖师爷；有的是对行业的形成与发展做出突出贡献者。行业神崇拜充分反映了各行业劳动者希望借助神灵之力达到消灾纳福的心愿。

关公在民间享有崇高的地位，佛教中称为伽蓝菩萨，道教中为关圣帝君，在民间，它是多个行业的保护神，包括皮革业、烟业、绸缎商、厨业、盐业、肉铺业、理发业、典当业、银钱业等。过去关岳庙每年春秋两祭，祭祀前一日要准备好相关祭品。祭祀这天参与人员众多，县长率文武官员亲自前往，有专门负责祭祀的官员，有负责安全的军官警官，有执事，还有地方官绅以及学校老师学生等，祭祀仪式礼节与京城关岳庙一样，庄重复杂。

鲁班因其高超的手工艺，被木工建筑行业视为保护神。每年农历五月初七鲁班祭祀之日时，全城木工、泥瓦工、石匠、铁匠、油漆匠等一切与建筑行业有关的人们，纷纷到鲁班庙上供、焚香，参拜"祖师"，举行祭祀活动。

八蜡是古代人民所祭祀八种与农业有关的神祇。据《礼记·郊特牲》记载："八蜡以祀四方"，东汉经学家郑玄所注："四方，方有祭也，蜡有八者：先啬一也；司啬二也；农三也，邮表畷四也；猫虎五也；坊六也；

水庸七也、昆虫八也。"① 民间视八蜡为除虫捍灾御患的神祇，春天祈祷秋天报丰，年年祭拜，是安泽人农业种植中重要的保护神。

文昌神源自远古时期人类的星宿崇拜。民间认为它是专门管理读书和功名的神灵，每年春秋第二个月，安泽文昌庙要举行祭拜文昌神活动，祭品有帛、爵、牛羊猪等，还有演剧娱神活动。此外，文昌帝君还是书坊业、刻字业、镌碑业等文化行业的祖师神。

马王被认为是主管马骡驴乃至一切飞禽走兽的神灵，由于古代马的用途很广，耕地、拉车、打仗等都需要马匹，所以马神被列入祀典。人们为达到保佑马匹平安旺盛的目的，每年六月二十三日要祭祀马神，祭品都是以全羊，而不用猪或者黑色的牲肉。

药王信仰甚为普遍，自古以来信奉的药王并不固定，其中著名的有神农、扁鹊、孙思邈等。人们通过祭祀药王，祈求身体安康、祛病禳灾，也反映了民众对历代名医的纪念和尊崇。

汉族民间信仰广泛而庞杂，既存在原始巫术宗教和鬼神信仰，又有神仙佛祖崇拜。数千年的历史长河，民间信仰始终存在于人们的意识形态之中，伴随着人类的发展而不断消亡、变迁、进步，影响并支配着民众生活的方方面面。

---

① （汉）郑玄注《礼记正义》卷二十六，"郊特牲"第十一，上海古籍出版社 2008 年版。

第三章　社会变迁与安泽
移入民民俗调查

　　中国有着悠久的移民历史，从原始初民的部落迁徙开始，到近代灾荒移民、现代水库移民、城市移民、农村人口流动等问题一直都是国家和社会关注的焦点。可以说一个社会史的历程就是一部移民互动的历史长卷。明清以来，中国北方有三种在历史学、社会学、文化学、人口学等学科引起讨论、具有标志性的社会移民现象，也是在民众日常生活中产生重大影响的、持续上百年的移民文化现象，即山西"大槐树"移民、"走西口"移民和山东等地的"闯关东"移民。2007年热播的电视剧《闯关东》和2009年热播的《走西口》，在社会上都引起很大反响和热烈讨论。① 这种移民文化在民众生活中的影响之深远，可见一斑。2007年以后，在实际调查中，我们发现移民很容易把迁徙经历和这类移民电视剧进行比较，进而引发对自己移民史和家庭史的思考，这推进了本调查与山西移入民的沟通，同时，也是学者、社会、媒体共同关注移民社会文化现象的结果。

　　山西是中国北方重要的移民发生地，在历史上，不仅有声名显赫的移出民，也一直是移民迁入的重要地区。尤其是清末以来近百年间，社会动

---

　　① 《闯关东》评论的这些文章，从文化的角度、受众的心理分析了"闯关东"剧目的成功，为我们研究移民文化提供了深厚的民间文化基础。参见《电影文学》2008年第12期，发表的对电视剧"闯关东"的系列讨论文章，如：房海燕《电视剧〈闯关东〉热的冷思考——〈闯〉剧齐鲁文化民族性分析》；刘德群、杨晓密《文化成就市场——试论电视剧〈闯关东〉的文化之路》；汪琪婧《心理契合度与观众的收视忠诚——〈闯关东〉的"使用与满足"分析》；米高峰、宋曙琦《论电视剧〈闯关东〉中人物折射的社会精神》；李志强《"闯"出来的美感》；等等。中央电视台将40集电视剧《走西口》定为2009年的开年大戏。《走西口》被业界认为是《闯关东》的姊妹篇，山西人外迁的经历同样长达300年，该剧以这段历史为大背景，讲述20世纪初山西年轻书生田青因家庭变故和生活所迫，背井离乡走西口的传奇故事。2012年冯小刚导演《一九四二》也描述了河南逃荒民迁往各地的情形。

荡、灾荒频仍，人口流动频繁。山西由于有稳定的自然社会环境，成为周边各省客民最为集中的迁移地。今天，我们可以看到分布在山西各地大大小小的移民村落，特别是山西南部安泽、襄汾、霍州、吉县等地，有被称为"山东村""河南村"的大量村落，有的则直接称为"小莱芜""林县村"等。本章以北方移民文化为背景，以近代以来逐步形成的山西安泽移入民村落为调查中心，对山西移入民村落民俗变迁进行系统的民俗志式的调查研究，重点探讨近代以来山西移入民地方化进程，尤其关注其中"民俗"所发挥的"机制"，及其对地方乡村社会重构的特殊意义。总之，笔者主要关注民俗变迁与山西移入民精神世界的互构关系、移入民地方化的社会模式，以及移入民民俗和社会适应的关系，并在此基础上，探讨北方村落发展转变的类型学意义。

山西移民在中国移民史上具有重要意义，蕴含着丰富的文化信息，历来是学术界关注重点。其研究成果大多集中在历史学、地理学、人口学等领域，通过文献史料、数据统计，宏观勾勒移民社会史背景。目前看来移民研究中北方移民研究较多，诸如"走西口""闯关东""大槐树"等研究，可谓汗牛充栋。我们主要从现代山西安泽移入民村落的调查，探析随着社会的发展，移入民民俗逐步发生变迁的过程。

一　安泽府城镇移民村社会生态概述

安泽府城镇地处安泽县城，是全县政治、经济、文化的中心，西临古县、北依和川镇，东接良马乡，南面是冀氏镇，总面积328平方公里，耕地面积33383亩，下辖21个行政村（府城、高必、飞岭、大黄、小黄、桃曲、上梯、李垣、上掌、三交、寺村、花车、原木、佛寨、义唐、第五、神南、风池、孔村、桃寨、石桥沟），118个自然村。2005年末全镇总人口25681人，其中农业人口13954人。全镇年平均降水量为650毫米，无霜期170天左右。境内交通便利，309国道、326省道和马唐公路纵横交错，全省第二大河流——沁河流经多个村庄。以前，府城为县城重镇，客商云集，尤以粮食交易兴隆，有"拉不完的府城"之称。安泽地广人稀，土地肥沃，良好的生态环境促使外地民众不断移入境内，形成了诸多以移民群体为主的村落，府城镇移民村的移民情况比较典型的有三个村落，分别是桃曲村、高壁村及高壁滩。

（一）桃曲村社会生态环境

桃曲村位于县城西北约 7000 公里，共有上桃曲、中桃曲、下桃曲、阳坡 4 个村民小组，全村共有 324 户，1220 人，耕地 6630 亩，2010 年全村人均收入 5095 元。桃曲村南北有山包围，西南方向有李垣河流经，形成了一条狭长的沟壑，四个村子依次坐落于沟壑中，绵延长度约 3500 米。全村耕地以种植粮食为主，辅以果树和蔬菜。

近年来，在村干部的带领下，大力推进农业产业结构调整，积极发展小杂粮种植 1000 亩，大路菜 200 亩，建设优质绵羊示范养殖区，培育饲养 50—100 只，规模养殖示范户 20 户以上。由于正值房地产业迅速发展的时机，村委利用桃曲地处城郊的优势，加大招商引资力度，与康业建材厂、预制板厂等企业合作，就地转移劳动力 60 余人，可实现劳务年收入 80 余万元。全村还大力抓好精神文明建设，制定桃曲村村规民约，广泛宣传爱护环境、保护环境的理念，倡导群众戒除赌博、铺张浪费等陋习，努力倡导文明新风。自新农村建设以来，桃曲村两委共投资 180 余万元，建设了村级卫生所 1 座，农民休闲健身场 1 处，便民连锁店 1 家，硬化上桃曲、中桃曲道路 300 余米，建设群众娱乐广场 2 处，修建垃圾池 15 个，安装路灯 20 盏，公路两旁修建波浪墙 1200 余米，绿化 1000 平方米，村容村貌发生巨大变化。经过不懈的努力，桃曲村基础设施明显改善，产业支撑得到提升，农民收入不断增加，各项事业稳步向前发展。

桃曲村名字的来历，源于此处过去种植成片桃树，而且村附近有条蜿蜒曲折的李垣河，故名。桃曲村总体上地多人少，当地流传俗语"种下三成熟"，意即只要把种子播种下，必定有三分的收成。桃曲村 90% 的居民是移民，以山东、河北、河南为主，姓氏较分散。村民主要职业是农民，少数年轻人在外打工，基本上与他们移民之前的职业相同。桃曲村现在居民多为移民的第三代和第四代，他们的先辈多是于 20 世纪四五十年代迁移此处，子孙后代繁衍生息已经六七十年。

（二）高壁村社会生态环境

高壁村位于安泽县城北 2 公里处，属于城乡接合部，典型的城郊村，依山傍水、交通便利。该村共有 3 个自然村，高壁村、高壁滩和马连疙瘩（见图 3-1），共有 6 个村民小组，现在改名为网格，即有六个网格，每个网格都有相应的负责人，共 374 户，1321 人，总耕地面积为 2562 亩。村民主要以务农为主。2012 年人均纯收入达到 4902 元，比上年增长 15%。2013 年以来，该村按照新农村建设 20 字方针要求，围绕建设"城郊加工型"新农村目标，以繁荣农村经济为中心，以产业结构调整为主线，以农民增收为目的，不断地推动新农村建设。

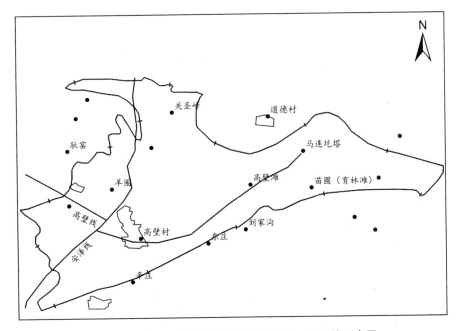

图 3 - 1　安泽县府城镇、高壁村和高壁滩村手绘示意图

　　高壁村依靠地处城郊的区位优势，发展以温室大棚蔬菜为主的高效种植业和以优质核桃为主的林果业，温室大棚达到 62 个，共发展蔬菜种植 400 余亩，优质核桃种植达到 700 多亩，景观树苗中华红叶杨 30 亩，同时，以农产品加工为突破，继续发展润祥、时珍等龙头企业为主的农产品加工业，大力发展以玉米、中药材、小杂粮为主的种植业。

　　关于高壁村的来历，据村民杨九成讲述，高壁村最早叫东村，因为此处原有东西两村，抗日战争时期，日本人把西村的人都赶到东村，人们便全住东村。后来改为高碑村，是由于村中通玄观为本村最高建筑，庙里有一二十块高碑，故得名"高碑"。随着时间的推移，石碑相继损毁、丢失，但庙墙存留，便再次改成"高壁村"。① 现在庙已成废墟，但仍可以清晰地看到庙处于村中较高地势。高壁村境内原籍本地居民相对较少，没有家族祠堂，该村 95% 的人口来自山东，山东莱芜人最多，也有来自山东淄川和临沂等地，是最大的移民输入地，还有来自河南、河北、平遥、晋城、吉县等地的百姓。② 从河南迁移过来的主要是来自河南徽县的原AB、原 CD 和原 EF 三户人家，来自河南济源的张 GH、张 JK、张 LM 叔侄。从河北迁过来的有杨 NO、刘 PQ、吴 RS、李 TU 四家。高壁村"移民"主要指 20 世纪中叶移居至此的民众，即现居民的父辈或者爷爷辈，所以现居民是当初移入民的二代或三代后裔。

（三）高壁滩社会生态环境

高壁滩是高壁村的一个小自然村，位于高壁村的东北方向约 5 公里处，人口稀少，前几年有 30 来户人，如今只剩 16 户。高壁滩除了新建的7 处房屋外，其余全是有三十多年历史的土坯房，还有些废弃的窑洞，据说曾经住过逃荒过来的百姓。当地人们靠种植玉米以及养殖牛羊为生，只有在农闲时候才出去打零工（见图 3 - 2）。

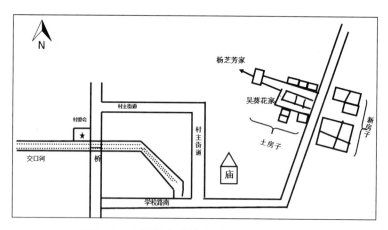

图 3 - 2　安泽县府城镇高壁滩村手绘示意图

———————————

①　被访谈人：杨九成，男，汉族，60 岁，河北移民。访谈人：毛巧晖、王俊苗，访谈时间：2013 年 8 月 24 日 15 时，访谈地点：高壁村学校路南路边。

②　为了保护个人隐私，下文移民姓名全部隐去，仅用英文字母代替。文中所附图片，因已征得被访谈人同意，图片标注用本人真实姓名。

高壁滩移民主要来自山东，河南移民目前仅有杨 ZF 老人一家，原来曾有一张姓人家也来自河南，但已经迁回。由于交通不便，生活用品缺乏，大部分高壁滩居民已搬去高壁村。现在只有杨 ZF 芳和吴 KH 两位老人仍有移民记忆，其他人多是五六十岁的男女和小孩，对移民不甚了解。

综上所述，府城镇的移民主要来自山东、河南，山东人居多，当地居民较少。移民是一个动态的过程，它一直在发生，并与现实中的移民发生着紧密关系，因而它的内容具有动态性。府城镇也不例外，到今天仍然不断进入新的移民，但也有一部分民众重返家园，这种非永久性的移民被一些美国的社会科学家称为"客民"，他们虽然在当地生活过一段时间，但不愿意在此扎根，因为在他们心中并没有真正融入这个群体，但是这种情况在府城镇较为少见，因为，经过几代人长时期的生活，迁入地已经在移入民心中刻有深厚的民俗烙印，并逐步形成共同的文化认知。

二　安泽移民原因和社会身份

元朝末年，频繁的战争使得中原地区百姓死亡人数不计其数，山东、河南地区的人民十亡七八。与此同时，各地的自然灾害也接踵而至，黄河决口、中原被淹、屋舍摧毁，民众死伤更加严重，中国北部更是遗骸遍野，河南和山东多是无人之地。元末农民在经历了战争和自然灾害的打击之后，生活安定、开垦荒地、发展农业成为广大农民的强烈愿望。而山西土地肥沃，又有山、河作为屏障，能够得到相对稳定的发展，因此，在中原地区遭受到周期性的社会动荡和自然灾害之后，山西便成为他们向往的栖息地，有大量的文献记载了迁入山西的移民情况。

《明史》《明实录》中有大量关于明初山西移民的记载。

洪武六年（1373 年），"徙山西、真定民屯凤阳"①。

洪武九年（1376 年）十一月，"徙山西及真定民无产业者于凤阳屯田，遣人赍冬衣给之"②。

洪武二十一年（1388 年）八月，"迁山西泽、潞二州民之无田者，往

---

① （清）张廷玉等：《明史》卷七七，中华书局 1974 年版。
② （清）张廷玉等：《明史》卷一一〇，中华书局 1974 年版。

彰德、真定、临清、归德、太康诸处闲旷之地，令自便，屯耕种，免其赋役三年，仍户给钞二十锭，以备农具"①。

洪武二十二年（1389 年）九月，"后军都督朱荣奏：'山西贫民徙居大名、广平、东昌三府者，凡给田二万六千七十二顷。'"②

洪武二十二年（1389 年）九月，"山西沁州民张从整等一百一十六户告愿应募屯田，户部以闻，命赏从整等钞锭，送后军都督金事徐礼分田给之。仍令回沁州召募居民。时上以山西民稠，下令许其民分丁于北平、山东、河南旷土耕种，故从整等来应募也"③。

洪武二十五年（1392 年）十二月，"后军都督府都督金事李恪、徐礼还京。先是命恪等往谕山西民愿徙居彰德者听。至是还报：彰德、卫辉、广平、大名、东昌、开封、怀庆七府民徙居者凡五百九十八户"④。

洪武二十八年（1395 年）正月，"遣使敕晋王桐，废山西都指挥使司，属卫马步官军二万六千六百人往塞北筑城屯田"⑤。

洪武三十五年（1402 年）九月，"命户部遣官囊实山西太原、平阳二府，泽、潞、辽、沁、汾五州丁多田少及无田之家，分其丁口，以实北平各府州县，仍户给钞，使置牛具、子种，五年后征其税"⑥。

永乐二年（1404 年）九月，"徙山西太原、平阳、泽、潞、辽、沁、汾民一万户实北京"⑦。

永乐三年（1405 年）九月，"徙山西太原、平阳、泽、潞、辽、沁、汾民万户实北京"⑧。

永乐四年（1406 年）正月，"湖广、山西、山东等郡县吏李懋等二百十四人言愿为民北京。命户部给道里费遣之"⑨。

永乐五年（1407 年）五月，"命户部徙山西之平阳、泽、潞，山东之

①　（清）张廷玉等：《明史》卷一九三，中华书局 1974 年版。
②　（清）张廷玉等：《明史》卷一九七，中华书局 1974 年版。
③　同上。
④　（清）张廷玉等：《明史》卷二二三，中华书局 1974 年版。
⑤　（清）张廷玉等：《明史》卷二二六，中华书局 1974 年版。
⑥　（清）张廷玉等：《明史》卷十二下，中华书局 1974 年版。
⑦　（清）张廷玉等：《明史》卷二二，中华书局 1974 年版。
⑧　（清）张廷玉等：《明史》卷四六，中华书局 1974 年版。
⑨　（清）张廷玉等：《明史》卷五十，中华书局 1974 年版。

登、莱等府州五千户隶上林苑，监牧养栽种。户给路费钞一百锭，口粮六斗"①。

永乐十四年（1416 年）十一月，"徙山东、山西、湖广民二千三百余户于保安州，免赋役三年"②。

永乐十五年（1417 年）五月，"山西平阳、大同、蔚州、广灵等府州县民申外山等诣阙上言：'本处地硗且窄，岁屡不登，衣食不给。乞分丁于北京、广平、清河、真定、冀州、南宫等宽闲之处，占籍为民，拨田耕种，依例输税，庶不失所。'从之，仍免田租一年"③。

通过上述资料可以看出，山西在历史上的移民规模之大、范围之广、数量之多。因此，山西便成为中国北方移民主要的发生地，不仅有著名的明代大槐树和"走西口"的移出民，也是山东、河南、河北等地移民迁入的重要地区。

山西安泽的移民作为山西移民的一个缩影，对其进行研究，可以反映出当时的社会现实情况。安泽移民情况比较复杂，由于村落众多，移民又来自于不同的地方并且具有不同的社会身份，因此，对移民从迁出地的迁出原因和移民人原来的社会身份两方面进行分析研究。

（一）迁出地的迁出原因

但凡出现移民现象，不外乎自然环境因素和社会环境因素两种，安泽府城镇也不例外。由于其优越的地理位置和自然社会环境，成为移民定居的栖息地，从笔者调查中得知：安泽府城镇移民的原因主要包括自然环境和社会环境两个方面。

第一，自然环境因素。主要是由于自然灾害而导致农民在家乡无法生存，而产生的移民。在田野调查中，反复被移民提起的就是洪灾、旱灾和虫灾。

YZF（高壁村人，男，76 岁，河南移民）老人回忆："1940 年那会河南闹饥荒，说是因为黄河决口，发生洪灾，淹了土地，本来河南人多地少，这下更少了，人们没有吃的就开始逃出来要饭。那会听说山西是种什

① （清）张廷玉等：《明史》卷六七，中华书局 1974 年版。
② （清）张廷玉等：《明史》卷一八二，中华书局 1974 年版。
③ （清）张廷玉等：《明史》卷一八八，中华书局 1974 年版。

么得什么，粮食好活。我们就往山西来了。后来，来到了安泽这个地方，有山有河，地又多，就在这里定居下来了。那会就找了一间破窑洞，有个住的地方了。"① 河南地处黄河中下游段，河水地势较高，长久以来泥沙堆积使得河床升高，遇到水涨时期极易漫过河坝淹没村庄土地，所以民众纷纷逃荒来到洪灾较少的府城镇。

GLZ（高壁村人，男，51 岁，河南移民）回忆，当年老家河南济源那遭蝗灾，家里没有粮食，所以他母亲就带着他和姐姐逃荒到安泽，后将他丢给一户姓葛的人家，这家人对他很好，将他抚养长大。他说长期一直生活在安泽，各方面都已经适应，他再也没见着母亲，也就没有要回到家乡的打算。②

QCF（桃曲村人，男，73 岁，河南移民）回忆，小时候家乡遭旱灾，一直持续了三年，刚长出来的庄稼都被蝗虫吃完了，三年没有收成。村里人由于没吃没喝，大部分人外出逃荒。他父亲看着如此年景实在无能为力，于是便和几人商量要一起离开家乡逃荒。③

FSB（高壁村人，男，76 岁，山东移民）老人回忆，他爷爷移民的经历，"我爷爷那会大概是个一九二几年吧，由于山东老家莱芜那面遭了旱灾，爷爷（30 多岁）就带着奶奶，伯父，用担子挑着父亲（6 岁），姑姑（3 岁），一路要饭，逃荒过来的。当时，传信的人说山西这面收成好，所以也就来这面了，后来在这面安了家，当地人也不排斥，互相接济，跟家乡那面现在还一直在通信，但是也没打算要回去，因为孩子们都在这面工作了。"④

QYF（高壁村人，男，67 岁，山东移民）讲述，"我老家是山东莱芜高庄镇的。当时也是因为家乡闹旱灾，没吃的，不过当时我们家族只有一部分人迁过来了，我大爷爷和四爷爷先迁过来的，我爷爷还有三爷爷在山东没有迁过来。后来，在山西的大爷爷和四爷爷生活过得好，而我爷爷在

---

① 被访谈人：YZF；访谈时间：2013 年 8 月 24 日；访谈地点：WKH；访谈人：毛巧晖、兰天龙、王琳。

② 被访谈人：GLZ；访谈时间：2013 年 8 月 24 日；访谈地点：GLZ 家；访谈人：毛巧晖、雒宁。

③ 被访谈人：QCF；访谈时间：2013 年 8 月 25 日；访谈地点：LXG 家；访谈人：毛巧晖、雒宁。

④ 被访谈人：FSB；访谈时间：2013 年 8 月 24 日；访谈地点：FSB 家；访谈人：关强、兰卿、段慧丽。

山东的生活并不是很好，有时候吃不饱饭，有一次大爷爷回家探亲说山西这边好，我们就过来投靠大爷爷，过来后就跟着大爷爷和四爷爷一起闯。"①

从上述资料可以看出，民众移民原因与迁出地自然地理环境、地域特征密切相关。归根结底，最主要的因素还是在家乡无法满足生活需求，迫不得已才背井离乡，不远万里来到他们认为可以活下去的地方。也就是说"是为了维持自身的生存而不得不迁入其他地区定居的人口，或者说以改变居住地点为维持手段的迁移行为"②。据记载，民国时期，山东天灾频繁，旱灾、蝗灾常常轮番发作，酿成极严重的饥荒。"1927 年山东大灾荒几遍五六十个县，受灾者 2000 万人，约占全省人口的 60%。临朐县 1940年至 1942 年大旱不雨，粮食不收，旱、兵、蝗灾之外，尚有水灾。据《陵县县志》载：1942 年至 1943 年在遭到旱涝夹击的同时，又发生了特大蝗虫灾害，许多人被迫逃荒。历史资料记载，1921 年、1924 年、1925年、1937 年黄河决口，许多县遭灾，受灾百姓携儿带女，肩挑步行，纷纷外逃。"③ 而且沂蒙山又大部分是石头山，没有多少种庄稼的肥沃土地，加上干旱，种了庄稼也不好，粮食收成很少，不能生活就移民过来。当时安泽土地肥沃，收成较好勉强可以维持生活，又没有战乱，因此，府城镇成为山东移民的首选地。

第二，社会环境因素。主要是由于一些社会因素产生的移民，例如战争、经商工作、投奔亲友、贩卖人口、手工艺人等。

由战争引起的社会动荡是移民的一个重要因素。在历史上，山西东有太行之险，西有吕梁之阻，南有大河之堑，北有大漠、雁门之蔽，使此地成了中国历史上的"安全岛"。④ 安泽府城镇由于其独特的地理位置，生活环境相对安全，因此，可以给移入民带来相对稳定的社会环境，动荡的年代，这正是他们向往的"安全岛"。府城镇从晋中、平遥过来的移民当时家庭条件都较为优越，移民的主要原因是逃避战乱，避

---

① 被访谈人：QYF；访谈时间：2013 年 8 月 24 日；访谈地点：高壁村交口桥上；访谈人：毛巧晖、兰天龙、王琳。

② 葛剑雄、曹树基、吴松弟：《简明中国移民史》，福建人民出版社 1993 年版，第 504 页。

③ 山东省情网，《山东移民东北（2007 年 8 月 1 日）》，http://www.infobase.gov.cn/history/nanjing/200708/article_ 11009.html。

④ 卫才华：《山西移入民的民俗变迁与地方社会》，载《山西农业大学学报》（社会科学版）2008 年第 2 期。

免遭受日本人的迫害。尤其平遥的移民，有一些甚至是大地主、大商人，在迁出地有自己的土地、骡马牛羊，并从事商业活动，开设有酒坊、醋坊、油坊、糖坊、药房等，当时的平遥移民基本上垄断了多个村庄的商业活动，为当地人提供了基本的物质保障，从而慢慢定居下来。

有些平遥人为了经商而迁住安泽，如今很多已迁回。XYS，现为高壁村高壁饭店老板，祖籍吉县，当初是因为在安泽工作，在高壁村结了婚且媳妇娘家为当地人，后来就一直在高壁村生活，定居此处，家里只有他一人出来，父母亲仍在吉县生活，每年过年的时候回去探望家人。

旧时民众生活普遍较为拮据，为了寻求更好的生活环境，人们通常离开家乡投奔外地亲友。ZXC（桃曲村人，男，80 岁，河南移民）的爷爷、奶奶、叔叔都是民国时期迁移到安泽，17 岁时来安泽看望亲人，以后便留在安泽一直住在下桃曲村。PLC（高壁村人，男，66 岁，山东移民）的爸爸十六七岁的时候从山东来到安泽。由于有一个姐夫在高壁村附近给别人烧炭打工，他爸爸在家里没有工作便过来投奔姐夫，跟着一起打工，后来就在这里娶了媳妇，再没有回去过。

移民群体中有很少一部人是被卖到此处的。QCF 两岁的时候跟着父亲、哥哥、姐姐从河南逃荒，家里为了维持最基本的生活，把他卖给了一家山东移民，换了些粮食重回河南。之后，他一直跟着山东这一家人在安泽生活。

农村手艺人是颇为特殊的一种移民，他们平时大部分从事手工艺劳作，其家人大部分都是农民。所以在农忙时节他们会帮助家里的老人和女人们做些农活。大部分时间里，他们则靠手艺谋生，所以在众多的移民中，他们的生活条件相对较好。SJZ（桃曲村人，59 岁，男，河南移民）讲述道："我是凭手艺过来的"，他年轻的时候一直奔波在山西、陕西的各个市县。"我先在西安待了 10 年，去过好多县给人家做家具。后来到安泽做了两三年的木匠活，来安泽正是因为当时村长的一句玩笑话：那你别回去了，干脆把户口迁到这儿吧。就这样，我回家过完年就来了。"① YJC（高壁村人，男，60 岁，河北移民）讲述："我爷爷那会是个皮匠，在河北那会靠给别人做皮活生活，不过闲的时候也种地，我

_____

① 被访谈人：SJZ；访谈时间：2013 年 8 月 25 日；访谈地点：桃曲村委会；访谈人：毛巧晖、雏宁。

也是听别人说的，那会河北我们住的那地全是盐碱地，种下去的粮食收成很少，不够全家人吃，爷爷做皮活也满足不了家里的温饱问题，就挑着担子，里面装着做皮活的工具，一路找活干，一路找地方，最后在安泽这给一家富人做皮活，做了三个多月，时间长了，就在这住下了。"①

（二）移民的类型与社会身份

从移民个人口述可知他们大部分是为生存而来到府城镇。"所谓生存型的移民，就是为维持自身的生存而不得不迁入其他地区定居的人口，或者说是以改变居住地点为维持生存的手段的移民行为。产生这类移民的主要原因是迁出地的推力，如自然灾害、战争动乱、土地矛盾、人口压力等，而不是迁入地区更好的社会环境、生产条件、发展机会等拉力或吸引力。移民的主要目的是生存。"② 府城镇的移民不管是因为自然环境因素还是社会环境因素产生的移民，基本上属于生存型移民，主要是由于迁出地存在一些不稳定的因素，恶劣的自然环境和动荡的社会环境使得人们不得不背井离乡，在外寻找新的生存之路，而迁入地可以带给移入民心理上的慰藉和生活上的保障，安泽府城镇的移民就是在迁出地恶劣的生存环境下催生出的社会现象。

除了生存型移民外，还有发展型移民等。正如葛剑雄等人所说："中国历史上的移民有各种类型，有其不同的特点，但就性质而言，却基本只有两种——生存型与发展型……所谓发展型的移民，就是为了物质生活或精神生活状况的改善而迁入其他地区定居的人口，或者说是以提高物质生活或精神生活水平为目的的移民行为。产生这类移民的主要原因不是迁出地区的推力，而是迁入地区的拉力或吸引力。"③ 在安泽府城镇，有一小部分手艺人、商人等移入民为此种情况。总而言之，生存型与发展型移民在安泽府城镇都是存在的，且分布都比较集中。

第一，大部分移民主要是生存型移民，他们的主体成分是贫民，以种地为生，没有文化知识，社会地位低。安泽府城镇桃曲村、高壁村及高壁滩的移民主要就是这一类型。笔者调查到，这一部分移民在迁出地的时候

---

① 被访谈人：YJC；访谈时间：2013 年 8 月 24 日；访谈地点：高壁村学校路南路边；访谈人：兰天龙、王琳、王俊苗。

② 葛剑雄、吴橙弟、曹树基：《中国移民史》，福建人民出版社 1997 年版，第 48 页。

③ 同上。

就是以种地为生，基本上都是靠天吃饭，也有一部分人身份是打工者和手艺人，恶劣的自然环境才迫使他们不得不搬到能让他们生存的地方。以下为调查采集样本（见表3-1）。

表3-1　　　　　　　　安泽府城镇移民类型与社会身份

访谈对象	年龄	性别	祖籍	何时迁来	迁移前身份	迁移后身份
XZH	81岁	男	山东平邑	爷爷辈	农民	农民
FSB	76岁	男	山东莱芜	爷爷辈	农民（有林地）	农民
GLZ	75岁	男	河南济源	爷爷辈	农民	农民
ZDF（村干部）	60岁	女	山东莱芜	爷爷辈	农民	农民
LBL（理发师）	60多岁	男	河南林县	爷爷辈	农民	打工、务农
WAB（蔬菜店）	40多岁	女	山东莱芜	爷爷辈	农民	农民
LCC	未知	女	云南	20世纪80年代	打工	打工、务农
FGM	55岁	男	河南滑县	爷爷辈	农民	农民
SJZ	59岁	男	河南	20世纪八九十年代	木匠、农民	木匠、农民
YJC	60岁	男	河北	爷爷辈	皮匠、农民	皮匠、农民
PLC	66岁	男	山东	父亲辈	农民	打工

第二，安泽府城镇也存在与生存型移民不同的发展型移民，由于特殊的原因产生了具有新的社会角色的移民，这样的移民主要是从平遥、吉县等移民过来的商人。但是他们也不完全属于发展型的移民，在他们身上有生存型移民的影子，又存在发展型移民的特殊身份。他们移民来此提高了自己的物质生活水平与改善了生存条件，但是他们移民也是出于迁出地区的推力，主要是当时社会不稳定而造成的移民，是移民中比较独特的群体。这种移民不仅有利于自身发展，而且也深深影响着当地民众的生活，可以说这部分移民带来的意义是多层次的，不仅提高了自身的物质生活，发展了家族势力，而且在当时带给府城镇社会的影响也是不容忽视的。

三　安泽府城镇民众的移民记忆

保罗·唐纳顿的《社会如何记忆》中提道："我们一般认为记忆属于个体官能。不过，有些思想家一致认为，存在着这样一种东西，它叫集体记忆或者社会记忆……群体一词用于广义，有某种灵活性，既包括小的面对面社会（如村寨和俱乐部），也包括广有领土的社会，其多数成员并不能彼此亲知（如民族国家和世界宗教）……任何社会秩序下的参与者必须具有一个共同的记忆。对于过去社会的记忆在何种程度上有分歧，其成员就在何种程度上不能共享经验或者设想。代际交流受到不同系列的记忆阻隔之后，这种情况也许最为显著。跨越不同的时代，不同系列的记忆经常以暗示性背景叙述的形式，互相遭遇。这样一来，不同辈分的人虽然以身共处于某一个特定场合，但他们可能会在精神和感情上保持绝缘，可以说，一代人的记忆不可挽回地锁闭在他们这一代人的身心之中。"①

从这一段话可以看出：民众记忆是一种集体记忆或者社会记忆，包括村落、族群、代际等共同记忆。而府城镇的移民就存在这样的记忆。他们来自不同的地域背景，移民到当地组成一个小的社会，这段移民记忆永久地刻在每一个移入民心中，挥之不去。而这段历史是他们一生中不可能忘记的经历，有被迫离家的苦难记忆，有迁徙方式及途径的记忆，有移民定居以后生活的记忆。

（一）移民被迫离家的苦难记忆

被迫离家的苦难记忆是移民群众深刻的社会记忆。灾荒、逃难的经历往往是移民印象最为深刻的记忆，在那个苦难的年代，移民村的社会记忆主要就是对于灾害、饥饿等事件的回忆，生活的苦难让亲身经历的移民有着强烈的诉苦意识，这种意识在不经意间对移民村产生很复杂的社会和心理效应，慢慢地也就形成了一定的民俗习惯。有亲身经历过这段历史的移民，从他们简单的话语中，能感受到老人们曾经经历过的苦难。迁徙的痛苦非比寻常，加上"安土重迁"的思想，不到万不得已的时候，人们是不愿意迁移的。

---

① ［美］保罗·唐纳顿：《社会如何记忆》，纳日碧力戈译，上海人民出版社2000年版，第24页。

　　移民并非所有人的本愿，由于迁出地遇到灾难，农业收入不济，无法满足日常所需，人们没有办法只能选择移民。YZF（男，78 岁，河南人，农民）老人回忆，"河南那年头遭水灾，大片的地都被水淹了，整个村子的人都出去逃荒了，还有的在半路就走散了。说起来可苦了。我爸爸还经常给我唠叨这事"①。QCF 老人讲："好多逃荒的人下这些决定是很不容易的，首先是要离开祖祖辈辈生活的地方，其次逃荒的路途也是未知的，很多逃荒的人不是在半路上饿死，就是病死，能顺利到达一个安全的地方的人很少。"② 移入民的记忆可以说是移民迁徙生活的真实反映，显现出移民迁徙生活的痛苦。

（二）移民迁徙方式及迁徙过程中的记忆

　　移民对于迁徙生活的记忆主要集中于迁徙方式与迁徙过程，在移民的口述中提及最多的也是这两方面。

　　1. 迁徙方式的记忆

　　笔者调查到，在移民村不论是当地人还是移民，最多听到的迁徙方式就是肩挑，挑着铺盖卷，带着孩子；还有的推着独轮车，这些典型的移民标志物，既表现了当时移民迁徙生活的贫困，也反映出那个时代移民路途中的艰辛。

　　ZXP（桃曲村人，男，80 岁，晋城移民）讲述，他 8 岁那年因为家里无法养活，便把自己给了从山东沂源过来的一家人。他说养父母家是逃荒过来的，推着小木车，走了一个礼拜才过来的，之后主要仍以务农为主。

　　FSB（高壁村人，男，76 岁，山东移民）讲述，"我爷爷那会大概是个一九二几年吧，由于山东老家莱芜那面遭了旱灾，爷爷（30 多岁）就带着奶奶，伯父，用担子挑着父亲（6 岁），姑姑（3 岁），一路要饭逃荒到安泽"③。

　　SZH（高壁村人，男，61 岁，山东移民）讲述爷爷奶奶迁移时推着轱辘车，一边卖煎饼挣钱，一边走到安泽（见图 3 - 3）。

　　QYF（高壁村人，男，67 岁，山东移民）讲述以前移民时推着独轮

---

① 被访谈人：YZF；访谈时间：2013 年 8 月 24 日；访谈地点：WKH 家；访谈人：兰天龙、王琳、王俊苗。

② 被访谈人：QCF；访谈时间：2013 年 8 月 25 日；访谈地点：LXG 家；访谈人：毛巧晖、雒宁。

③ 被访谈人：FSB；访谈时间：2013 年 8 月 24 日；访谈地点：FSB 家；访谈人：关强、兰卿、段慧丽。

车，车上放着被褥，可以坐人，谁推累了就可以在车上休息。

所有的移入民都是依靠双腿，历经千难险阻一步步走到安泽，他们铭记迁移的苦难经历，在他们的人生历程中无法磨灭此段记忆。

图 3 - 3　移民记忆调查对象时振华（左二）和杨九成（左三）

2. 迁徙过程中的记忆

移民村现在居民大部分都是移民的后代，他们跟着父母迁到安泽的时候尚处于幼年时期，关于移民的生活经历多是听老人口耳相传的。

XZH（高壁村人，男，81 岁，山东移民）老人回忆："1949 年，由于山东老家平阴县遭了旱灾，父亲带着母亲，两个弟弟，一个妹妹，推着独轮车，一路上跟着逃荒的大部队要饭过来，因为安泽这面有老乡，所以也就在这里安家了。一开始可苦了，在庙里住过，还在老乡家住过，后来老乡帮着把房子盖起。到 1953 年，那个时候我都 21 岁了，父亲安顿下来后，我又坐着火车到了洪洞，但无法生存，就又跑到这里，现在山东那面也没什么亲戚了，儿孙们都在这面，也没打算要回去。"① WKH 老人的父辈来自山东淄川，山东过去经常遭受灾难，水灾、旱灾、蝗灾都有。有一年旱灾严重，地里种的粮食没收成，家里人多没有足够吃的，W 家一大家人便逃荒出来迁到安泽。他记得路上走了两个多月才过来，推着独轮车，拉着被褥，一路走，一路讨饭，一路选择安生之地，后来看见安泽有山有水，能种地，便在此定居。WKH 老人现有三个儿子，一个女儿，这里定居已经是第四代人了。

_____

① 访谈对象：XZH；访谈时间：2013 年 8 月 24 日；访谈地点：XZH 家；访谈人：关强、兰卿。

　　从以上材料可以看出，府城镇移民大多都经历过这样的过程：基本上都是逃荒要饭来到此地，在途中经过的地方也有短暂的停留，但都是由于环境条件的限制，最后落户到府城镇的各个村落。从山东、河南过来的人最多，大多都是肩挑，条件稍好的是推着车子过来的。可见移民当时的迁徙方式比较单一，时间比较晚的移民是扒着火车逃到这里。移民是一个长期的过程，从移民者讲述中可以知道，从迁出地到迁入地，历经时间普遍一个多月，最长的达半年以上，可见当时人们路途奔波的辛苦。大部分移民都途经了临汾、太原等地，生活贫瘠者都是一路上依靠要饭过来，根据移民的讲述可以知道，当时要饭时人们都不愿开门，因为移民的数量过多人们无法承担。一部分移民来到迁入地，主要是听说当地环境好，容易生活，有目的性地一步步从老家走过来；还有一部分移民来到迁入地有很大的随意性，到了一个地方可以生活就固定下来，不能生活又开始迁徙，直到找到可以永久生活下去的地方，但是无论哪一种选择，都说明了当时人们生活的艰辛。

（三）移民定居生活的记忆

　　移民刚开始来到府城镇的时候生活并不稳定，而且很艰苦，有的人家在山上打个简单的窑洞便居住下来，有的则盖个茅草屋或者临时搭个棚居住，移入民初来时都是以开地、种地为生。

　　据 YZF 老人讲，"以前他们家刚迁来时，这里什么也没有，就一两家人住，荒无人烟，他爸爸和姑姑在附近的山旁边找到一个窑洞，就在窑洞住了下来，那窑洞听说是安泽当地人打的，某一年村里发生瘟疫导致人全都死亡，再没人住。迁来的那几年，正好赶着日本人扫荡，每天都过着担惊受怕的日子，在山上躲躲藏藏，等日本人走后，才敢出来。这种日子持续到新中国成立，我和当地的人才开始安安稳稳地种地。不过，那时候种地是给别人干，别人发工资。后来，来这里的人越来越多，大家一起种地，国家颁布'土改'政策后，自己有了土地，靠种地为生，慢慢的生活也好起来，盖了房子，在当地结了婚，便一直生活下去。中间也从未回过家乡"①。这些也是老人听自己的父亲讲的，他对小时候的事记不清楚。YZF 老人现有三个儿子，一个在安泽，一个在临汾，最小的儿子跟着自己

---

① 被访谈人：YZF；访谈时间：2013 年 8 月 24 日；访谈地点：WKH 家；访谈人：毛巧晖、王俊苗。

在本地以种地为生（见图 3 - 4）。

图 3 - 4　移民记忆调查对象吴葵花（前排左一）和杨芝芳（前排左二）

不仅仅是 YZF 等人的定居生活是这样的，当地有许多移民都是这样生活的，老一辈移入民靠种地在安泽落户。因为来的时候当地居民很少，这些移民并没有受到歧视和外来的压力，他们靠自己的双手，勤勤恳恳地工作直至现在。

除了种地外，个别人靠稳定的工作赢来安逸的生活，QYF 就是一个很好的例子。据 QYF 讲，他爷爷跟随大爷爷来到安泽，家里生活环境好转，父亲在县城劳动局工作，有固定收入，因而他有条件上学。后来父亲 56 岁去世后，家中失去收入来源，年幼的弟弟妹妹没钱上学，只能在家干活，他高中毕业后就在当地做了教师。现在他们齐家人都已迁到安泽县城，却仍然很想念家乡。QYF 老人讲："山东人吃在嘴上，河北人跑在腿上。"[①] 意思是说山东人爱吃，只要有吃的地方，他们就能定居下来，很少再走了，而河北人哪里生活好他们就去哪，所以安泽一些从河北迁过来的人又都迁回原籍。不过总体来说回迁移民相对极少，大多数村民表示没有回迁，而且回迁的打算也不强烈，原因有两点：一是经过三代人的生活，在这里成家立业，且对此处比较熟悉，早已习惯，不愿再迁；二是爷

----

① 被访谈人：QYF；访谈时间：2013 年 8 月 24 日；访谈地点：三交河桥上；访谈人：毛巧晖、兰天龙、王俊苗。

爷辈父亲辈已留在这里（或去世后葬在此处），后辈也不愿回去。

从上述的材料可以看出，移民到达迁入地之后就开始了艰难的定居过程，府城镇的移民来到当地较早的定居方式就是盖草房、打土窑，来得较晚的移民遇上"吃大锅饭"的时代。相比早期移入民，后一批移民生活较为优越，他们只要进入生产队劳动就会分到粮食。有地的移民会把地分租给无地移民，他们不依靠种地就可以生活，也给无土地移民带来生存的希望，这种初期的定居方式是一种双赢的结果。

四 安泽移入民社会重构与民俗记忆

民俗文化的传播是超时空和超地域的，作为民俗文化的主要承载体——民众，是民俗文化传承、变异的决定性因素。移民对一个地区民风、民俗的构成和变异的影响是显而易见的。由于不同的自然环境和社会环境产生不同的民俗文化，移民受到迁出地的影响，每个群体初来乍到时都拥有着自己的民俗生活习惯。然而，经过长时期的共同生活，各个群体之间在生活和文化上相互融合、碰撞、交会，这样生活在不同民俗空间的群体逐渐形成共同的民俗文化圈，它既有外来移民人口的民俗文化特质，又有异于两个群体新衍生出的民俗文化，这就是移民村的社会重构。"一种民俗一旦形成，就成为一个群体共同遵循的行为规范，任何形式的背离都为群体所不容。民俗规范的不是一代人，而是几代、几十代人。它就像遗传基因一样，代代相传，新生代既无法逃避，亦很难选择。"① 以下就从节日民俗、礼仪民俗和民间信仰三个方面来分析安泽府城镇移民村的社会重构与民俗记忆。

（一）节日民俗

钟敬文在《民俗学概论》中提道："岁时节日，主要是指与天时、物候的周期性转换相适应，在人们的社会生活中约定俗成的、具有某种风俗活动内容的特定时日。不同的节日，有不同的民俗活动，且以年度为周期，循环往复，周而复始。"② 府城镇移民村有来自山东、河南、河北、平遥等地的移民群体和少数当地人。由于"十里不同风，百里不同俗"，

---

① 刘德增：《闯关东——2500万山东移民的历史与传说》，山东人民出版社 2008 年版，第215页。
② 钟敬文主编：《民俗学概论》，上海文艺出版社 2005 年版，第131页。

再加上不同的地域及其某些原因的影响，使得府城镇民众的生活习俗丰富多彩。但是移民迁出地习俗对当地人影响较小，主要是由于身处困难时期，人们关注的重点是基本生活需求，而非民俗文化，但是他们自身多少会带有家乡习俗的烙印。通过笔者调查发现，移民初来时节日习俗还遵循家乡的习俗，但是随着移民的增加以及当地人生活习俗的影响，节日的同化现象比较明显。这种现象使得节日习俗向简单化转变。

ZDF（女，60岁，山东移民）讲述春节习俗。进入腊月第一个节日是腊八，村里人要吃腊八粥，还有吃腊八蒜的习惯。腊八粥取自八种粮食，主要以豆类为主，比如豇豆、黑豆、黄豆、绿豆等，再加上小麦、花生豆、玉米等，由于是源于佛教节日，故不能添加油类食物。"八"还有另外一个含义，就是"发"的谐音，预示着一年财源滚滚、五谷丰登，希望来年继续大丰收。泡腊八蒜是由于"蒜"与"算"谐音，指一年结束所有账目要清算，过去人习惯赊账和记账，比如吃席、买东西先在店铺里赊着，等到腊月初八这一天统一清算账目，如果确实无法还清，写一欠条，待有钱的时候再还。由于习俗的影响，村里人都会尽快还清所有账目，因此腊八蒜的含义就是年底要清算账目的意思。农历腊月二十三过小年祭拜灶爷，和山西其他地方风俗一样。到了腊月二十四，主要的任务就是打扫房屋，即扫房日，也是一年的灰尘大扫除。这一天村里人都会忙得不可开交，都把自己的房屋门前收拾得干干净净，迎接新一年的到来。农历腊月二十五磨豆腐，俗话说磨豆腐过大年，以前人们几乎家家户户都自己做豆腐，现在大部分人仍然自己做，他们做豆腐是先把黄豆或黑豆的皮除掉，为了有韧劲加一些小麦，磨完后再用纱布把豆浆过滤，过滤的时候以前是在锅里熬，熬到一定火候再用碱土（墙上带碱性土）过滤，接着用水点豆腐，这样豆腐就做成了。"豆腐"谐音"都福"，寓意着大家都有福。农历腊月二十六村里一般没有具体活动，人们做完豆腐后常喝酒助兴，意思是六六大顺暖心头。农历腊月二十七杀公鸡，原因是豆腐要和肉一起烹饪，所以要宰猪宰羊杀公鸡。农历腊月二十八村里要蒸馒头，过年前要给灶君献上枣山馍或枣篮、猪头馍，人们用馍做成猪头状献给天地神灵。农历腊月二十九按过去风俗要炸酥肉丸子、炸面团五花肉、炸年糕等。

大年三十家中要贴春联、门神。首先贴楹联，旧时给家门前两根柱子上贴的对联叫楹联，日后才出现给门上贴对联的风俗。然后再给供奉天地神位的房子贴对联，以前百姓大多都在房子正中门窗之间或房顶上盖一个小房子用来供天地神。此外要给家中贴各种神像，把天地神像贴在院墙正中间；财神贴在房间里最上方位置；灶君神贴在厨房灶锅上边；圈神贴在圈门上；门神往往最后贴，一般都是尉迟敬德和秦叔宝。有钱人家常贴喜联，屋顶梁柱上贴"抬头见喜"，柜子上贴"黄金万两"，钱柜上贴"招财进宝"，量粮食的器具上贴"日进斗金"，出大门位置贴"出门见喜"，放粮食的缸上贴"白虎迎春大吉"，碾上贴"青龙迎春大吉"。除夕下午要祭祖，摆上供品和茶；从除夕日开始每餐饭前，都要给祖先供奉；每天给祖先烧黄纸，一直到正月初二中午最后一次给祖先上供，家中所有人磕头烧纸、放鞭炮，并给祖先牌位前摆放一碗"饮马水"（里面放的生面疙瘩或者一些小米，据说祖先是骑着马过来的，再骑着马回去），意为送走祖先，当地叫"送家堂"。

初一的活动是给长辈拜年，从最年长的长辈一直到父母，接着再给族人拜年，由近到远，依次进行，长辈会给孩子压岁钱作为对晚辈的祝福。过去拜年时，由长辈带领，到达亲戚家后先点香，给财神磕三个头，再给长辈或者老人磕头，人们都是相互祝贺。初二百姓开始聚会、宴请。初三、初四携带礼物，看望亲戚朋友。初三过后，村中开始排练节日活动，有闹红火、踩高跷、舞狮等。正月十五主要是送灯、观灯，家家户户都会手工制作灯笼挂于门前，过去灯都是自己做的，例如蒸的面灯或者萝卜大油灯，晚上吃元宵或者汤圆。正月十五后春年就算结束。大部分移民群体迁入安泽后，逐渐依照当地风俗过春节，如 TGM、GLZ 等河南移民讲述以前河南过春节简单，一般炒四个菜吃。来这后，全村人一起过新年，跟着众人吃饺子，有闹红火、舞狮子活动时，村民都争相报名。XZH 讲山东人不过寒食节，但是移民到安泽后便知道寒食节，有的人家甚至遵照本地的风俗过寒食节。

移民村的节日民俗现在呈现出丰富的样貌，既有安泽本土习俗，又有移入民外来习俗，还有两种民俗文化相互碰撞、融合后形成的新民俗。目前移民群体仅春节、清明节、七月十五、中秋节等主要节日还与当地习俗存在差异，其他节日基本相同。由此可见，经过不断的社会重构和文化融合，安泽移民村节日礼俗形式、内容、民众对节日的认同已逐渐趋向一致。

（二）礼仪民俗

人生礼仪是社会民俗中重要的一部分，以下就从安泽府城镇移民村的成人礼、祭祖、婚俗、丧俗四个方面来论述民众礼仪民俗的融合过程。

1. 成人礼

古人有男二十行"冠礼"，女十五岁改变发式，举行"笄礼"，这些都是今天所说的成人礼，它是个体迈入社会的文化性标志。现在安泽已没有男子举行"冠礼"，女子举行"笄礼"的习俗，但它们转化到了十二岁、十三岁生日习俗中。

在成人礼方面，移民迁出地河南成人礼较为简单，而山东不举行成人礼，讲究的是过寿。当移民迁入安泽后，依照当地风俗给孩子举行成人礼，例如十二岁、十三岁等，进一步说明了习俗文化的融合性与趋同性。

2. 祭祖习俗

崇祀祖先之灵而祈求庇护的祖先崇拜，是汉族民俗宗教的重要内容之一，它蕴含着图腾、生殖、灵魂信仰的三重意义。而对于移入民而言，祖先祭祀同时也是他们对于家族历史的追溯与记忆。

QYF 老人讲述山东老家祭祖习俗，七月十五是重要的祭祖日，家里的几代人都要去给祖先上坟，过去不允许女人去祭祖的，现在已经允许。一般是吃过饭后带着祭品前往，有的家庭没有祖坟就在家祭祀，一直到送走祖先为止。而其他的祭祀时间都是在家里进行。XZH 的山东老家祭祖习俗是一年中清明和十月初一上两次坟，春节与七月十五并不上坟，移民到安泽后，仿照当地风俗祭祖。河北人祭祖与山东人有所不同。他们每年在腊月二十九把祖先的牌位请到家里，一直等到了正月二十才把祖先送走，这是与山东移民不同的地方，在这期间，每日三餐前都要把第一碗饭献给祖先，家人才可以吃。

3. 婚俗

婚姻礼仪是人生礼仪的一个非常重要的环节，也是人生礼仪中较为隆重的仪式。"婚礼是婚姻开始的社会方法。像结婚这种个人生活的重大场合，通过众多的人履行仪式而隆重地加以庆贺，这是早期社会的一个显著特点。"[①]

关于婚礼，由于特殊的历史时代，移民第一代承受了较多的苦难，对于温饱为中心的生活，婚礼成为次要的形式，仪式相对简单。听 XZH 老人讲述迁出地和移入地婚礼习俗。两地婚礼大体上都是请期、迎亲为主。迎亲时山东一般是坐花轿，但在山西这边较少；回门的日子有着一天的时间差；山东订婚不收彩礼的，但山西，彩礼是男方迎娶女方的重要物质保障，相对较为重视。QYF 介绍自己家乡的婚俗，过去结婚时新娘盖的红盖头前角必须用嘴咬住，以防被揭开；新娘走毡子时一脚铺一个，一脚迈出后需快速把后面走过的毡子移到下一步，进门前要跨火盆。现在礼俗简

---

① 乔润令：《山西民俗与山西人》，中国城市出版社 1995 年版，第 106 页。

化，一般是请专门的婚礼策划公司操办婚礼。

4. 丧俗

礼仪民俗方面，移入民与当地习俗有显著差异的就是丧俗。QYF 讲山东人丧俗较为复杂，一般人去世后放三天下葬，若是年轻人当天就出殡。YJC 详细介绍了河北丧俗全过程。人去世后儿子要挨家挨户跪拜乡亲，通知家里有老人去世。待亡者穿好寿衣后，停放于正室三天，棺材前放一张供桌，供桌上摆放水果、点心、饭菜、香炉等，供桌前的地上放一个火盆，供吊丧者烧纸钱。丧葬期间，家里所有的镜子、电视等发光物品要用白布盖上。等到第三天的时候请戏班子唱戏，中午开始祭拜，下午出殡。之后会有"过七"习俗，直到"五七"之后。每年的七月十五和十月初一也是两个较大的节日。七月十五家人都要准备各种食品，到坟地祭祀已故祖先（见图 3-5），过去在外的家人都要回到老家团聚。十月初一是鬼过年，几乎家家都要给家中已故亲人烧纸，就是民间所说的"送寒衣"。

图 3-5　七月十五移民烧纸祭祖

从以上材料可以看出，府城镇本地礼仪民俗与移入民风俗存在较大差别，随着移民村人口的增多，大部分的移民开始淡忘原有习俗，逐渐融入本地生活，礼仪民俗趋于相同并简单化。安泽府城镇移民村如今的礼仪民俗是经过民众长期生活实践，一步步演变而成，是不同地域的习俗经过长期碰撞、融合的结果。

（三）民间信仰

在调查中发现，府城镇移民村的民间信仰古已有之，旧社会和新时代有着不同的民间信仰，信仰观的差异反映了不同群体所处的时代背景和生活经历。宗教在移民公共生活领域的影响力和重要性相对有限，宗教信仰更多地表现为个人的选择。很多时候，汉族移民参与宗教活动更多地体现为世俗心理而并非出于虔诚信仰，安泽移民的民间信仰呈淡化状态。

"在中国及山西民间，除了远古遗留下来的信仰形式之外，人们相信'祭神如神在'的信条。都可以按照自己的意愿、自己的理解、自己的想象去确立神的存在。"[①] 笔者通过田野调查得知安泽府城镇三个移民村落曾经都有众多的庙宇，但是随着时间的推移，有的寺庙已经荒废或损毁，有的被改为学校等公共场所，香火比较旺的寺庙经过整修仍保留至今，影响着民众的生活。

桃曲村的寺庙有观音庙和五龙庙。观音庙位于桃曲村村口，面积4平方米左右，供奉观音菩萨。庙里碑刻记载："南观音菩萨庙，始建于清朝康熙年间，几经历史沧桑已破旧不堪。为弘扬佛教之精神，显菩萨之灵气以普度众生、行善天下、扶正除邪恶扬善的宗旨，昭示后人，桃曲村顺应民意在原庙址进行了重修并于公元贰零壹零年柒月壹日农历辛卯年陆月初壹开光。"[②] 寺庙坐南朝北，有"倒坐观音"之称。全国各地有很多坐南朝北的观音庙，传说也各不相同。有一句诗道出了观音倒坐的原因："问观音为何倒座？因世人不肯回头。"村中老人讲述：观音一般在南海居住，故称南海观音。中国人都在北面居住生活，观音是中国的神，所以她要坐南面北，这样才能聆听百姓的心声，普度众生。

五龙庙在桃曲村东北角，面积约30平方米，庙门旁有一碑刻载："诚信流芳，灵不灵在诚信诚则灵，信不信由你诚信可信。五龙之神，天皇赐封，施风行雨，造福于民，乘今盛世众多诚信之士，自发建造神庙，于戊子二〇〇八年九月始工，月余竣工，更有志士慷慨解囊捐资尽心，现

---

① 乔润令：《山西民俗与山西人》，中国城市出版社1995年版，第223页。
② 山西安泽府城镇桃曲村观音庙碑刻。

将捐资人士……"① 庙里没有神像，供桌上摆放五个牌位，从左到右依次是北海龙王、中海龙王、东海龙王、南海龙王、西海龙王。老人们说以前这里是一个四合院落，还有戏台。如今，寺庙很少有人去祭拜，无人管理已经杂草丛生。

高壁村仅存一座通玄观，村民逢年过节去庙里烧香拜神，但没有形成固定庙会。传说此观早在20世纪六七十年代曾作为高壁小学，但因学生多有怪病缠身，故迁址别处，怪病方才消除。后因为下大雨，西面厢房和南面戏台及正门已坍塌，正殿及东面厢房残存，但正殿的双层房檐、琉璃瓦、斗拱、彩绘清晰可辨。

民众对待宗教信仰一贯抱着实用的心理，他们看重宗教的功能性和灵验性，宗教活动的世俗化更为突出，追求现实生活幸福的目的远远大于对来世安宁的渴望。安泽的移民群体对宗教信仰和民间信仰有着独特的看法，原居民和早期移入民多持有虔诚的信仰观，他们崇拜龙王、观音等神灵，不时烧香祈福，祈求来年风调雨顺。现在原居民和移民者的后代基本无此信仰，只有商人祭拜财神，生活中也有人上香许愿，可见民间信仰仍根植于人们的生活和思想中。在访谈中，村民们说以前人信龙王，是因为那些年他们的迁出地总发生旱灾或水灾，庄稼往往颗粒无收，他们来到了这里，就希望能吃饱，所以才信的龙王，希望龙王保佑他们庄稼丰收。

民间信仰的逐步淡化有深层的社会原因，第一，随着时代的发展、科学技术的进步和信息化浪潮的冲击，人们思想意识得到提高，宗教神秘的面纱已经渐渐揭开冰山一角，神灵万能的观念已经在人们的心灵深处发生动摇。在有些年轻人的眼里，信仰只是一个民族地区的标志、符号，并非生活中必不可少的一部分。第二，就早期移民来看，人们经历了艰难困苦的时代，在困境中神灵没有给他们带来任何福音。所有只能通过逃荒的方式来解决面临的灾难，人们逐渐认识到只有自己才能主宰自己的命运。这种思想伴随着一代又一代的移民群体，影响着后世百姓通过勤奋努力赢取幸福的生活。

安泽府城镇作为一个典型的移民村落，有着其特殊的历史记忆。本书以桃曲村、高壁村及高壁滩三个移民村落为切入点，从民俗学角度对如今生活在当地民众的生活进行透视，通过对府城镇移民个案生活的调查，从

---

① 山西安泽府城镇桃曲村五龙庙碑刻。

移民村的社会生态概说、移民情况、移民原因、移民记忆和村落的民俗文化融合等方面挖掘活态资料，进一步探讨府城镇移民与村落变迁的关系。通过研究与叙写，得出以下结论。

第一，府城镇是发展起来的移民区，如今桃曲村、高壁村及高壁滩十有七八都是移民，主要来自山东、河南、河北、平遥、晋城等地。当地的移民是一个动态过程，它不断有新的移民加入，同时生活在当地的一部分民众又选择离开。但府城镇不乏愿意在当地扎根的移民，因为经过祖祖辈辈的生活，他们具有当地人的气息，已经完全融入了迁入地，把府城镇已当成自己的第二故乡，并且有一部分民众对家乡的记忆已经淡忘，因为当地的文化生活已经在移民者心中打上了民俗的烙印。

第二，笔者从田野调查中得知，府城镇移民村的移民原因，主要是自然环境因素和社会环境因素，而自然环境因素产生的移民居多，各种自然灾害迫使民众在迁出地无法生存，不得不背井离乡。而安泽由于其独特的地理位置和优越的自然环境，受到了移民的青睐，成为他们向往的栖息地，因此安泽府城镇的移民就是在双重因素下催生出的产物。

第三，泽泽府城镇民众的记忆是他们无法忘记的社会记忆，包括被迫离家的苦难生活记忆、迁徙方式和迁徙途径波折的记忆及到达移民地初期定居生活的记忆，点点滴滴都饱含着当时民众离开家乡的辛酸和痛楚，艰难的历史定格于历史的长河中，它既是一部社会变迁的历史缩影，又是一部关于移民群众的血泪史、求生史。这部群体记忆的历史已经内化到移民后代的生活中。

第四，移民从离开家乡到寻找栖息地，最后到达迁入地安泽府城镇的定居，是他们寻找归属感的过程，而移民村落从最初的建立到如今的社会形态，经历了一个漫长的历史发展过程，在这一过程中，不同地域的民俗和文化不断碰撞、交会、融合，又不断接受新的血液，再次交会，这种动态的、反反复复的交融、改变、发展，形成了府城镇如今具有地域特色的民众生活。

第五，节日、礼仪和民间信仰的融合是安泽府城镇移民村民俗变迁的重要方面，这三方面的变迁在某种程度上是有选择性的，简单化的变迁成为移民村民俗变迁的发展方向，并且加强了移民与当地民众的沟通，进而促进了移民村的民俗融合，如今府城镇民众的民俗融合已经趋于统一，除了丧葬礼仪民俗方面，有些移民仍然固守着自己的传统习俗，其他习俗方面移民与本地民众基本趋于融合。民间信仰作为一个群体存在的精神产物，随着时代的发展而不断变迁，现在多数移民村民众神灵信仰与当代生活密切相关，原迁出地民间信仰逐步消逝。

第六，迁入地和迁出地的双向互动在安泽府城镇的移民调查中也有较为明显的反映，移民由于在当地长期的生活以及与当地人的日常往来，从民俗文化生活方面将移民村的民众紧密勾连并凝聚到一起，也为迁入地的社会建构做出了积极的贡献，不仅增强了府城镇移民村群体之间的凝聚力，同时也提高了移民的认同感，弘扬了中华民族的根祖文化，从更深层面上促进了迁入地和迁出地的民俗文化互动和交流。

安泽府城镇移民村民俗文化的交流融合涉及民众生活的方方面面，它是小型社会发展自然形成的结果，并不存在永久不变的"传统"，其始终伴随着历史的进步而不断发展演变。这种发展有独特的历史规律和走向，我们不能因为同一时期、同一区域内不同的民俗文化存在差异，而将之对立起来。民俗文化是一个社会群体生活持久稳定、幸福的维系体系，因此，只要它以其各个成员生活的合理存在方式确保一个由不同民俗文化组成的共同社会存在，它就可以被称为真正的融合。在历史的长河中，随着社会群体的发展、演变，其民俗文化生活相互渗透、相互影响，为多样化的中华民族社会与文化的进步作出贡献。

第四章　地域文化符号的重构

——"荀子文化节"活动考察

2003 年 10 月 17 日，联合国教科文组织特别出台了《保护非物质文化遗产公约》。其中对于"非物质文化遗产"的表述是：非物质文化遗产，是被各社区、群体、有时是个人，视为其文化遗产的各种实践、展现、表达、知识和技能，以及与之相关的工具、实物、手工制品和文化空间；各社区、各群体为适应他们所处的环境，为应对他们与自然和历史的互动，不断使这种代代相传的非物质文化遗产得到创新，同时也为他们自己提供了一种认同感和历史感，由此促进了文化的多样性和人类的创造力。这一界定涉及以下内容：①口头传统，包括作为无形文化遗产媒介的语言；②表演艺术；③社会实践、仪式礼仪、节日庆典；④有关自然界和宇宙的知识和实践；⑤传统的手工艺技能。中国从 2003 年开始成立中国非物质文化保护小组和专家委员会，开展了保护工程试点工作，组织各种形式的培训班。2004 年 9 月，全国人大常委会批准了此项公约，中国成为此项国际公约的发起人，以文化部、国务院办公厅、国务院名义发布相关文件，对保护工作作出部署、提出相关要求，同时布置申报第一批非物质文化遗产国家名录体系，开始践行非物质文化遗产的保护工作。2005 年，国务院发布文件，确定 6 月 9 日为文化遗产日。

一　国家话语与非物质文化遗产

随着全球化趋势的增强，经济和社会的急剧变迁，中国文化遗产的生存、保护和发展成为重大问题，特别随着生活环境和条件的变迁，民族区域的文化遗产消失速度加快。相比物质文化遗产的生存环境，非物质文化遗产更为脆弱，也更容易消失，所以，加强非物质文化遗产保护的工作更为迫切。① 在"非物质文化遗产"术语确定之前，我们曾不定期地使用过"口头和非物质文化遗产""无形文化遗产""非物质文化遗产"等，主要参与讨论者为民俗学领域学人，非物质文化遗产的积极推动者也是民俗学领域居多，因为"非物质文化遗产"的内涵与民俗学的研究范围——民众的知识较为吻合，它主要指"各族人民世代传承的、与民众生活密切相关的各种传统文化表现形式（如民俗活动、表演艺术、传统知识和技能，以及与之相关的器具、实物、手工制品等）和文化空间。"② 这一范畴过去更多被认为自在地在民间生存与发展，其存在场域相对于官方而言。但民间与官方从来不是两个对立的场域，它们之间彼此影响、互相交融。官方权威话语对民间文化一直具有较大影响，在某种意义上改变并构建了新的民间文化形式与内涵。中国自古就注重搜集民歌，"哀乐之心感，而歌咏之声发。诵其言谓之诗，咏其声谓之歌。故古有采诗之官，王者所以观风俗，知得失，自考政也。"③ 采诗是西周王朝的一种重要制度，朝廷养了一些孤寡老人，"孟春之月，群居者将散，行人振木铎徇于路以采诗，献之大师，比其音律。"④ 之后的汉乐府、唐代的采诗制度、宋代初期士大夫重视采诗等，直接影响了中国文学的发展，《诗经·国风》、汉代乐府的兴盛、唐宋诗歌繁荣等都与官方权威话语的渗透与建构有着直接关系。20世纪初，中国民俗学的兴起也与政治运动联系在一起，它一直处于政治语境的渗透与影响中。20世纪40年代，中国共产党在延安等革命根据地与解放区兴起的搜集民间文学，从民众接受的角度，对文学进行改造。新中国成立后，1958年在全国范围内掀起新民歌运动。简言之，民间文化（非物质文化遗产的主体）从来没有超越于权威话语，只是在某一时期，权威话语重视它的影响，并予以彰显与推广。在权威话语参与的过程中，民间文化的内涵与形式会发生一定程度的变化，在历史长河中，这种现象比比皆是。对这一变化的过程予以呈现是记录与研究民间文

---

① 中央政府门户网站，《国务院办公厅关于加强我国非物质文化遗产保护工作的意见（2006年12月16日）》，http://www.gov.cn/zwgk/2005-08-15/content_21681.htm。

② 刘魁立：《论全球化背景下的中国非物资文化遗产保护》，《河南社会科学》2007年第1期。

③ （东汉）班固：《汉书》卷三十，中华书局2007年版。

④ （东汉）班固：《汉书》卷二十四上，中华书局2007年版。

化自身发展的一个重要环节。

　　非物质文化遗产由于政府行为，它成为主流意识形态的话语。从 2003 年国家开始参与之后，"非物质文化遗产"被纳入国家话语体系，逐步启动了各级非物质文化遗产名录的认定。2006 年 5 月 20 日，国务院在中央政府门户网站上发出通知，批准文化部确定并公布第一批国家级非物质文化遗产名录，共 518 项。为使中国的非物质文化遗产保护工作规范化，国务院发布《关于加强文化遗产保护的通知》，并制定"国家 + 省 + 市 + 县" 4 级保护体系。这种遴选制度以及行政级别的保护体系，使得非物质文化遗产成为国家政务与文化产业的重要部分，这也从性质与内容上，逐步改变"非物质文化遗产"的民间性，其价值不再是民众的认可与执行，而是呈现在社会公共性上，由政府特定的评审秩序确定。评审的标准常常是混合的，如文化的原创性、技艺的杰出性、群体的代表性、存在的稀缺性、政治的正确性，而不同标准的权重、组合标准的结构都会影响评估结论。① 全国各地争抢名人，建构新的地域文化标志的现象比比皆是。如湖北鹤峰田歌 2009 年被认定为湖北恩施州第二批非物质文化遗产名录，但笔者在实地调查中，民众没有"田歌"的称谓，只有湖北恩施州文化局以及鹤峰文化馆等政府文化单位以及民间文艺工作者用这一名称，民众仍沿用"山民歌"的名称，20 世纪 80 年代学者在民间文学三套集成的民歌搜集与分类中，最早将其归于"田歌"，仅限于学术领域，但政府的"非遗"活动，将其推广至全州，乃至全国，因为"鹤峰田歌"传承人王桂姐、王月姐频频在地方台演出，特别是在中央电视台的出场，"鹤峰田歌"的影响扩至全国范围。"非遗"的认定使得"山民歌"的称谓逐步弱化，随着时间的推移，它淡出民众的语汇，并渐渐消失，而权威话语的命名处于主流位置。它不是一个个案，在全国的"非遗"项目中可以说是较为普遍，这些现象呈现了国家权威话语在"非遗"过程中的建构行为。安泽的荀子文化节也属于这样一种现象，在过去漫长的历史发展中，安泽民众并没有荀子故里的认知，同样也没有相关的文化活动以及文化基址，比如荀子文化园、荀子像等。本书在此并不是否认或者论证荀子故里以及安泽荀子文化园建设问题，而是从文化角度分析荀子文化节这一新的文化符号构建了安泽新的文化标

---

　　① 　高丙中：《作为公共文化的非物质文化遗产》，载《文艺研究》2008 年第 2 期。

志，描述这一文化现象的建构过程。安泽作为荀子故里，其建构主要从三个层面展开，即史料梳理、口传文学以及荀子文化节，其中有关荀子故里的史料搜集、梳理最为充分。

二 安泽荀子故里史料梳理

安泽荀子故里的史料主要从有关荀子的哲学、史学论著中爬梳而出，形成"荀子系山西安泽县人"这一概念。且研究者对这一观点进一步深化并紧密结合地域环境进行了阐释。

安泽人杰地灵，俊杰辈出。在这块文化底蕴深厚的古老土地上，诞生了备受后人敬仰的战国末期儒家学派大师——荀子。荀子是中国古代伟大的思想家、政论家、教育家和文学家。荀子讲学于齐、仕宦于楚、议兵于赵、议政于燕、论风于秦，荀子文化承孔孟之余绪，集诸子之大成，开儒家之新风。作为后圣，他的思想博大精深，特别是他"隆重礼法""节本强用""水载舟，水覆舟"等思想精髓影响了中华文明两千年，至今仍具有积极的当代价值和现实意义。

府城镇是安泽县委、县政府，府城镇委、镇政府所在地，经济繁荣，交通发达。它下辖 21 个行政村，目前有人口 50840 人。[①] 府城镇环境较好，在本书第一章已有详述，在此不再赘述。府城镇在历史上较为知名，很多学人根据历史文献考证它是荀子的出生地。

早在 1959 年 11 月，上海人民出版社出版了李德永著《荀子：公元前三世纪中国唯物主义思想家》一书，书中直接指明荀子为安泽人，原文为"荀子姓荀，名况，字卿。是战国末期赵国人，即今山西省安泽县人。"[②] 此后《中国古典文学名著题解》（殷孟伦著，中国青年出版社1980 年版）、《中国美学史资料选编》（宗白华审订，中华书局 1980 年版）、《中国文学理论批评史》（敏泽著，人民文学出版社 1981 年版）、《中国美学史大纲》（叶朗著，上海人民出版社 1985 年版）、《中国美学史》（李泽厚、刘纲纪著，中国社会科学出版社 1984 年版）等论著纷纷

---

① 根据第五次人口普查数据，《府城镇（2013 年 8 月 10 日）》，http：//www.agri.com.cn/population/450122107000.htm?%138%AE%B3%C7%D5%F2。

② 李德永：《荀子：公元前三世纪中国唯物主义思想家》，上海人民出版社 1959 年版，第 1 页。

沿承荀子系安泽人的记载。21 世纪出版的《荀子》（曹增节著，浙江人民出版社 2000 年版）、《中国儒学》（刘宗贤著，四川人民出版社 2006 年版）继续了"荀子为赵国猗氏人"之说法。林宝《元和姓纂》载"晋有荀林父生庚裔荀况"。荀林父为晋景公时中军元帅，荀况既为荀林父后裔，荀林父当然就是荀子的先祖。荀林父的父亲名荀息，曾是晋献公时执掌军政要权的太傅。献公病危时，托孤于荀息。荀息代幼君号令天下，成为权倾朝野的顾命重臣。荀息之子荀林父作为晋景公时大将军、中军元帅，屡立战功，景公三年（公元前 597 年），他灭赤狄于潞氏（今山西省潞城市），晋景公因他功高盖世赏赐，"狄臣千室"。史料认定荀况归宗于荀林父，史实无可辩驳地告诉人们：在东周晋国时期，荀子的先辈当是举世公认的"武可安邦，文可定国"的当世枭雄。翻阅《平阳志》人物卷便知所以。荀林父儿子荀庚、曾孙荀吴同为晋景公时大夫，孙子荀但是晋献公时正卿。就连从弟荀首也是景公中军大夫，重孙荀莹更是修德施政，重振晋国霸业的正卿。将荀氏的将门虎子、文臣武将作一排列，这就是一个太傅、三个正卿、三个大夫。太傅是朝廷的元老，卿是仅次于君王的元勋，大夫的地位相当于宰相、副宰相。这幅品高禄重的官宦图足以让人咋舌，惊世骇俗。荀氏豪门发迹，兴师于霍岳。《史记·夏本纪》载"岳，太岳，即冀州之镇霍太山也"[1]，"太岳，即霍泰山也"[2]。《禹贡》伪孔传曰"太岳上党西"。注释从这个地理位置看，处于上党之西，霍山之阳的霍岳之地，正是今天安泽一带。荀林父乃勇冠三军的晋国中军主帅，安泽作为他的根据地，必然有他厉兵秣马、气吞山河的遗迹名胜，运筹帷幄、决胜千里的府第城郭。荀子为荀息、荀林父的后代子孙，也定然生活在这座城郭府第，这是安泽府城镇被推断为荀子的出生地的重要缘由。

府城镇处于群山环抱之中，山西省第二大河流《水经注》称少水、现名沁河，穿城而过，流经安泽 109 公里。沁河流域物产丰富、军需保障、屯兵蓄锐尽占先机。这块地方群山皆呈盘龙卧虎之势，正所谓战可以扼平阳、河东之咽喉，直指秦蜀；攻可以制上党、泽州之要冲，逐鹿中原；守可以借助高山险峻、沁河屏障，固若金汤。这里历来为兵家必争之

地。战国时秦将白起率领的两支大军就是从这里跨过少水，在长平（今高平市）大战中坑杀赵国 40 万大军。商周、战国时，府城镇作为九州之一冀州治所，称府道城，当属不虚此名。

府城镇作为荀氏军政要务指挥中心，荀林父东征赤狄的大本营、帅府，从它周围的村名也可得到印证。在府城镇 5 公里开外处，有一村名叫擂鼓台，在距府城 20 公里的三不管岭制高点上有烽火台，在府城镇周围有 3 个马房沟，在府城周边东南西北以寨为名的村，柳寨、佛寨、上马寨、下马寨、郎寨、魏寨、桃寨、东寨、英寨、寨上、上寨、华寨、小寨、边寨、唐王寨等 15 寨之多。从这些历史地名中，今人不难想象战国风云变幻、烽火告急、战鼓催征、战车陷阵、军马飞驰、兵刃相见、血溅沙场的激战场景。从这些历史的地名上我们同样能认定府城镇并非府衙之府、治所之城，说它是荀林父的将军府、元帅府可能更为确切妥当。

距府城镇 10 公里处有一村名叫桃曲村。桃曲村北山有一隆起的山包，晋国上大夫冀芮就长眠在这座封土为丘的山峰上。与此墓遥遥相对的南山，中峰突起，两翼扩张，山势宛若凤凰展翅、孔雀开屏。加之满山乔灌低吟、苍松怒吼，登山一游，大有风水宝地之慨。此山名曰王墓岭，王墓岭上有一比对面冀芮墓更加气势不凡的墓葬。这座被称为王墓陵的墓葬究竟为何人葬身处？桃曲村人祖辈相传，只知墓主比晋大夫冀芮官位更高，权势更重。能与被《国语·叔向贺贫》篇中所载"其富半公室，其家半三军"[①] 的冀芮、冀缺一家四代八杰，出了五个大夫、三个正卿的豪门英华一比高下的还有哪家？恐怕除荀息、荀林父子孙，安泽英杰历朝历代再无任何一家名门显贵能够超越。显然，这是个被夸大了的传说，能在荀、冀两家之上的唯有天子君王。然而，安泽没有龙种帝王的传闻，墓主人的身份只能是仅次于君王的荀息、荀林父。

在《左传》和《东周列国志》里，荀况的先祖荀息同冀芮的特殊关系一目了然。晋国宫廷政变，荀息死于上卿里克剑下。若非同乡同僚，冀芮怎能为荀息复仇，离间晋惠公与里克君臣反目，把里克送上断头之台。荀息之子荀林父同冀芮之子冀缺同为晋景公正卿，五将乱晋时，荀林父为

---

① （战国）左丘明：《国语》卷十四，国学网，2015 年 5 月 28 日，http://www.guoxue.com/book/guoyu/0014.htm。

上军大夫，冀缺为上军元帅合力扫平叛乱。周顷王五年（公元前 614
年），秦军犯晋，又是荀林父、冀缺为大将军，拒敌于济河之外，致使秦
军几十年不敢犯境。由此可见荀、冀两家不仅世代要好，更是生死之交。
据此而论府城镇桃曲村的王墓极有可能就是荀息之墓。冀芮的儿子冀缺死
后，归葬于冀氏村。冀芮死后，不葬于他食邑之地冀氏镇，却埋在府城镇
的桃曲村与王墓一南一北，隔河相望，正应验了古人活而同僚、死而同地
的侠骨遗风。当然，我们不排除有人对这座霸气张扬的墓葬主人究竟是谁
持怀疑态度。《平阳志》陵墓卷记，荀息墓有两处：一代巨擘两处墓葬，
以假乱真，并不奇怪。

荀子 15 岁游学于齐，葬身兰陵。荀况故里在安泽，再追问他是安泽
何地人，其实已不重要。从另外的意义上讲，荀子少小离家，远走齐鲁，
今人从有限的史料中可以看到，荀子在有生之年，并没回过故乡，只是在
长平大战前三年，母国有难，他同临武君战前议兵于赵孝成王前。荀子是
否在齐鲁成婚生子，史料未载。他在安泽有没有嫡系后代子孙，亦无须强
拉硬扯。然而，"打破砂锅问到底"，历来是求证者和人们信与疑的要点，
荀子故里的考证也概莫能外。安泽战国时称伊氏、隰氏，属赵国上党郡
治，北魏南北朝后归河东道、平阳府管辖，有相关考证者通阅《潞州志》
《平阳志》确有惊异发现，自西晋到明清时代，平阳潞州几十县，在科举
榜上荀氏人中，仅有一位姓荀名植的高中元朝进士，还是安泽人，至今安
泽的唐城镇亢驿村仍有荀氏人家。

几乎人人可耳熟能详的"水可载舟，也可覆舟"的至理名言，它源
于荀子《王制篇》中"君者，舟也；庶人者，水也。水则载舟，水则覆
舟"。[①] 唐朝帝王李世民践行了荀子勤政爱民、稳定社会的治国理论，成
为"贞观之治"的贤君明主。荀子生于沁河岸边的府城镇，安泽的长者
皆知过去的沁河流量之大，远非今天可比，沁河两岸互通，直到 20 世纪
60 年代，过往都靠大木船摆渡。荀子见解独到的哲思与他在沁河岸边眼
看潮起潮落，目睹载舟覆舟，定然不无关系。蓼蓝是古时染布的染料，府
城镇下游三四公里处，有一村名兰村（古村名叫蓝村，对面有一对称的
村名叫白村可印证）。此村古来染坊林立，这里用靛青染出的蓝布誉满全

---

① （战国）荀况：《荀子》卷九"王制"，国学网，2015 年 5 月 25 日，http：//www.guoxue.com/
book/xunzi/0009.htm。

晋，蓝村之名由此传扬后世。村里的沃野到处长满如韭似蔺的蓝草，直到新中国成立前，这里不仅仍有种植蓝草的习惯和多家染坊，而且他们染出的蓝色印花粗布，备受商贾青睐，销往晋、冀、鲁、豫。蓝草遍野，染坊灼目天地里的荀子，在《劝学篇》中写出"青，取之于蓝，而青于蓝"的千古名言，难免不有荀子儿时采集蓝草的矫影和他身穿慈母用蓝草染出缝补的布衣时对人生的感悟与体验。亦有学者从荀子的鸿篇巨制中找到荀子是府城人之佐证，如府城人浓重的方言："恍恍惚惚""本本分分""鬼鬼琐琐"（意为龌龌龊龊），心情郁闷不畅叫作"吧傻"，把不可能称为"玄乎"，把不注意说成"不理续"，把"挖"称为"攫"等字眼，在荀子的著作中都有出现。

上述多是学人根据古籍文献与生活民俗考证，推测荀子祖籍安泽府城镇，当然对于他的祖籍还有很多他说，比如新绛说、临猗说、河北邯郸说等，但是历史迷雾的剥离需要多种资料，重要的不是论证安泽是荀子的出生地，而是荀子文化体系。正如美国人类学家格尔茨曾强调，文化是指从历史沿袭下来的体现于象征符号中的意义模式，是由象征符号体系表达的概念体系，人们以此进行沟通，延存和发展他们对生活的知识和态度。① 荀子是安泽的文化符号，"荀子文化节"就是将这种符号建构为一种概念体系，安泽府城镇则是这一体系所赖以依存的情境。

三　安泽口述传统中的荀子

很多学者热衷于从各类文献考证荀况的出生、成长、思想等，也有大量文章论述安泽与荀子，本书的侧重点不在考证两者的关系，更多着重于分析"荀子文化节"形成过程及其文化基础。这样，就还要对安泽口述传统中的荀子进行研究。口述传统"它拥有文字史不拥有的价值"②，因为口述不仅仅是口述内容转换为文字文本，还包含口述的情境、讲述者的语调、表情、动作等因素，对于其一地域的口述传统更多包含的是地域的文化因素与文化积淀。

---

① ［美］克利福德·格尔茨：《文化的解释》，韩莉译，译林出版社 2014 年版，第 43 页。
② 文中引用为纳日碧力戈的观点，此句引自定宜庄《口述传统与口述历史》，载《广西民族学院学报》（哲学社会科学版）2003 年第 3 期。

安泽的荀子传说，从其内容而言主要有荀子的才智、思想、方物等几类。

荀子的思想在中国影响深远，就安泽民众而言，他们认为他的思想源于他的才智。因此在安泽府城镇一带流传着有关他才智的传说。

聪颖的荀况

荀府的长子荀费成年之后，娶一贤妻，生一男孩，取名荀况。小荀况天资聪颖，智慧超群。他经常手托腮帮，睁大一双可爱的眼睛，去思考一些连成年人都不会去想的问题。

荀府家大业大，钱粮充裕。荀老爷宽厚仁慈，善待乡民。遇到饥馑之年。荀府大院便支起大灶，为附近乡民施舍饭菜。

有不少被饿得骨瘦如柴的妇女，拖带着她们幼小的儿女，大老远赶来讨一碗饭吃。她们把饭打来之后，很快就被她们的儿女一抢而光。有些小孩，小肚儿已被撑得圆鼓鼓的，还在抢着往自己嘴里塞饭吃，谁也不肯留一点饭给他们的母亲吃。六岁的荀况在一旁看见了，很气愤地从孩子们手中夺下碗筷，直接到大锅跟前盛一碗饭送给他们的母亲。不少饿妇感动得热泪盈眶。

荀况问他的爷爷："这些小孩连拉屎拉尿都不懂，怎么光知道抢饭吃呢？他们的母亲都快饿死了，自己却不肯吃，总是先让孩子们吃。难道这些大人还抢不过这些孩子吗？这是为什么呢？"

爷爷告诉他："人幼小的时候，和一般的动物没有两样。饿了，就喜欢张开嘴巴吃东西，困了，就喜欢闭上眼睛睡觉。让身体感到舒服的事就想去做，让身体感到不舒服的事情就喜欢回避。一事当前，总是先顾自己，不顺别人。人长大之后，学了一些道理，对待事物，总是拿道理来约束自己，而不是根据自己的喜好去放纵自己的行为。这就叫遵循礼义，克己复礼啊！况儿，你以后要好好读书，慢慢地就会懂得这些道理的。"

小荀况望着爷爷慈祥的笑脸，认真地思索着……

成年之后的荀况，学识渊博，著述辉煌，被人尊称为荀子，也有人称荀子是仅次于孔子、孟子的"后圣"。

荀子关于人性的主要观点：人之初，性本恶。与其少儿时期的所见所闻，所受的教育有着千丝万缕的联系。①

上述文字中搜集者的加工整理的痕迹较为明显，但其核心与关键字词是：小儿、性恶，显然搜集者希望在府城镇民众口头传说中寻找荀况的思想痕迹，附会之词与整理者话语显而易见。

水可载舟亦可覆舟

荀况好友冀康的爷爷，原籍山东济南。逃荒定居安泽之后，倾其所有，置一木船，停泊在沁河渡口，以摆渡过往客人维持生活。

船工爷爷性格豪爽，勤劳勇敢，喜好行侠仗义，弃恶扬善，平时摆渡，收费低廉，遇到一些穷苦的客人乘船过河时，他总是分文不收。船工爷爷常常摆着小舟，载着荀况和冀康，穿梭于沁河之间。有时摆渡乘客，有时捕鱼捞虾，很有情趣。

有一年，从外地来了一个富豪恶霸，平日里欺压乡民，横行霸道。一到秋季，粮食收下来的时候，他便压价收粮。等春季人们都快没粮食吃的时候，他不顾当地人们饥饿死活，将一袋袋的粮食运往异乡牟取暴利。

这日，他又装满了一船粮食，前来找船工爷爷为他渡船过河。船工爷爷对他这种行径深恶痛绝，不肯帮他运粮。他恼羞成怒，蛮不讲理地将船工爷爷毒打一顿。然后，另雇船工将粮食运往沁河彼岸。

时值盛夏，沁河猛涨。平时里平静温柔的河水忽然变得波涛滚滚，洪水翻卷，狂啸怒吼着向粮船袭来。船工见势不妙，跳入水中独自凫水逃命去了。那个恶霸随着飘摇不定的船只，挣扎良久，最终没逃脱船毁人亡的下场。

在岸边观望的船工爷爷冷笑道："你欺得了人，却欺不了这水啊！"

"是啊，爷爷。"身边的荀况很同情地抚摸着爷爷被打的伤痕说，"他在岸上那么凶狠毒辣，到了水里却一点儿本领也没有了。"

几天后，汹涌的沁河水又恢复了往日的平静，被沁河巨石撞击而

---

① 　上述文字由宋素琴搜集整理。本文引自赵俊峰主编《安泽县民间文学集》，三晋出版社2000年版，第134—136页。

毁的沉船碎片在悠悠的水面上，凄凉而无奈地飘荡着，飘荡着……

目睹此情此景，聪明懂事的小荀况，凝眉沉思，想了许多许多……

成年以后的荀子，饱经社会沧桑，纵观历史沉浮，总结了一代代帝王兴衰成败的经验教训，写出了广为传颂的名言警句："君者，舟也，庶人者，水也。水则载舟，水则覆舟。"意即，帝王将相犹如小小舟船，庶民百姓犹如江河之水。水可以将船只托于水面，乘风破浪，大海航行，万里江河任漂流，也可以用自己的狂涛巨浪将船只吞没。老百姓既可以拥护一代君王平平稳稳，当朝执政；也可以把皇帝拉下马来，打翻在地永世不得翻身。总之，人民的力量强大无比，只有人民才是创造历史的主人。[1]

这则传说是解释荀子"水可载舟，亦可覆舟"思想的来源与形成。讲述者与搜集整理者将其与沁河、乡霸、安泽移民等勾连于府城镇这一地域及空间语境中。显而易见，讲述人结合了后世安泽的生态环境，并反揉入了新中国成立后的阶级观念以及安泽移民等社会情境因素。这一传说应是在当下社会流传，后经整理者搜集并润饰语言而成。

此外，安泽还有一些与荀子相关的地名传说，主要有府城镇东面的荀芦山、荀薪岭，冀氏镇蓝村、白村等传说两则。

（一）荀芦山、荀薪岭传说

安泽府城镇东面有一座松林葱郁的秀丽山峰，名叫荀芦山。荀芦山南边不远有一个圆圆的山岭，叫荀薪岭。

很早以前，荀芦山（况山）就像人们俗称的南山北岭一样普通，普通的连个名字也没有。荀子小时候，与一位名叫冀康的男孩子是好朋友。府城东山上有一座破茅屋，这就是荀子好友，冀康的家。冀康自幼父母双亡，跟随爷爷一起生活。爷爷是山下沁河渡口的一位老船工。为了生计，爷爷经常早出晚归，家中只有十岁的冀康独守门户。

---

① 上述文字由宋素琴搜集整理。本文引自赵俊峰主编《安泽县民间文学集》，三晋出版社2000年版，第137—139页。

　　为了和朋友做伴，小荀况经常走出自家的深宅大院，来到冀康的破茅屋内。他和冀康一起到山中刨药，一起到岭上打柴。有时候，一起围坐在火炉旁，听船工爷爷讲一些生活中的故事。

　　一次，荀况和冀康一起到家对面的山岭上打柴。经过一块巨石时，迎面过来两只恶狼，正一步步地朝他们逼近。冀康说："让我走在前面，你赶快往回跑。你是来帮我打柴的，宁肯让狼把我吃掉，也不能让你受一点伤。"

　　荀况说："不！咱俩是好朋友，要死一起死，要活一起活。"荀况想起船工爷爷讲述的"狗怕摸、狼怕脱"的故事，顿时急中生智，他让冀康和自己一起背靠山石，同时脱下衣服，抖擞开来。两只饿狼弄不清这迎风抖动的衣服究竟是什么东西，又怕这两个孩子拿索索抖动的东西蒙住它们的脑袋，两只垂涎欲滴的饿狼在离荀况他们不远的地方虎视眈眈地站了一会儿。荀况看见狼胆怯了，便和冀康一起鼓足勇气，抖着衣服，挥着柴刀向狼扑了过去。两只恶狼见势不好，惊叫一声，夹着尾巴逃跑了。

　　后来，冀康做了赵国的将军，荣归故里之时，想起童年往事，思念在外求学传道的荀况，就令地方官把他和荀况一起战胜恶狼的那块巨石，改为"荀胆石"；把他和荀况曾经住过的那座建有茅屋的小山，称为"荀芦山"；把他和荀况一起打柴的山岭，称为"荀薪岭"。[①]

荀芦山后来易名为况山，如今况山之巅已被安泽当地政府修建为荀子公园。

　　圣人荀子的金身塑像高高屹立在况山顶峰，周围松柏苍翠，花草飘香。亭台楼阁，建筑精致，石阶朱栏，别有情趣。荀子公园已经成为人们领略荀子风采，传播荀子文化的旅游胜地。

（二）蓝村与白村的传说

　　蓝村与白村之间隔一道小河，蓝村在河西，白村在河东，两村隔河相望，距离不过一两公里。

---

　　① 上述文字未标明搜集整理者。本文引自赵俊峰主编《安泽县民间文学集》，三晋出版社2000年版，第137页。

　　早年，蓝村与白村同是两个没有村名，鲜为人知的闭塞山庄。白村人喜欢纺花织布，蓝村人习惯开办染坊。

　　白村人把一匹匹织好的白布送到蓝村来，蓝村人把这些布染成蓝色，然后由商贩收购输出卖给方圆百里的乡民使用。久而久之，人们便把这两个没有村名的山村称为白村与蓝村。蓝村后来被改写为兰村。

　　蓝村人兴办染房有它独特的有利条件。安泽山中盛产一种可以用来做染料的草，名叫蓝草（《安泽县志》记载曰"蓼蓝"）。

　　少年荀况与好友冀康在山中刨草药时，也经常刨一些蓝草带回家里学着使用。两个孩子的手上、脸上常常被这种有色的植物搞得青一片，蓝一片，引得大人们捧腹大笑。

　　一日，荀况和冀康前往蓝村，到冀康的一个远房伯伯家里玩耍。荀况发现伯伯染布的过程很有意思，就问伯伯："这是怎么回事啊？"伯伯告诉他："村民们从山里采回一捆捆的蓝草，经过泡蓝、打蓝、晒蓝等多道工序，就能提制出上好的靛蓝染料。用这种染料染出来的布匹，就像晴天天空的颜色一样鲜艳。"

　　伯伯见荀况勤奋好学，进一步教导他说："其实世间万物都有它一定的道理。就拿这小小的蓝草来说吧，如果任其生长在山里，无人采撷，它便会与其他普通的小草一样花开花落，随地腐烂。现在，我们把它采集回来，通过一遍遍的加工制作。你看，现在染出的颜色不是比它原来的蓝色越发深蓝好看了吗？"

　　小荀况似有所悟地点了点头。勤劳智慧的蓝村伯伯的一番话，在他幼小的心里留下了深刻的印象。

　　尤其令人称道的是，少年荀子，聪明多思，安泽山中那小小的蓝草，竟然启发他写出了流传千古的不朽哲言："青，取之于蓝，而青于蓝。"后来用"青出于蓝而胜于蓝"比喻学生的知识来源于老师，最终却要超过老师；父母把本领交给儿女，等儿女长大之后，他们的本领却大大地超过父母。历史的发展总是这样：长江后浪推前浪，一代更比一代强！①

---

　　①　上述文字未标明搜集整理者。本文引自赵俊峰主编《安泽县民间文学集》，三晋出版社2000年版，第147—148页。

在以后的许多年里，荀子又逐步体会到很多类似的道理。例如，他所教的学生中就有不少出类拔萃的思想见解非常独特的年轻人。在他去过的几个国家也见到过不少经纶满腹，有胆有识，具有经天纬地之才的国家栋梁。所以，当孔子、孟子等诸子百家竭力提倡"法先王"的举措时，荀子大胆地提出"法后王"的先进理论，意即，既要向古代王者学习，更要向现代王者学习。

安泽于 2004 年 3 月开工建设荀子文化园，由山门、大殿、荀子塑像、荀子文化广场、登山步道、盘山车道、动植物标本楼组成，目前成为集旅游、休闲、观光、展览为一体的综合性文化园。该园位于县城东边的"赵屹堆"村，在《安泽县民间文学集》中，专门有一篇关于"荀子衣冠冢与'赵屹堆'"的传说，不过有明显的文人撰写痕迹。

　　我县修建荀子文化园的这块地方，它的地名叫"赵屹堆"。上了年纪的人，管它叫"赵国堆"。

　　为什么叫"赵国堆"呢？传说这是两千三百多年前在赵国时期堆积起来的大土堆，最初是由荀子的衣冠冢积聚而成的。

　　荀子十五岁离开安泽，游学于齐。一生奔波于齐、楚、韩、魏、秦等国家。荀子身在异国他乡，却念念不忘故土赵国。他曾议兵于赵孝成王面前，直接向自己的国君传授治国方略，用兵之计。可惜赵孝成王刚愎自用，不听劝谏。

　　当长平大战，秦军坑杀赵国四十万军士的不幸消息传到荀子耳边的时候，荀子气得口吐鲜血，大病一场。为了解救赵国于危难之中，荀子四处奔走，游说魏、楚等小国家，调集兵力，声援赵国。赵国将士得知荀子在为国效劳，无不感动至极。

　　荀子病逝楚国兰陵之后，由于路途遥远，尸骨难以运回故里。赵国将士们就把荀子生前用过的衣物鞋帽搜集起来，埋葬于他的家乡安泽，府城之东。为了表示对荀子的怀念之情，将士们用头盔捧土，伏于坟头。于是在府城之东，沁河之畔的平地上就起了一个大土堆。这就是荀子衣冠冢的由来。

　　后来，每逢清明或农历七月十五的时候，荀子衣冠冢前烧香祭拜的人非常多。

　　安泽一带，自古以来，有一个传统习惯，凡是来上坟烧香的人，都要往坟上伏三锨土。这种做法有两层意思：一是对死者表示尊敬；二来是防止水土流失，对坟冢起到加固保护作用。

　　由于年深日久，为荀子衣冠冢伏土的人源源不断。埋葬荀子衣物的这个大土堆便越积越大，后来，终于形成了一座巍峨的大山。再后来，前来上坟伏土的人也摸不清原来的具体位置，只是挨着山脚继续伏土，慢慢地就形成了几座山峦。但是，人们还一直把它当土堆看待，由于这土堆源于赵国时期，所以，祖祖辈辈的安泽人就称它为"赵国堆"。

　　久而久之，人们似乎觉得，"赵国堆"有些不大顺口，有人就干脆把它叫作"赵屹堆"，这种叫法，一直流传到今天。①

　　近几年来，"赵屹堆"上面立起了荀况的塑像，有人就把府城镇东山简称为"况山"，不过这种叫法并不像"赵屹堆"那样，家喻户晓，人人皆知。

　　上述传说是对于荀子两个著名思想论断及与荀子有关的地方方物源起与形成的讲述，其附会痕迹明显。讲述者与搜集整理者的文化立场较为明确，他们期望在府城镇这一地域情境中寻找荀子生活与思想的踪迹。虽然有相关文献提及荀子是安泽人，但是目前文献更多可以说明的是荀子祖上在安泽的生活与发展，并无明确有关荀况的记载，与荀况思想和文化相关的踪迹更是少之又少，这时民间口头传说就成为弥补文献不足的重要场域。传说与历史真实的关系错综复杂，但是其也不是与代表理性的逻辑完全对立，他们是两种不同的言说策略，是不同方式表达真理的手段。②也就是说，传说并不意味着完全的虚构。意大利宗教史学家贝塔佐尼就认为神话传说讲述的就是"那些令人难以忘怀的创造过程"③。所以口头传说在一定程度上可以弥补文献记载的缺失与不足，

---

　　①　上述文字未标明搜集整理者。本文引自赵俊峰主编《安泽县民间文学集》，三晋出版社2000年版，第143—144页。

　　②　K. G. Jung and K. Kerényi, *Essays on a Science of Mythology: the Myth of the Divine Child and the Mysteries of Eleusis*, Princeton University Press, 1973.

　　③　［意］拉斐尔·贝塔佐尼：《神话的真实性》，［美］阿兰·邓迪斯编：《西方神话学论文选》，朝戈金等译，上海文艺出版社1994年版，第137页。

传说中将荀子与安泽的沁水、山岭、蓝村、白村、蓼蓝等山水、方物联结于一处，还将荀子融入农牧业的生产中。虽然文人写作痕迹明显，但是民间口头传说的痕迹尚存，只是由于当下府城镇生活的安泽原住民极少，较多是外来移民，荀子的传说在民间几乎不再流传。目前可以看到的就是《安泽民间文学集》中的资料记载与整理。由此可知，荀子及其文化思想在安泽民众中没有认同的文化根基，荀子文化园与荀子文化节对于民众而言是全新的，是在当下非物质文化语境中重新构建而成的文化现象。

但是随着荀子文化园的落成，与荀子文化园某些建筑相关的灵异传说逐步在民众中传播开来。荀子文化园落成之后，已经成为提升安泽知名度的一张金色"名片"。随着时日变迁，先后出现"回音壁""聚光灯之谜""吉鸟祥云"等奇观异象，令人叹为观止。这些曾经真实的存在，在精神上给荀子故里人以莫大欣慰。

回音壁

荀子塑像落成后，人们不经意间惊异发现，荀子塑像后的一道长 80 米、高 3.6 米的靠壁，自然形成回音壁。长壁东边窃窃私语，西边听得声声入耳；长壁西边悄声说话，东边听得真真切切。连建筑专家都赞叹不已说："似这样的回音壁，即便有高、顶、尖，懂声光传导多学科专家精密设计，刻意修筑，也难达到如此语音传导效果。"

聚光灯之谜

在荀子塑像落成时，依照设计，塑像下装三盏聚光灯，光照塑像，让游人在夜晚也能目睹伟人风采。岂知东、西两盏灯一装而就，正面那盏灯打开开关，没有灯光，整整两天，屡试不成。供电局长坐镇查线路、试灯光也无可奈何。多事之人把县城一位深谙周易八卦的先生请去。先生哈哈一笑说："此灯正对圣人眼睛，晃得他睁不开眼睛，岂能让灯亮，灯座东移三米，看灯亮也不亮。"电工将信将疑，将灯座东移三米，果然应验。供电局长和负责灯光安装的当事人，至今依然惊诧不已，都说："真的不可思议！"

吉鸟祥云

2007 年，安泽举办"第二届中国（山西·安泽）荀子文化节"的前一天，在荀子塑像上空，有上千只鸟儿云集，翩翩飞舞，婉转鸣唱，大有百鸟朝凤、凤凰来仪之势；2008 年，安泽举办"祭荀大典"，大典前三天，荀子塑像顶空，每天上午或下午，都有七彩祥云缭绕，久聚不散。这一天象奇观至今仍挂在百度网站的"安泽吧"上，为人津津乐道、传为佳话。①

（原载《山西景观文化安泽新八景》，第 132—133 页）

新的"荀子文化园"传说，在安泽民众中广为流传，而且在新的传播媒介——网络上也留存多时。在笔者对赵屹堆附近居民进行访谈时，他们都谈到了回音壁、祥云等，很多村民可以准确地说出当时的情形。他们讲述内容多与书中记载和网络流传吻合，构建了一种新的记忆，成为荀子文化节推出的前奏。

四　荀子文化节——历史与民众记忆的互构

2006 年 9 月 15 日，"首届中国（山西·安泽）荀子文化节"新闻发布会在人民大会堂举行。参与发布会仪式的有各界嘉宾，包括清华大学、中国社会科学院、《求是》杂志、中国地质大学、山西省社会科学院等学者，山西省委宣传部、山西省建设文化强省规划研究中心、临汾市委宣传部、安泽县委与县政府等相关部门代表，以及人民日报社、中央电视台等媒体工作人员。其主要活动包括 9 月 25 日"荀子文化高层论坛"和 9 月 26 日的"书画名家笔会"。安泽县委书记梁若皓在新闻发布会上提道："为纪念先哲、交流文化、发展旅游、扩大开放，将荀子思想发扬光大，扩大和提升安泽对外的影响力和知名度，我们在今年四月成功举办山西省荀子文化研讨会的基础上，县委、县政府联合山西省社会科学院和临汾市委宣传部，决定于 9 月 25 日至 27 日在荀子故里——安泽举

---

① 此传说资料出自赵俊峰主编《安泽县民间文学集》，三晋出版社 2000 年版，第 132—133 页。

办首届中国荀子文化节，以此展示安泽悠久灿烂的历史文化和钟灵毓秀的生态环境，进一步发掘、研究和传承博大精深的荀子文化，宣传安泽良好的投资环境，吸引更多的外地客商，丰富和活跃人民群众的文化生活，促进安泽经济和社会各项事业的繁荣兴旺。本届文化节以'传承·开放·和谐·发展'为主题，以贴近实际、贴近生活、贴近群众为原则，将开展一系列独具特色的活动，进一步树立和彰显安泽——历史文化名人故里的形象，力争将本届文化节办成一次文化旅游的盛典。"①从其讲话可以看到，这与当时全国范围内名人故里、非物质文化保护等语境直接相关，而且其核心与目的是"发展"，希望可以挖掘开发安泽的旅游资源。

2007年10月14日安泽举办了第二届荀子文化节，高层论坛邀请了三晋文化研究会会长、中国著名的荀学专家、全国先秦史学专家等共同讨论，主要围绕"荀子思想的当代价值和探索"广开言路，共同探讨荀子思想。

2008年10月14日荀子文化节最吸引大众眼球的就是祭荀大典。当天10时许，在荀子文化公园山门的广场上，盛大的祭荀仪式开始。广场上，击鼓鸣钟，乐声响起，身着古装的礼仪人员在司仪的带领下向荀子献上牛羊五谷，山西省市相关领导先后为荀子像敬献花篮，安泽县委书记梁若皓宣读祭文。模仿战国时期的礼乐表演成为祭奠活动的高潮。

2009年10月26日第四届荀子文化节以高层论坛的形式召开，在本次会议的主持词中提道："作为荀子故里，我们安泽县紧紧以'荀子文化节'为载体，高举'承传荀学、振兴安泽'大旗，实施文化强县战略，坚持走科学发展之路，打造文化品牌，大力发展文化产业。"本次论坛采用讲座形式，与会专家、学者就荀学这个主题展开论述。这样它的影响主要在学术领域。

2010年10月10日召开了第五届荀子文化节。此次邀请了国内外儒学界的专家学者，同时举办书画展、摄影展等，在开幕式上再次举行了隆重的祭荀大典和规模宏大的祭祀舞蹈，祭荀大典一开始，当地百姓代表列队缓步迈入荀子大殿，供奉五谷，表达对构建和谐社会的美好愿望。最后

---

① 中国网，《首届中国（山西·安泽）荀子文化节新闻发布会（2006年9月15日）》，http://webcast.china.com.cn/webcast/created/884/36_1_0101_asc.htm。

以"庚寅年祭荀子文"结束（见图4-1、图4-2）。

图4-1　2010年祭荀大典上民间鼓乐表演

图4-2　2010年祭荀大典上民众抬着祭品

庚寅年祭荀子文

维公元二〇一〇年十月十日（农历九月初三日）岁在庚寅，日当癸巳，天朗气清，秋风送爽。荀氏宗亲，少长宾朋，再会安泽，又叙佳谊。沁水河畔，况山峰巅，宣德音以礼赞，降嘉仪以悼缅。五谷风雨集，杯酌若浮云。高歌长舞，诚祭荀卿。

文曰：

桓桓荀卿，应德孔盛。皓素其质，允迪忠贞。

龙跃天衢，振翼云汉。扬声紫薇，垂光虹蜺。

嫉于时弊，明于王道。著书万言，流布天下。

性与道合，思若有神。安顿众生，泽及后人。

王霸之道，积以布陈。礼法之途，万世循踵。

乾坤酿灵，造化粹精。百行高善，穷物之情。

呜呼，禀乾钢之正性，蹈高世之殊轨。

冰洁渊清，介然特立。君子亮直，行不柔辟。

吾辈遥怀，荀卿通灵。圣境荀乡，祁祁才俊。

文化大县，经济飞腾。品物宣育，百谷繁盛。

祭坟典章，礼乐咸明。济济缙绅，盛兹阶亭。

自古立言，莫卿弘大。无思不若，永观厥崇。

没而不朽，身沉名飞。今日何日，念兹在兹！

2011年10月11日，由临汾市委宣传部和安泽县委、县政府主办的"第六届中国（山西·安泽）荀子文化节"开幕。本届文化节以"弘扬·传承·合作·共赢"为主题，以文化为桥梁，以节庆活动为载体，以交流合作为主旨，举办了开幕式暨祭荀大典、特色产品展示及项目推介、大型文艺演出、孔庆东的"荀子思想及其当代价值"学术专题报告会、荀子文化高层论坛、合作项目洽谈暨签约仪式6项活动。

参加荀子文化节的领导和嘉宾，先后向荀子像敬献了花篮，表达了对古圣先贤的敬仰。此次活动，荀子文化公园广场还举办了安泽特色产品展示暨招商引资新闻发布会，山西省内外客商纷纷在展台前驻足询问，寻找商机。

2011年10月11日下午，在安泽文体广场上演了一场大型文艺演出，知名演员付笛生、任静登台献艺，演出在中国歌舞团《舞动安泽》的动感舞姿中拉开帷幕。配乐朗诵《安泽赋》充分融合了安泽的千年历史，讲述了安泽人民在历史变迁中百折不挠、艰苦奋斗，取得生态良好、环境优美、人文荟萃、丰碑永恒的辉煌业绩；舞蹈《西班牙之火》《外国歌曲之旅》展现出浓郁的西方艺术魅力，让观众领略到异域风情；情景剧《荀乡记》采用时空穿越的方式，将安泽的风土人情、荀子文化与网络流行语言有机结合，将荀子文化的内涵风趣地表达出来，演出在歌曲《套马杆》的旋律中落下帷幕。本届荀子文化节突出"文化搭台、经贸唱戏"，主题有很大创新，荀子的终老地——山东省苍山县也派代表前来祝贺。

2012 年 9 月 25 日，安泽举办了第七届荀子文化节。本届荀子文化节举行了祭荀大典、安泽特色产品展示、招商引资项目推介及签约等活动。文化节期间，安泽设立了 18 个展厅集中展览农副产品、手工艺品、野生菌、中药材及工业产品等 500 余种极具安泽特色的各类产品，重点推介涉及新型工业、农业产业化、基础设施、文化旅游等最具发展潜力、最具投资前景的多个领域招商引资项目。

总之，文化节是官方话语通过学者、艺术家等共同建构的新的文化平台与文化网络。经过七届荀子文化节的举办，安泽以弘扬荀子文化为龙头，深入挖掘荀子思想的时代内涵，荀子名片，已成为安泽的文化品牌，而且基本形成了今后的学术论坛—摄像书画—文化展示—观光旅游—投资合作的"荀子文化节"的环节与模式。官方权威话语以荀子故乡为基点构建了"荀子文化"系列活动，以此为核心建构了一个新的民众文化空间以及民俗活动。但是从民众角度而言，荀子文化园只是一个政府建筑，荀子文化节是典型的"舞台展演"，它在国内的影响比在安泽本地大得多。对于一个完全新建文化园，当地民众很少前往参观，主要参观人员是外来旅游人员或者文化研究者。笔者对文化园荀子大殿的管理人员进行了访谈，接待客人最多的时候就是每年的荀子文化节。荀子文化园所在地赵屹堆村，民众对荀子也了解甚少，没有相关传说，更没有荀庙一说。所以荀子大殿和荀子像没有任何历史与文化基础。祭荀大典从第三届荀子文化节开始，规模宏大，气势宏伟，但是缺乏灵魂，主要就是因为没有荀子信仰。尽管荀子文化公园中建了荀子大殿，荀子巨像站立在县城的东面，可是对于民众而言只是一个地理标志、方位标志。荀子文化园成为"荀子文化节"的表演空间，并没有进入民众的日常生活，但是由于当地政府的相关宣传活动，这一新的文化建筑进入了民众的认知与记忆，在我们的访谈中，大家都认同荀子文化园为安泽带来的效益与影响，他们认为荀子文化园不仅给安泽带来了外来游客，而且提升了安泽在临汾经济中的地位。可能若干年后这一文化建构系统会嵌入民众的日常生活，目前，民众只是进入到了文化节的展演里。他们是文化节的观众，当被问及每届文化节时，他们觉得是一次盛大的活动，"就像过去庙会似的"。

荀子文化节以文献提及的荀氏家族及荀子的衣冠冢为基点，仿照祭祀圣人，主要是孔子的仪式恢复了规模宏大的祭荀仪式，构建了集学术、表演于一体的文化体系与荀子像、回音壁、荀庙等文化标志物。对于这些文化表象以及文化园的建筑虽众说纷纭，但无可否认的是，文化构建对于当地的影响将会持续。在举办了七届荀子文化节后，当地似乎不再有下文，"不用即失"，但是由于新的建筑以及依附于他们的新传说在民众中的影响反而开始深入与扩大。

五　非物质文化语境中权威话语的导引与建构意义

从 2003 年在全国启动非物质文化遗产保护以后，在非物质文化遗产的保护中，政府处于决策、组织、统筹的地位。当然，政府不是抽象的，它有具体的结构系统。在这个系统中，不同级次之间地位与诉求也会有差异：居于高层的（中央及省部一级），以制定法规政策为主，掌管宏观调控；越往下层，实际参与的程度越高；到基层，甚至具体组织，直接参与。各级政府都把自己的介入视为执政政绩的一部分，要求民众按照他的意志执行。由于这种介入以权力为依托，具有某种强制的功能，构成一种主导力量。这种主导力量，可以以其强势地位，统辖全局，各地的非物质文化遗产保护都出现了组织、表演的局面，相应地就产生了一系列诸如保护实际变为保护性破坏；舞台表演成为非物质文化遗产保护的重要手段，在舞台展演中，民族传统文化的真实性丧失，等等。① 在这些问题中，最突出的就是民族传统文化的"真实性"或者称为"本真性"，与政府各级组织为了非物质文化遗产保护而出台的各种文化形式，这对看似矛盾的问题。如何看待这对问题以及当前政府的非物质文化遗产保护的意义，具体而言归纳为以下几点：

第一，政府对非物质文化遗产的保护以及所组织的各项表演，不一定会给文化真实带来破坏，反之有利于地方文化的繁荣与发展。在政府非物质文化遗产保护中，许多曾经消亡或者濒临消亡的传统文化得到了挽救和恢复。政府的参与使得文化传承人获得了极大的信心与社会地位，民族传统文化形式不再处于社会边缘的位置，这就更增强了文化拥有者的民族自尊与地方文化自豪感。在这一意义上而言，国家非物质文化遗产的保护与民族传统文化形式之间存在着互相依附与互相促进的关系。

---

① 参见毛巧晖《非物质文化遗产视域下的民族传统文化的保护与发展——以海南苗族"三月三"节为例》，载《文化遗产》2012 年第 4 期。

　　第二，"舞台展演"并未使原生态文化形式的文化内涵完全丧失。各级政府将文化形式运用于旅游开发、节日展演等场域，在各个场域中，形形色色的文化被搬上舞台，策划者将存在于某一地域的各个文化元素融聚在一起，打造出新的文化体系，在这一体系的建构过程中，各个文化元素的本质内涵，即民族情怀和民族凝聚力没有发生变化，反而打造成功的舞台化形式，会加强不同民族、地域之间文化的融合，出现民族文化多元化的格局。

　　第三，政府对非物质文化遗产保护以"舞台展演"为基础，这在很大程度上保护了当地人的原生态文化免遭破坏。根据欧文·戈夫曼（Erving Goffman）的理论，他把人生比作一个大舞台，并提出了"前台（The Front Stage）"与"后台（The Back Stage）"的观点。"前台"即指演员演出及宾主或与顾客服务人员接触交往的地方，"后台"指演员准备节目的地方，这是一个封闭性的空间。在他看来，在社会这个舞台上有三种人，一是演员，二是当地观众，三是外来人。一般来说，观众和外来者如果进入"后台"，会对当地社会与文化造成不良影响。后来这一观点被马坎耐引用到旅游业中，他提出了"舞台真实"，即在旅游业的开发中，文化旅游产品被当作"真实"而被搬上舞台，向游客展示，其目的之一就是保护"后台"，即东道主地人民的传统文化免遭破坏。借鉴这一理论对当前政府主导的非物质文化遗产保护进行分析，"舞台展演"在一定程度上也防止了外力对当地原生态文化形式的破坏，使得各地传统的文化形式既在权威话语体系中获得一席之地，同时原生地文化形式也得到了某种程度的保护。

　　当然，在政府主导的非物质文化遗产保护中，在各民族、各地域的文化形式的重构与发展中，一些文化元素得到彰显，并在重构体系中处于核心位置；相反，有些文化元素，在这一过程中逐步隐匿，而相关的传承人由于得不到应有的重视与补助，会造成文化断层，在今后的文化传承中，可能原有的文化形式会出现一定的变异，但在这种文化选择中，人为因素影响较大。对于荀子文化节这一建构的文化现象，更是如此。

第五章 民间信仰与官方意识

——安泽黑虎信仰的文化阐释

黑虎信仰是安泽地方信仰系统中较为突出的民间信仰，此地区分布着大大小小数量极多的黑虎庙。这在一定程度上与安泽的自然地理环境有着密切关系。安泽位于太岳山东南麓，境内山峦起伏，水系发达，山上植被茂盛，是动植物生存繁衍的理想区域，优良的生态自然环境是黑虎信仰存在的前提条件。远古时期很多氏族、部落都将虎视为亲族或保护神，存在大量以虎作为名称的氏族和部落。《史记·五帝本纪》载："轩辕乃修德振兵，治五气，艺五种，抚万民，度四方，教熊罴貔貅貙虎，以与炎帝战于阪泉之野。"[①] 虎是万兽之王，它是力量和威严的象征。人们认为虎神可以消灾驱邪，保佑民众吉祥平安。

一 安泽黑虎庙概述

安泽的黑虎庙存留下来的数量很多，笔者选取了其中最有代表性、保存较完整的五座黑虎庙作为调查的对象。它们分别是：唐城镇北三交村黑虎庙、马壁乡辛庄村黑虎庙、马壁乡张寨沟黑虎庙、良马乡曹家沟东半沟北黑虎庙、良马乡英寨村黑虎庙。

（一）唐城镇北三交黑虎庙

该庙遗址位于安泽唐城镇北三交村北，在安泽与古县交界的黑虎岭上，创建年代不详，仅存几块残碑，原庙在抗日战争中烧毁。现存的黑虎

---

① （西汉）司马迁：《史记》卷一，中华书局1959年版，第15页。

庙是 2012 年安泽人李爱元出资在原址上重修的，庙宇坐北朝南，四合院布局，有正殿，东西厢房，南筑戏台，占地面积约 200 平方米。北三交村位于安泽唐城镇北端 12 公里处，辖 6 个自然村，地下蕴藏着丰富的煤炭资源，毗邻古县古阳镇安吉村。黑虎庙现存有《古阳安吉村黑虎庙重修碑记》（见图 5-1）。

图 5-1 北三交黑虎庙

安吉村历史悠久，文明古老，青山绿水环绕，遍地物华天宝，历代人才辈出，英雄涌现，百业兴旺。远近闻名的黑虎庙雄居管道梁顶之古县与安泽交界处。虽始建年限不详，但有碑记载清乾隆二十八年（1763 年）重修一次，碑文记述：黑虎庙四合院布局，砖木结构大殿居北，南筑戏台，东西有厢房，大殿内供黑虎之神位，前墙一门两窗，外有五尺过厅，顶部搭木起梁，青瓦盖顶，虽无琉璃炫彩，但殿堂宽阔，建筑高大，气势雄伟，在抗日战争时期曾被夷为平地。2012 年，应全体村民之愿，经权威咨询，多方考证，精心设计，高标准修筑，复修大殿厢房、戏台和门楼，建筑风格既尊重历史又以现代工艺加工，青砖水泥砌墙，梁柱栋榭和斗拱飞檐，全部为优质东北松，木质结构使整个凝为一体，又以艺术彩绘精雕细刻，使得一座雄伟壮观的神灵大显的黑虎庙耸立在世人面前，了却了村民的心愿，也成为安吉一大景观。整个建筑由爱心人士李爱元出资修建，黑虎庙中有碑铭记。

碑铭流芳百世，永载千秋。

（二）辛庄黑虎庙

辛庄黑虎庙位于安泽马壁乡辛庄村圪塔自然村北 3 公里，东临安乐沟，西依西岭。创建年代不详，据殿内西墙墨书题记记载，清嘉庆八年（1803 年）重修。庙宇坐北向南，单体建筑，南北长 2.9 米，东西宽 2.3 米，占地面积 6.67 平方米。黑虎庙正殿面阔一间，进深三椽，单檐灰板瓦悬山顶，殿内残存各类人物、鸟兽壁画及墨书题记约 6 平方米。2007 年被列入安泽文物保护单位（见图 5 - 2、图 5 - 3、图 5 - 4）。

图 5 - 2　辛庄黑虎庙正殿西墙壁画

图 5 - 3　辛庄黑虎庙正殿北墙壁画

图 5 - 4　辛庄黑虎庙正殿壁画题记

（三）张寨沟黑虎庙

张寨沟黑虎庙位于安泽马壁乡王河村杨岭自然村北3公里，东临张寨沟，隔沟为敖脑上，西依杨家坡，南望南背上。创建年代不详，据现存碑文及殿内东墙墨书题记记载，清乾隆十一年（1746年）、道光十一年（1831年）、咸丰九年（1859年）、光绪十二年（1886年）均有重修。此庙坐北向南，四合院布局，现仅存正殿及东、西耳殿等建筑，东西长13.48米，南北宽6.27米，占地面积84.5平方米。正殿面阔三间，进深五椽，六檩前廊式结构，单檐灰板瓦悬山顶。耳殿面阔一间，进深四椽，单檐灰板瓦硬山顶。庙内现存清乾隆、道光重修碑两通（见图5－5）。

图5－5　张寨沟黑虎庙

（四）半沟黑虎庙

半沟黑虎庙位于安泽良马乡曹家沟东2公里半沟北，东临泗河，隔河为磨盘岭，西依柏山，北接西庄岭，南望牛头山。创建年代不详，现存为清代建筑。庙宇坐北向南，布局不清，现仅存正殿，东西长9.8米，南北宽4.35米，占地面积42.63平方米。正殿为三孔石砌窑洞，单孔高2.1米，宽2.3米，深2.1米，中窑洞内满绘水墨祥云图案，祥云中绘设色八仙人物图案，西侧窑洞内两壁各绘设色黑虎图案（见图5－6、图5－7）。

图 5－6　半沟黑虎庙正殿

图 5－7　半沟黑虎庙正殿壁画

（五）英寨黑虎庙

英寨黑虎庙位于安泽良马乡英寨村安和自然村西北掇驼岭，西临红泥沟，北依录录背，东接姬家岭。创建年代不详，据现存碑文记载，清乾隆元年（1736 年）、乾隆八年（1743 年）、咸丰三年（1853 年）均有重修。庙宇坐东向西，一进院布局，现仅存正殿，南北长 19.09 米，东西宽

17.57 米，占地面积 335.41 平方米。正殿建于高约 1.3 米的石砌台基之上，面阔三间，屋顶已坍塌。现存有清代重修碑 4 通。2007 年被公布为安泽文物保护单位（见图 5-8）。

图 5-8 英寨黑虎庙

二 中国古代的虎神信仰

在安泽实地调查的过程中，笔者对"黑虎"有了一定的了解，但是也有一些疑虑。因为在解释"黑虎"的时候人们各执一词，他们对"黑虎"有不同的认知。有的人认为"黑虎"就是老虎，有的人认为"黑虎"是所谓的豹子。通过查阅相关文献，同时在实地调查的基础上，虎的说法历史更为悠久，豹子的说法则较为新近，并且可能是后人附会之说。

虎在中国文化中是一种地位比较特殊的动物，也是早期被神化的动物之一。从考古学和民族学的资料看，许多氏族和部落把虎视为自己的祖先、亲族或保护神而虔诚顶礼膜拜，以虎作为自己氏族和部落的名称。殷商卜辞中已有"虎方"一族。郭沫若、丁山等均曾证明，虎方即徐方。但李白凤指出徐音余，通涂。淮、楚之间称虎为"於涂"（即於菟）。《左传》中称："楚人谓乳谷，谓虎於菟。"《释文》释"於菟"曰："於音乌，菟音徒。"① 可知楚人称虎为"於菟"。徐族实际是从"涂"得名。徐族即虎族，在商周时代是一大族，今日徐州以南的江、淮、苏、皖交会地区是其主要居地，另外在湖南、四川均有发现。

古代民众将虎作为特殊标志和神圣护符，他们把虎的形象刻画在自己的皮肤、服饰，或者用具、武器、房门上。有的部落甚至给老虎画上了双翅，使之变成不可一世的"飞虎"，成为一种神兽。

根据古籍记载，虎被看作是主掌杀戮的凶神，同时又将其作为可以祛除恶鬼的保护神。《山海经·西次三经》载："西南四百里，曰昆仑之丘，是实惟帝之下都，神陆吾司之。其神状虎身而九尾，人面而虎爪；是神也，司天之九部及帝之囿时。"② 《后汉书·礼仪志》注引《山海经》佚文：上有二神人一曰神荼，一曰郁垒，主阅领众鬼之恶害人者，执以苇索，而用食虎。③

上文所述神荼、郁垒皆为驱鬼之神，郁垒乃是古代用以驱鬼的面具大头人，在《周礼》中称作"方相氏"，是逐鬼钟馗的原型。而"荼"是虎的转音，神荼乃是虎神，守护于昆仑山之上，逐镇鬼怪，捉住鬼怪后即系之以苇索，而后食之。④

《风俗通义》中称："虎者，阳物，百兽之长也，能执搏挫锐，噬食鬼魅，今人卒得恶悟，烧虎皮饮之，系其爪，亦能辟恶，此其验也。"⑤《博物志》也有记载："虎知衡破，又能画地卜。今人有画物上下者，推为奇偶，谓之虎卜。"⑥《酉阳杂俎》："虎杀人能令尸起自解衣，方食之。虎威如乙字，长一寸，在肋两旁，皮内，尾端亦有之。佩之临官佳，天官，人所娼嫉。"⑦ 虎被神化与中国古代所流行的关于虎的认知直接相关。

屈原《天问》中提道："夜光何德，死则又孕。厥利为何，而顾菟在腹？"⑧《天问》中所说的"顾菟"，即为虎。从此可知，当时流传着月中

① 杨伯峻：《春秋左传注》，中华书局1981年版，第683页。
② 王学央编译：《山海经》，哈尔滨出版社2007年版，第34页。
③ （南朝）范晔：《后汉书》志第五，中华书局1965年版。
④ 何新：《诸神的起源——中国远古太阳神崇拜》，光明日报出版社1996年版，第277页。
⑤ 王利器：《风俗通义校注》，中华书局1981年版，第368页。
⑥ 范宁：《博物志校证》，中华书局1980年版，第127页。
⑦ （唐）段成式：《酉阳杂俎》，方南生点校，中华书局1981年版，第158页。
⑧ 洪兴祖：《楚辞补注》，中华书局1983年版，第88页。

有虎的说法。何新指出后来由于虎在南方语系中读作"乌（虎和兔）"，而讹变为兔，月中有兔的传说乃由此而来，而虎作为白虎，却被汉人归入二十八宿的系统中了。[①] 西南很多民族中流传着虎信仰与虎崇拜。《吕氏春秋·义赏》载："氐羌之民，其虏也，不忧其系累，而忧其死不焚也。"[②] 其认为人死以后必须与虎结合才能实现复生。《南齐书·宕昌羌列传》载："俗重虎皮，以之送死，国中以为货。"[③] 云南地区的彝族很长时间里都保持着这样一种传统，即用虎皮包裹尸体火葬，以便人死后转化为虎，彝族自称为虎的民族，当地流传着"人死一只虎，虎死一枝花"的谚语。彝族每年都要过"老虎节"，从农历正月初八日落开始，到正月十五太阳升起结束。虎节中祭虎神，化虎妆，跳虎舞，最后虎神要到各家拜年，口念吉祥，预祝五谷丰登、六畜兴旺。白族自称"劳之劳务"（意为虎儿虎女），视虎为祖，宅堂挂虎图。修房造屋、婚嫁以虎日为吉。白族打猎不猎虎，被虎咬死则看作"成仙"。小孩取名与虎有关，穿虎头鞋、戴虎头帽。纳西族新年时常贴"雷霆白虎之神"年画，避邪迎祥。

从考古资料层面考证，在出土的商周时期的青铜器中，有大量虎及描绘虎食人场景的雕刻图案。在这些青铜器中，最为独特的是两件流失海外的商代铜卣，一件今由日本泉屋博物馆收藏，另一件由法国巴黎池努奇博物馆收藏。这两件卣的形制基本相同，其造型为通体做猛虎蹲踞形，虎前爪装饰顾首龙纹，后足饰虎纹，背饰牛首纹，尾饰鳞纹。虎两爪抱持一人，做噬食状，人踏在虎后爪上，人背衣领饰方格纹，下有一小兽面，腿部饰蛇纹。陈佩芬根据虎卣表面的矿物残留对虎卣的年代和出土地点曾作较具体的分析并得出结论："虎卣可以判断为相当于商代殷墟晚期之器……很可能是湖南省洞庭湖以南地区出土的。"[④] 从虎卣的造型来看，虎身和被虎所噬的人身上都有大量的纹饰，且人的神态安详，因此该器物所表现的绝不是简单的虎食人的场景，而应是人与虎相结合，通过虎口死而复生的神话式想象。

由此可见，虎信仰与崇拜源远流长，自古以来虎就被中国人视为百兽

---

① 何新：《诸神的起源——中国远古太阳神崇拜》，光明日报出版社 1996 年版，第 279 页。

② 许维遹：《吕氏春秋集释》，中华书局 2009 年版，第 328 页。

③ 萧子显：《南齐书》，中华书局 1972 年版，第 1033 页。

④ 陈佩芬：《虎卣》，载湖南省博物馆主编《湖南出土殷商西周时期青铜器》，岳麓书社 2007 年版，第 508 页。

之王，它是力量和威严的象征。虎神可以为人们消灾驱邪，可以保佑他们称心如意、吉祥平安，所以所谓的"黑虎"就是一种虎信仰与崇拜。当然黑虎信仰与山西人文地域环境有着密切关系。

三 山西人文地域环境与黑虎信仰

历史上的山西曾经森林茂密，草丰水足，野生动物资源丰富，如野猪、狍子、獐、麋鹿、马鹿、梅花鹿、麝等动物较多，有着老虎赖以生存繁衍的良好条件。自唐、宋、元、明、清、民国，一直到新中国成立后，山西各地历代的郡、府、州、县志中，对当地老虎（如白虎、黑骊虎）的记载就屡见纸端，在一些地方甚至有"虎患成灾"的记载。

清康熙年间，一次，康熙帝为祖母礼佛祈愿专上五台山，住在台麓寺行宫。当日黄昏时分，见一只猛虎从对面山上一步一步走下来。康熙见了，问随身侍卫："老虎吃人不吃人？"侍卫答道："吃人是老虎的本性。"康熙听了，便从侍卫手中取过弓箭，射死了那只老虎。老虎死后，康熙有点懊悔，责备随身侍卫："你们遇事就是不动脑子，一般老虎是从山上蹿下来的，而这只老虎却是一步一步从山上走下来的，很明显，这只老虎是前来迎驾的，你们怎么说是伤人的？"这段故事记载于《山西历史地名录》：康熙二十二年（1683年），帝西巡经此（指台麓寺），忽遇一虎，亲挽雕射之，虎应弦而毙，因名射虎川。

另外在山西还有不少地方就是以"虎"命名。如兴县的恶虎滩，平陆的阻虎乡、败虎，右玉的残虎堡、破虎堡，宁武的黑虎庙等。位于今天霍州、洪洞和古县三地交界位置的霍山，有着伏虎岩、龙虎山等著名山峰。顾名思义，历史上可能曾是老虎经常出没之地。右玉杀虎口，就是历史上勇士杀虎之地。坐落于临县碛口镇的卧虎山，面对滚滚黄河，山峰奇伟壮观，现在是人们参观游览的好去处。①

虽然现在的安泽人关于虎的记忆已渐趋消失，但是并不排除历史上安泽一带虎患盛行。人们为了驱灾避难，祈福保平安，所以修建了大量黑虎庙。

---

① 山西新闻网，《山西虎迷踪之史迹篇：人虎相争晋地曾经多虎踪》（2008年4月12日），http://www.daynews.com.cn/sjdsb/bban/B3/520346.html。

四　多神共存的黑虎庙

安泽每座黑虎庙旁都有两座其他小庙，供奉不同的神灵，多神共存于一庙（见表5-1）。

表5-1　　　　　　　　　　安泽虎庙供奉神灵

村名	正殿	左偏殿	右偏殿
马壁乡张寨沟黑虎庙	黑虎庙	奶奶庙	药王庙
马壁乡辛庄黑虎庙	黑虎庙	山神庙	奶奶庙
良马乡英寨黑虎庙	黑虎庙	山神庙	土地庙
良马乡半沟黑虎庙	黑虎庙	龙王庙	山神庙

从表5-1可知，黑虎庙多神共存。庙中的各位神灵，按照当地民众的阐释，都分别有不同的职能，他们可以说是各司其职。

表5-2　　　　　　　　　　安泽黑虎庙神灵职能

神灵	职能
黑虎	主要是护佑一方，消灾驱邪，可以保佑信众称心如意、吉祥平安、出行方便，保佑人和牲畜的安全。在安泽有的地方还把它当成财神庙，保佑人们事业顺利、财源广进
土地	土地神起源于土地崇拜，人们从大地中获取食物和其他的生活资料，年景的好坏决定着收成的多少，因此人们认为这是由掌管土地的神祇所决定，于是，撮土为社，供拜土地神，期盼风调雨顺，五谷丰登。后来，土地神在民间逐渐演变成了保丰收还保平安的一方神。民间每家院内设置的土地爷龛，只是掌管本家地域，保佑本家成员平安的土地神。设置在村子里的土地爷庙保佑的范围就大一些，涵盖全村居民
药王	药王是中国民间对古代名医的尊称，或称医王。随时代、地区不同，药王所指人物亦不同。其中著名的有春秋时期的扁鹊，东汉邳彤，唐代的孙思邈、韦慈藏、韦善俊、韦古道（韦老师）等。后世这些名医不断被神化，被不同地域的民众奉为药王
龙王	古代专门供奉龙王之庙宇，每逢风雨失调，久旱不雨，或久雨不止时，民众到龙王庙烧香祈愿，以求龙王治水，风调雨顺
山神	山神，是人们对山体的一种崇拜信仰，古人往往将巨大山岳、神秘山川神化而加以崇拜。从山神的称谓上看山神崇拜极为复杂，各种鬼怪精灵皆依附于山。最终，各种鬼怪精灵的名称及差异分界都消失了，或者你中有我，我中有你而互相融合了，演化成了每一地区的主要山峰皆有人格化了的神居住，这种神即为人们所传说的山神
奶奶	向神灵祈子是古代人们最普遍的一种求子方式，人们到奶奶庙求子习俗源远流长，妇女不孕不育时，就到奶奶庙里去拜神求子

　　中国民间信仰具有功利性和实用性的特点，几乎大部分神灵在经过几千年的演变发展之后都具备了全神的职能，就像后土女神一样，信仰产生之际仅为单一的土地神，久而久之演变成为全神的角色，民众不论有任何需求都去祭拜祈祷，但这些神灵又各有特别的职能吸引着不同的信众群体。笔者在对安泽的黑虎庙进行考察时发现，它的职能是单一的，每个黑虎庙在当地老百姓心中都有一个定位，从来没有人越位地去祭拜它们。所以在最初建庙的时候就按当地老百姓的诉求修建了其他职能的神庙。当老百姓前往寺庙后，即使对某些神灵无所诉求也依然给每位神灵上香叩首。而且在每个庙里都有一个主神的说法，半沟黑虎庙侧殿里供奉龙王，龙王和黑虎共存，但他们各司其职。笔者访谈了守庙人，他讲述了当地的求雨过程。在当地的求雨仪式中，人要先去黑虎庙里烧香请愿，然后再去龙王庙里把龙王抬出来，在他们村的地界上绕一圈。而且在祈求灵验之后，还要去黑虎庙里还愿。

　　多神并存往往要解决"香火"的问题，即各神如何分配有限的信众资源以维持各自的信仰生存问题。一般而言，以下两个渠道是解决这一问题的主要方式。为了清晰阐释这一问题，本书引入"生态位"这一概念对信众资源加以划分。生态位是指在生态系统和群落中，一个物种与其他物种相关联的特定时间位置、空间位置和功能定位。考察表5－2可知，这些神有自己专属的空间位置和功能定位作为自己的生态位。这种对时间资源进行区位划分的方法很大程度上解决了中国民众在多神信仰中面临的神灵间竞争的问题，使得在一定的地域空间内能容纳更多的神灵。解决多神竞争第二种方式就是赋予神不同的功能。把神的功能区分细化，吸引有特殊要求的信众。① 这种对神功能的细化也区分不同区位的信众，对其特殊要求加以满足，如当地养牛养羊的一般去拜黑虎神，妇女们一般去拜奶奶庙，遇上干旱年份人们都要去龙王庙祭拜。各种身份的人都可以来这里获得他的诉求慰藉，每个庙的各种信众好像到了一个诉求集合大卖场，提供各种愿望产品，人们按自己的愿望有选择性地进行祭拜。

　　不同的黑虎庙，对黑虎的来历及其神性有不同的解释，以半沟黑虎庙

----

① 陈文龙：《试论山西介休后土庙道教建筑群之管理》，载《世界宗教文化》2010年第4期。

为例进行论述。半沟黑虎庙的信众认为黑虎即黑蓝虎，黑蓝虎就是指黑虎、蓝虎，是毛皮为浅黑色并且略带灰蓝色，上面有深黑色条纹的老虎。黑蓝虎被认为是传说中的动物，但是据说在现实中有人亲眼目睹，不过至今没有证据能够证明存在过这种皮毛的老虎。据推测，黑蓝虎可能是像白虎一样，是老虎的黑色变种。

虎乃中国神话中的兽王，人们在神话中赋予它威猛无穷的神力。黑虎，表示此乃邪魔外道借助的神力。黑色在神话中是恐怖的，往往是邪魔的代表，如黑云、黑雾、黑洞、黑狗等，而与之对应的则是祥云、白光、红瑞。赵公明骑黑虎表示他有非凡的功力，加之黑虎之助，更是强大非凡。殷商灭亡后，姜子牙并未封赵公明为财神，而封为"金龙如意正一龙虎玄坛真君"，简称"玄坛真君"，又称"玄坛元帅"，统领"招宝天尊萧升""纳珍天尊曹宝""招财使者陈九公""利市仙官姚少司"四位神仙，四仙专司迎祥纳福、商贾买卖。因赵公明部下为四名负责财富的神，其分别是"招宝""纳珍""招财"和"利市"，因而成为财神。不少人会将赵公明与其四位部下，合称五路财神，希望他们可以为信徒带来东方、南方、西方、北方与中央五个方位的财运。

赵公明的神力与黑虎有着直接关系，黑虎也因此有了"招财"的神力。安泽的黑虎庙中"黑虎"神也司"求财"之职。良马乡半沟黑虎庙中"黑虎"被奉为"财神"，当地老百姓中流传着有关黑虎庙的传说：

　　相传，有一年河南大旱，焦金流石、河涸海干、赤地千里，老百姓很多都饿死了。有一家兄弟三人看着村里的乡亲们一个个地都倒了下去，他们就想再这样等下去迟早会被饿死的。于是兄弟三人商量一致要远走他乡逃难去。老大说去哪里合适呢，老二就提议说去山西吧，现在有好多河南的灾民都去山西了，听说那边的土地肥沃，非常适合人们居住，而且地广人稀。于是兄弟三人就收拾细软，拖家带口的一路跋山涉水、翻山越岭历经千辛万苦终于来到了山西。但是到底哪里适合他们的生存发展呢？他们在经过一番深思熟虑的思考和实地考察之后终于选择了今天的安泽县良马乡半沟村。这里有一句俗语：见苗三分收。说的是种到地里的种子能长出来见了小苗就有收成。这里依山傍水确实是个好地方。于是兄弟三人就选择在这里定居了。来到这里安顿好家眷，他们就开始了辛勤的劳作，每天披星戴月地劳

作。有一天他们就许愿说要是神仙能保佑他们发财，他们就会给当地
修一座黑虎庙。经过几年的辛苦劳作之后，他们终于摆脱了贫穷的生
活，而且生活蒸蒸日上，家产也殷实了。他们就记起了当初修庙的誓
言，于是兄弟三人就出资修建了半沟的黑虎庙。庙宇落成之后，他们
就把这个黑虎庙当成了一个财神庙。他们说这是赵公明保佑他们发财
的，因为赵公明骑的是一只黑虎，所以他们的庙里供奉的就是赵公明
坐骑黑虎。[1]

这则传说显然与安泽的河南移民有着直接关系，主要讲述了移民如何
到半沟村以及修建黑虎庙的过程。半沟黑虎庙现存是清代建筑，初建年代
不详，所以传说中河南三兄弟修建黑虎庙只是在原基址上的修缮，而且属
于晚近的事情，之前有关黑虎庙的传说以及相关信仰被湮没在了移入民的
信仰层之下，在半沟村已无外来移民到来之前的传说。这是安泽民间信仰
及民俗文化的一个重要特性，由于安泽处于山西南部、东南部交通要塞，
历史上重要的军事重镇，战争频繁，这里不同民族与地域文化交杂，这从
现存的信仰场所与某些文化痕迹可以看到踪影。

五 安泽黑虎庙与民众生活

黑虎庙是安泽民众信仰生活的重要组成部分，它与民众的日常生活紧
密相关。但是由于安泽境内有大量的黑虎庙，不同的黑虎庙信仰群体有一
定差异。

现存唐城镇北三交村黑虎庙遗址，留存一通清代的碑刻。该碑刻在
《山西石刻总目·临汾市卷·安泽县》中有记载。

　　《重修黑虎庙碑记》闻之虎豹远迹，豺狼遁藏，盖久□□以□
人，·人之力莫不赖神力以守护也。昔者县□根官，有崇山一座，草
木□此而畅□□□于此，而繁殖山径小□崎岖不平。往来行人每闻
虎豹之声，恒担惊于心中。余社前人俱□，求□士以舍吉地，劝富
家以□赀材，于此创修黑虎庙。□□所非前人之功烈，何能如此？

---

[1]　2013 年 5 月 16 日，访谈半沟村村民所得。访谈人：雒宁、兰天龙。

□□□□年演，受风雨之飘零，失峻宇之雕墙，更兼逢火□地而难堪。往来行人莫不目睹心伤，而况社人□□□意。虽□重修，恍觉独立难撑，因此合社公议，各举经理，恳祈仁人君子有余者，固捐赀以承认□，不足者宜竭力以相施，量力而行，岂非共襄盛事哉！是为序。

这通碑是清德宗光绪五年（1879 年）二月刊，虽然是重修的碑，但是我们从中也不难发现一些修建黑虎庙的端倪。现存的一些关于黑虎庙的碑都是明清时期的，我们可以推断明清时期安泽地区虎患还是很严重的。至于刚开始修建黑虎庙的原因我们不得而知。

由于修建黑虎庙的原因不同，所以就导致了它的祭祀群体的不同。随着科技的发展进步，某些民间信仰已经淡出人们的记忆。根据年长者的回忆，我们可以把祭祀群体分为两类：第一类主要是一些牧羊人或牧牛人，因为安泽植被茂盛，所以畜牧业在当地非常发达。这些人在每年固定的日子（六月六、七月十五，十月一、春节）要去黑虎庙上香祈求黑虎爷保佑他们牛羊的平安。他们认为黑虎就是山神，统管山里所有的动物，只要把山神祭祀好了就能保佑他们牛羊的平安。另一类人无所求，这些人没有固定的信仰，他们在一定程度上也是对中国民众信仰的写照，他们从心理上来说不相信任何神灵，但是他们逢年过节也要去庙里上一炷香，原因很简单，就是因为在这些日子里村里的人都去上香；他们的夙愿也很简单，就是祈求家人平安多福，而且现在这类群体的规模随着人口的增多也越来越大，他们仅仅是寻求一种精神上、心理上的寄托。

关于"祭祀群体"的不同，也有很多不同的原因，正如前面所分析的，可能从源头上一开始每个地方修建黑虎庙的原因不一样，所以它的信众就千差万别；但是也有可能是在人们信仰传承的过程中发生了变异。它对民众生活的影响，最突出的表现就是民众生活中关于黑虎的禁忌。

当地民众生活中有大量关于黑虎的信仰，这一信仰主要表现为两个层面，即崇信与禁忌。对老虎的崇信，在民众生活中比比皆是，首先老虎一直在中国民间吉祥物中扮演着重要的角色。许多鬼魅见着老虎就害怕，所以民间一直把虎当成辟邪的吉祥物。最常见的就是年画，在中国民间有许多地方贴的年画有虎画。对小孩来说更是天生的保护神。人们一直对它非常的敬畏。在山西的民间端午节这一天，孩子要身穿绣有五毒的背心，图案基本上是：周围是五毒，中间是老虎，意味着老虎可以驱除五毒。在山西南部一带，当幼童一岁左右时，长辈们会给孩子穿虎头鞋、戴虎头帽。人们认为穿上虎头鞋、戴虎头帽可以辟邪恶保平安，护佑孩子健康成长。

但是自古以来也产生了许多对老虎的禁忌，安泽民间关于老虎的禁忌更多。在实地调查和访谈的过程中发现当地人在称呼上，一般都不敢或拒绝直呼虎的名称，而要改用另一种称呼，就是人们亲切地把黑虎称为"黑虎爷"。老人在小孩哭闹不听话的时候也会以"黑虎爷"之名来吓唬小孩，如"黑虎爷"抓你、"黑虎爷"来了等。当地民众祭祀"黑虎爷"的时候，女人们很少参与，据说害怕女人冲撞"黑虎爷"。笔者在访谈的过程中发现，当问到老人们小时候对于黑虎庙的印象时，他们都一致地说小时候不去黑虎庙，故不是很清楚。因为他们害怕黑虎神像的凶恶，也有民众提到家长不让去，说小孩子去黑虎庙不好。这一点对人们的影响很大，导致许多人一直没去过黑虎庙。即使再调皮的孩子也不敢拿黑虎庙里的东西。在村里一直就流传着这样一种说法，"只能黑虎爷拿别人的东西，而别人不能拿它的东西，否则会肚子疼，让人身体不舒服"①。

中国很多民族与地域都崇虎、有虎信仰。百姓崇信老虎，通过活动取悦老虎，这是崇虎的民族与地域在虎文化上很相似的地方。模仿巫术和交感巫术的加入，让百姓在民间通过扮演老虎，穿戴老虎形状的鞋子帽子而企望得到虎的护佑，同时也获得"化险为夷"的效果。在他们的潜意识中，获得了虎的力量，同时在畏惧被老虎吃掉的同时，因为取悦了老虎而获得吉祥平安。人类的生存智慧在民间得以生动的表达。②

另外在民众生活中占重要位置的风水，在黑虎庙的筑建中，被运用得淋漓尽致。风水在"中国传统建筑中，始终占有重要的指导地位，充分地体现在中国古代城市、庙宇、乡村、道路、住宅、坟墓的选址和规划布局中"③。当代杰出的科学史家、英国学者李约瑟在论及"中国建筑的精神"时，对风水的建筑形象作了如下概述："再没有其他地方表现得像中国人那样热心体现他们伟大的设想'人不能离开自然的原则'，皇宫、庙宇等重大建筑自不在话下，城乡中无论集中的，或是散布在田园的房舍，

---

① 访谈对象：杜宝才；访谈时间：2013 年 4 月 23 日上午 10 时；访谈地点：杜宝才家；访谈人：毛巧晖、雒宁。
② 马知遥：《中国虎文化探源及民间布老虎生存状况反思》，载《文苑》2012 年第 1 期。
③ 转引自陈道龙、戴冰《论婺源古建筑的风水选址》，载《艺术百家》2007 年第 1 期。

也都经常地呈现一种对'宇宙图案'的感觉，以及作为方向、节令、风向和星宿的象征主义。而且风水作为一种东方文化特有的思维方式，渗透、积淀为中国人心理层面上的审美文化取向，成为中国人世代相传的风俗习惯，与人们的日常生活息息相关。"① 同样，安泽的先民也会有与之相同的风水心理。

安泽先民在黑虎庙的选址上，均对风水做了精彩的论述和发挥应用。他们在选择黑虎庙时无不慎之又慎，把风水选址视为护佑一方的保障。在黑虎庙规划选址、相地建庙时，除了考虑向阳、高爽、通风等因素外，还有更多的信仰成分决定着建筑方位的选择。在黑虎庙建造时，更是将民众的求吉心理和对生命的祈望寄托于其中。

安泽境内分布着大大小小十几条河流，山脉环绕，山间泉水绕山而行。这些山水为黑虎庙的选址、构建提供了得天独厚的风水优势。依山傍水是风水最基本的原则之一，山体是大地的骨架，水域是万物生机之源泉，没有水，人就不能生存。中国远古时代先民的定居地几乎都在河边台地，这与当时的生存需要相适应。明代《阳宅十书》指出："人之居处宜以大地山河为主，其来脉气势最大，关系人祸福最为切要。"② 风水学重视山形地势，把小环境放入大环境考察。

笔者在对安泽的一部分黑虎庙进行实地考察时发现，黑虎庙都是依山傍水而建，有的建在山顶，有的建在山坳。但是所有的黑虎庙都顺应了当地的地势地形，都是背靠大山，面向广阔平原或山间平川或远处更为雄伟的山脉。建在山顶，山顶的凸点是天与地交会处，人们觉得山巅与天接近，因而神仙们更容易听到人们的心声，所以就有很多黑虎庙建在山顶。有的建在来往的交通枢纽点上，占据中央，扼守整个山区，佑护着方圆百姓和过往行人。

最为特殊的是马壁乡张寨沟的黑虎庙。这个黑虎庙处于山坳里，在庙的周边有数座巍峨的大山，每座山的山脊都向山谷里延伸，最后都汇集到了山坳里。黑虎庙的选址就落在了四条山脊交会的山坳里。在这里建黑虎庙是代表黑虎庙压住了几座大山，山里的一切灵魅动物都由"黑虎爷"统管。在黑虎庙庙前的平川里，有四个石虎，一对大的石虎一对小的石

---

① 转引自陈道龙、戴冰《论婺源古建筑的风水选址》，载《艺术百家》2007 年第 1 期。
② （明）王君荣：《阳宅十书》，华龄出版社 2009 年版，第 22 页。

虎，相互对应。每个石虎都是由小石头堆砌而成，但是每块看上去都是天然而成，没有一丝人工雕刻的痕迹，令人叹为观止。当地民众说黑虎庙捍卫大山，而四个石虎又捍卫黑虎庙。遗憾的是现在一对大黑虎石不知所踪。

总之，安泽黑虎庙的选址，顺应了中国风水的要求。极为典型地反映了中国古代天人合一的自然观，它所体现的与自然协调共生的营建思想、适用合理的技术以及与环境和谐的发展观，在当时中国乡村社会的时代背景下是比较先进的。它所体现出的科学道理不言而喻。可持续的技术观与环境观，仍能给予当代人居环境可持续性研究以启迪。

风水学核心思想是讲究天人合一，讲究人与自然的和谐。它是以天地为观察了解风水的对象，以人为依归，以人为服务目的的。修建黑虎庙的最终目的仍是顺应自然，护佑一方百姓的平安。现在虽然有的黑虎庙已经坍塌，黑虎信仰也随着社会的发展沉入人们的记忆，但是我们祖先顺应自然、天人合一的思想，在当今生态环境急剧恶化的状况下值得借鉴与学习。

在当地民众的信仰理念中，黑虎庙与山神庙截然不同，他们的划分标准是两者所供奉的神灵之职能不同。

山林作为人们生存栖息之所，不但构架了人们生存的物理空间，更提供给人们以维持生命的生活资源，人们的生存繁衍、衣食住行一时一刻都离不开大山。正是这种对山的依赖性，使人们在构造神灵体系时，山神就成了大山里人们祭拜的首位神灵。

古人将山岳神化而加以崇拜。从山神的称谓上看山神崇拜极为复杂，各种鬼怪精灵皆依附于山。最终，各种鬼怪精灵的名称及差异分界都消失了，或者你中有我，我中有你而互相融合了。《礼记·祭法》记载："山林川谷丘陵，能出云，为风雨，见怪物，皆曰神。"①

山神是先民对自然崇拜的产物，在他们看来，自然界万事万物都具有生命力和强大的意志力，而大山因其雄伟壮丽、资源丰富，更被人们视为具有超乎寻常的神力。所以，山神是执掌森林、野兽的山林之神，庙小权力大，山川万物全属它管辖，甚至土地神的权力也被它取而代之。②

---

① 杨天宇：《礼记译注》，上海古籍出版社 2004 年版，第 600 页。
② 平女：《山神崇拜与自然保护》，载《大自然》2000 年第 2 期。

在山神定义的界定上，学者的标准基本上都一样，但是山神的职能却因地域的不同而出现了差异。笔者在对安泽的黑虎庙进行调查的过程中发现，当地有许多山神庙和黑虎庙并存的现象。在这里我们就简单地对黑虎庙和山神庙的职能进行分析。

黑虎庙在当地的职能主要是保佑人们及牲畜的平安。在当地每逢一些特殊的节日人们就要去黑虎庙里烧香求神，而且一年中要去求好几次。还有的地方把它当成财神庙，经常有做生意的人前往祈求生意兴隆、财源广进。

但是当地山神信仰的表现更为突出，人们在对山神顶礼膜拜的同时，赋予山神更多功能，以满足各类人群的不同需要。对不同信众的需求与目的进行总结归纳，可以看出主要有以下两类：第一类，祈福禳灾，祛病驱邪。这是民间信仰中最为普遍的功利需求。在中国古代社会，大多数人生活在艰难困苦、病痛灾祸之中，因此求吉避凶、祈福消灾成为人们最大最永恒的追求。各种各样的山神都是人们拜求讨好的对象。第二类，预言人间福祸，卜问禄命前程。俗话说"一方神灵管一方水土"，山神就属于典型的一方之神，能够预见将要发生的一方之事。所以人们一般都去山神庙里祈福求吉。

笔者在对当地老百姓访谈的过程中发现，他们对于黑虎庙是不是山神庙的观点很明确，认为黑虎庙和山神庙的职能不同。在当地流传着一句俗语就是对这种现象最好写照。"山上一庙堂，左拴猛虎右拴狼"，山神是"镇守山冈"，虎、狼则另司其职。所以对他们而言黑虎庙并不是山神庙，因为黑虎庙中"黑虎爷"管的事情与山神庙里的"爷爷"（当地方言读 yaya）不同，他们可以非常清晰地陈述差异。

另一种说法黑虎是所谓的豹子，即"黑虎庙"里的神灵是豹子的化身而非老虎，关于这种说法笔者也进行了翔实的考察。其一，在安泽的历史上豹子一直就存在，而且也是安泽的特殊动物之一，直到今天在访谈过程中还有许多老人们把豹子称为老虎，而且在人们的记忆中留存有豹子的传说，这些传说有些是与黑虎庙有关的。在访谈北三交黑虎庙看庙人的时候，一位村民来庙里烧香，他讲述了以下传说："不知道什么年代，他们村里有一个庙住着位和尚。一天夜里和尚做了一个梦，梦中有一个人对他说他是一只豹子修炼成人了，让他给修一座黑虎庙。第二天早上醒来之后，和尚想起昨天夜里的梦，觉得有点蹊跷，半信半疑。他开门之后看见门口卧着一只豹子，他吓了一大跳，但是豹子看了看他起来走了。他也没怎么当回事。第二天晚上，又是同样的梦，只不过这次豹子发怒了，不再是人了，变成了豹子的样子，张着血盆大嘴对他说，要是明天再不开始修建庙就一天吃一个人。和尚吓坏了，赶紧就答应了。第二天早上起来之后，和尚就开始联系附近村里的人并且把自己梦到的事情和大家说了。大家害怕豹子的报复，于是附近几个村子的人集资修了黑虎庙。黑虎庙修好之后，经常大门紧闭，而且和尚一直被豹子胁迫着为它办事情，人们经常需要给庙里捐东西。人们由于惧怕豹子所以没事情的话从来不主动去黑虎庙，这个习俗一直延续到今天，直到今天附近村里的人也很少去黑虎庙。虽然庙修好了，但是豹子不经常在庙里，因为有一位神仙在后山里给它选了一个洞。这个洞很奇怪，人是进不去的，它每年去那里生小豹子。直到现在那个洞好像还在，当地人把这个地方称为豹子沟。豹子把平时搜刮来的金银财宝都放到了黑虎庙里。据说，有人发现过确实有金银财宝，就是找不见。"① 这里的豹子成为祸害地方的恶魔，民众对其主要是恐慌、惧怕。这应是豹灾或豹患的产物。

综上所述，明清时期，安泽境内山势高大陡峭，山深林密，这样良好的生态环境自然是各种动物生活的乐园。黑虎庙和黑虎信仰的存在源于人们的心理诉求，他们希望黑虎神可以为其消灾驱邪，保佑其称心如意、吉祥平安、出行方便，人们将自己出入的平安幸福寄托在黑虎神的护佑之下。通过今天遍布安泽境内的黑虎庙我们能发现昔日安泽地区黑虎神信仰的盛行。

---

① 访谈对象：杜宝才；访谈时间：2013 年 4 月 23 日上午 10 时；访谈地点：杜宝才家；访谈人：雒宁。

第六章　传统与变迁：安泽
唐城镇花灯秧歌

　　"传统"是民俗学研究的重要内容，早期学者研究的范畴集中在宗教信仰、亲属关系、政治体制、口传文学等方面，他们研究"传统社会"的目的是更好地理解"现代社会"。学术界对于"传统"一词有不同理解，《牛津高阶英汉双解词典》中解释为：一套信仰、习俗或者行为方式，它在一个特定的群体中存在了很长时间，1846 年，汤姆斯提出"民俗"这一术语时，他指的是"大众的古物"与"大众的文学"。英国文化进化学派认为民俗是"幸存物"或者"文化遗留物"。美国和苏联学者认为民俗即"口头传统"或"民间文学"。可见，在民俗学早期的观念中，"传统"意味着过去的东西、古代文化遗留物，学者认为在现代社会发展中传统将不可避免地逐渐消逝。

　　但是"传统"既指传承的"内容"，又指传承的"过程"。在传承过程当中，传统与民俗遵循着稳定性和变异性的规律，在历史空间不断传承、演变，遂形成新的民俗事象，或是被建构成适应时代需求的民俗。正如克利福德·格尔兹所言："'传统'具有反思的、连续的自我修正的本质，它是一种'辩证的发明'。"① 传统与变迁作为民俗学的两个关键词，在研究过程中要结合二者，对研究对象的传承特点、历史特点、变化特点等做反思与讨论。

　　秧歌，是中国传统民间艺术中最广泛、最丰富的表现形式之一。它是在锣鼓伴奏之下，由民众自发组织表演，流传于乡土社会中的一种舞蹈艺术。演出形式多种多样，或以变换队形为主，或以表演故事为内容，表演的时候热闹非凡，深受人们喜欢。秧歌在全国各地广泛流传，如山东鼓子

---

　　① 转引自王杰文《"传统"研究的研究传统》，载《民族文学研究》2010 年第 4 期。

秧歌、陕北秧歌、河北秧歌、高跷秧歌等；南方的"花鼓""花灯""采茶"以及"英歌"，都是从秧歌中衍生出来的形式。

2013 年 5 月 14 日至 6 月 18 日，我们对安泽唐城镇花灯秧歌进行了实地调查，花灯秧歌产生于乡土社会，活跃于民间，有着独特的地域特征和广泛的群众基础，保留着珍贵的民间艺术价值。随着历史发展及社会变迁，这些传统艺术或多或少地发生变迁，尤其是国家非物质文化遗产项目对传统文化的重视，促生了某些传统文化被建构。唐城镇花灯秧歌反映着社会及时代的风气、民族的文化特质和深层积淀的民族精神，它有着重要的研究价值，其生成的社会文化环境，历史演变以及传承情况、表演情况，都值得我们进一步探讨。

一　唐城镇花灯秧歌的背景探源

任何一种艺术形式发生、发展以及流布地域的形成都与该地区的地理位置、交通条件、历史沿革、风俗民情、文化传统等密切相关。唐城镇花灯秧歌的起源、发展、变迁无疑与唐城镇的社会环境、历史环境、人文环境有着密切关系。

（一）唐城镇花灯秧歌的社会文化环境

唐城镇地处安泽北端，距离县城 30 公里，西北与古县毗邻，东与沁源相接。因其居于太行山南麓，连接了古上党和平阳两个区域，自古以来战略位置显著，受到统治者的重视。境内生态环境良好，蔺河穿流而过。唐城镇历史悠久，据顾祖禹的《读史方舆纪要》记载："安泽县东北九十里有古唐城，相传尧都故址。"① 民国《安泽县志》也记载："唐尧城东八十里，世传尧筑城于此，今名唐城。"② 唐城镇的起源众说纷纭，既有唐尧筑城说，又有"叔虞封唐"和"李世民筑唐城"的传说。这些传说为唐城增添了浓厚的文化色彩，也足以证明唐城在历史上的重要性。

唐城镇是两市三县的商贸集散地，除了山西籍民众的迁移流动，在历

---

① （清）顾祖禹：《读史方舆纪要》卷四十一，中华书局 1955 年版。

② 安泽县史志办公室编：《雍正岳阳县志民国安泽县志合集》卷十三"古迹"，李裕民点校，内部资料，2010 年。

史的变迁中还汇集了河北、山东、河南、陕西等地移民。故当地文化风俗包容性强，兼具上党、平阳、外省地区的古俗。总体来说，唐城镇民俗与汉民族诸多习俗相差无异，从饮食民俗、服饰民俗、生产民俗到民间信仰、节日民俗等均与中原地区传统习俗类似。至今唐城镇依然保留传统的节日民俗，每年春节，当地民众便会举行花灯秧歌，以庆祝节日的到来。

唐城镇的传统支柱产业为农业耕种，兼有陶冶等手工业。但农业相对薄弱，耕地面积只有一万六千多亩，粮食总产量约七千五百吨。近年来，依靠丰富的矿产资源，唐城镇已发展成集煤、焦、电、化工为一体的工业重镇，建成永鑫焦化厂和太岳焦化厂等多座工厂。餐饮服务、交通运输、汽配修理等相关行业同步发展。村民现以工厂工作为主，务农为副。唐城镇下辖上庄、东湾、亢驿、南湾、庞璧、义宁、井上等13个行政村，总面积175平方千米，唐城村属于镇所在村，有人口六千多人，其中本地村民两千多人，外来务工人员四千多人。商业发展以及人员物资的交流给这片土地带来了新的变化，传统习俗在这片土地上延续、变迁、发展。

(二) 唐城镇花灯秧歌的历史演变

秧歌作为一种民间艺术形式，拥有悠久的发展历史，具体年代已无法考证。关于它的起源众说纷纭，主要有劳动起源说和祭祀起源说。

第一，劳动起源说。秧歌是在人们的日常劳动和生产实践中形成的，是农民在插秧时的一种歌唱活动。在宋朝苏轼谪知定州时，看见人们劳作辛苦便创作出歌曲，让他们劳动时歌唱以缓解疲劳，逐渐形成下层民众喜闻乐见的"稻秧歌"。而且随着秧歌的流变，其艺术内涵愈加丰富，从小戏发展成配乐的正式戏曲。[①] 清代屈大均《广东新语》记述说："农者每春时，妇子以数十记，往田插秧。一老挝大鼓，鼓声一通，群歌竞作，弥日不绝，是曰秧歌。"[②] 它最早是以唱歌的形式出现，后来发展成舞蹈和戏剧表演的形式，并流行于我国南北各地。

第二，祭祀起源说。此观点认为流行于各地的秧歌是从古代巫术中演变来的，与祭祀农神、土地、谷神，祈求丰收、驱灾避邪有关。宋高承《事物纪原》卷八赛神中介绍"赛社"（即社火）说："农事毕，致酒食以报田神，

---

① 李景汉：《定县社会概况调查》，上海人民出版社2005年版，第323页。
② （清）屈大均：《广东新语》，中华书局1985年版，第361页。

因相与饮乐。"① 王国维在《宋元戏曲考》写道："歌舞之兴，其始于古之巫乎？ 巫之兴也，盖在上古之世。"② 秧歌不断吸收宗教、歌舞、曲艺中的内容，巧妙地将多种艺术要素融合在一起而形成独具特色的民间表演艺术。

民间传说唐城镇的秧歌最早发源于远古尧时期，尧曾经被封为唐侯便在此修建都城。那时人们为了缓解劳动疲劳，抑或为了庆祝丰收而创作出简单的表演动作，直到唐朝时期更加完善。相传唐王李世民征战南下路过唐城镇，觉得此处乃风水宝地，就有心在此建立防御城郭。其间唐城镇大旱，百姓颗粒无收，加之战乱频繁，民众生活异常艰难。李世民见此状带领当地农民抗旱求雨，终得天降大雨，那一年百姓获得大丰收。后来李世民挥军南下，再没回到此地，当地百姓便从每年正月十三开始，用近一个月的时间，舞起欢快祥和的秧歌、手举火把来纪念他。

还有一类传说认为唐城镇的花灯秧歌与祭拜关帝有关。唐城镇村村有关帝庙，家家祭关帝爷，据传说，玉皇大帝有一次来到唐城"巡视"，发现唐城镇的百姓还忙着干活而对他不闻不问，于是要关羽下凡烧死唐城镇的众生。关羽体贴爱民不忍放火，便欺骗玉帝说已火烧了唐城镇，玉帝信以为真，不料灶君据实相告，玉帝便罚关云长下凡，并让灶君一年一度上天宫汇报民情。为了纪念关羽的恩德，唐城镇的百姓到处修建关帝庙，每年正月十五，家家户户都挂满了灯笼，并在关公庙前闹红火、扭秧歌、放烟火。更有甚者手中拿着灯笼扭秧歌，逐渐演变成现在的"唐城花灯秧歌"③。秧歌盛行于下层民众中，古来一直被文化精英看作"下里巴人"一类的杂耍游艺。由此民众创造出秧歌传说，将深受百姓爱戴的尧帝、唐王、关羽等移植到秧歌中，借此提高秧歌地位，论证其正统性。

早期秧歌尚未形成一定的规律和形式，多是民众自娱自乐，尽情发挥，只为达到求吉和娱乐目的。随着社会时代的发展，唐城镇花灯秧歌伴随着民间社火、赛社等民俗活动不断发展、进化、丰富内容。火把进化为简单的花灯，表演队形逐渐增多，组织日益完善。表演队形或为一字形，或为两排形的队伍。明清时代，唐城镇的村李文全带头组织秧歌并进行分类。妇女为扭秧歌人员，男子则扮演各种不同人物。清人吴锡麒、项荣荣

① （宋）高承：《事物纪原》，中华书局 1989 年版，第 439 页。
② 王国维：《宋元戏曲考》，中国戏剧出版社 1999 年版，第 1 页。
③ 王丽霞、史莉丽等：《唐城"花灯秧歌"的文化内涵》，载《忻州师范学院学报》2012年第 12 期。

在《新年杂咏钞》中载:"秧歌,南宋元宵之村田乐也。所扮有耍和尚,耍公子,打花鼓,拉花姊,田公渔妇,装态货郎,杂沓灯术,以博观者之笑。"① 此时秧歌已是上元节主要节庆活动之一。新中国成立之前,从陕北解放区过来的解放军二十五团,带来了高跷、狮子等。② 唐城秧歌每年遵例举行,出现了各种各样的表演形式。

"文化大革命"时,花灯秧歌经历了黑暗的时期。其间表演活动被禁止,流传的资料被毁灭,民间艺人被改造到其他工作岗位,这使得很多秧歌技艺、曲调未能及时存档保存进而失传。20世纪后半叶,花灯秧歌呈现衰落的局面,其影响一直延续了十几年。改革开放后,全国各地的文化部门迅速恢复了相关工作,各地艺术团体重新组织,艺术活动相应开展起来。花灯秧歌重新调整,吸引众多秧歌爱好者参与到秧歌表演中来,从此花灯秧歌步入正轨走上了复苏之路。

唐城镇花灯秧歌依靠世代民众的传承与创新,形成如今的规模和表演形式。它因独特的花灯表演和文化韵味成为安泽代表性民俗活动之一,已于2009年被评为山西省非物质文化遗产。花灯秧歌既是为了庆祝农业丰收、生活顺利,又可以丰富民众文化生活,达到娱乐的目的。其演变与唐城镇的社会历史变迁有密切关系,花灯秧歌经过起源—发展—衰落—复兴—成熟的过程,每一阶段都有深厚的社会历史背景。

二 唐城镇花灯秧歌的基本构成

花灯秧歌队作为艺术团体,每位队员各司其职,有组织者、表演者、伴奏者等,他们承担不同的工作,在队伍中扮演不同的角色。此外,秧歌的表演离不开道具的配合,花灯为唐城镇秧歌增添色彩,乐器带动表演氛围,人物形象的塑造需要服装来体现。

(一) 主要角色

唐城镇花灯秧歌属于民间自发组织的集体活动,召集人多为村中德高

---

① 转引自陈建华《秧歌是自身血统还是外来文化——与康保成先生商榷》,载《社会科学评论》2009年第3期。

② 访谈对象:师金刚,男,60岁;访谈地点:安泽县唐城镇医院;访谈时间:2013年5月17日;访谈人:朱婵媛、毛巧晖。

望重之人，没有固定的团体组织。后来秧歌表演愈加成熟和完善，增加了不少角色，有领头、指挥、乐队、扭秧歌者、小丑等。

花灯秧歌涉及的各村均有会头，当地称为"领头""挑高""伞头"或"伞把子"，是活动的组织者和主要表演者。领头者多为年龄较大的男性，他们在村中享有较高的声誉，并且具备现编现唱的能力。表演中，他们一手拿彩伞，指挥队伍行进方向和队形变换，一手摇"环铃"，亦称"虎撑"或"响环"，示意曲目起止和安排演员上下场，响环一摇，锣鼓敲起。再摇一次演员就开始表演或演唱。伞与虎撑都是吉祥之物。伞有遮蔽魔障、守护众生，以求得风调雨顺之意。虎撑相传与唐代名医孙思邈有关。孙思邈曾为老虎治病，为便于观察和治疗，曾用一铁圈撑开老虎的嘴，这铁圈就叫"虎撑"。后来，"虎撑"成为走街串巷的郎中手中发出声响的"串铃"，用来表明医生身份并具有护佑的作用。20 世纪 80 年代改革开放后，社会经济快速发展，年纪大的领头退出秧歌队，年轻人忙于工作不愿意担任领头，也不愿意学习秧歌唱曲，致使"领头"无法延续。

"领头"的逐步消逝催生出专门的秧歌队指挥，他们具有较高的威望、一定的文化素质和领导能力，有男子也有女子，很多人是村干部。其主要工作是组织秧歌队演出、联系演出地点、指挥秧歌队形的变换以及创建新的队形等。2008 年北京奥运会后，唐城镇民众创作出适应时代的"五环秧歌队形"，在日后秧歌会班表演时都会表演这种队形，充分反映了唐城镇与时俱进的新面貌。

扭秧歌者是花灯秧歌的主体，所有人员遵循自愿原则，村中男女老少皆可报名参加，参加人员不等，从三五十人到上百人均有。每逢闹秧歌时，就可看到年长有经验者在队伍前表演，年纪较小者跟在队伍后边扭边学。每一个人在表演过程中都洋溢着欢乐的笑容，一年一度的秧歌表演让人们放松平日的压力，尽情于歌舞之中，通过秧歌抒发自己的情感和心情。早期扭秧歌者大多是男子，旧时受封建思想的约束，女子地位低下，不允许参加集体活动，不能抛头露面，因而表演中的女性角色都让男队员代替表演。随着社会的发展，女子地位逐渐提高，男子忙于工作，花灯秧歌主体逐渐被女性代替。

秧歌队伍中有一类以逗笑、模仿人们所熟知人物的表演者，统称为"小丑"或"混混"。他们经过化装扮演成老婆婆、老爷爷、孙悟空、猪八戒等人物，化装时表演者故意画得很丑，脸上涂抹黑色、红色或白色的颜料,身上穿着艳丽的衣服,形成鲜明对比,从而引发喜剧效果。在秧歌表演的过程中,要求步伐轻盈、节奏鲜明;肩胯扭动灵活,面部表情丰富诙谐;亮相缓、反应快,富有幽默色彩。

此外,秧歌队伍还包括旱船、高跷、小车、竹马、狮子表演人员、举旗人员、乐队、协助人员等,每一次秧歌表演都是依靠群众集体协作得以完成的。

(二) 道具和服饰

花灯是唐城镇秧歌的主要道具,也是夜晚秧歌表演的照明工具。唐城镇花灯秧歌与其他地方的秧歌不同之处在于人们手持花灯扭秧歌。每年正月初六后,百姓就着手开始做花灯,人们可以根据自己的喜好做各式各样的花灯。

早期的花灯是用碗糊的一个圆灯,外边用红、绿、黄、白等颜色的纸围住,在碗中倒入麻油或羊油,点上棉花捻子即成为简易的花灯。花灯秧歌不断演变进化,花灯的制作亦如此,接着便是白菜灯、直筒等样式,白菜灯是把纸剪成圆形状,纸的外圈卷成皱褶,一叶覆盖一叶,每叶都交错粘贴在碗上。直筒是将剪纸贴在碗外圈,有红花、喜字等图案。后来又出现南瓜灯、飞机灯、社火灯、四角花灯、莲花灯、牡丹灯等各种不同形式的花灯。据张银莲介绍,她从 1958 年开始跟着长辈学做花灯,由于平时就喜欢剪纸、画花等手工艺,因而在做花灯的过程中不停地思考、想象,将花灯设计得越来越好,越来越精美。1991 年当村支书后,她觉得小的花灯看起来很低,在表演中花不够明显,便思索着做成大花灯。此后花灯统一成"大树花灯",灯高七八十公分,用柳树枝作为灯轴,在树枝上绑二十多朵颜色鲜艳的纸花。底座是用木头制作的用花纸装饰的小方盒,里边点上蜡烛,便成了花灯。因为蜡烛易被风吹灭,人们发散思维将盒底凿开洞,把手电筒插入盒底,用手拿着手电筒。[①] 如此一来,扭秧歌的人们就可以尽情地表演,而不必担心手中的花灯会熄灭。民众在制作花灯时充分发挥自己的智慧和想象力,他们将生活中熟知的事物运用于花灯制作之中,从而创造出精美绝伦的各式花灯 (见图 6 - 1)。

---

① 访谈对象:张银莲;访谈地点:安泽县城张银莲家;访谈时间:2013 年 5 月 18 日;访谈人:朱婵媛、毛巧晖。

图 6-1　唐城镇花灯及制作过程

　　乐器是花灯秧歌的辅助道具，秧歌的表演离不开乐器的伴奏。唐城镇的花灯秧歌使用的传统乐器主要有打击乐器小鼓、大威风鼓、腰鼓、大镲、小镲、锣等，吹奏乐器笙、笛、唢呐等。西洋乐器在国内广泛传播后，秧歌队增加了不少现代乐器长号、大号、小号、黑管等，将传统与现代完美地结合在一起。不同的表演者需要不同的乐器，挑高的需四个，分别是一个锣一个钹两个鼓；踩高跷有一个唢呐即可；闹秧歌主要依靠锣鼓助威，耍狮子就是吹奏的乐器伴奏。① 秧歌节奏一般是 2/4 拍或 4/4 拍，吹奏乐曲有大观灯调、小观灯调、平调、胡来、八仙庆寿、探亲、游河湾、红四黑、打花鼓等。

　　　　大观灯调

　　　　(03 2·3 | 2·3 17 | 6 76 35 | 6 76 5)　|

　　　　01 76 | 5 63 5 | 5·3 23 | 2·1 61 | 02 76 | 5653 5 | 6 1 3 | 5—|

　　　　1 16 1 | 5 65 3 | 1 16 11 | 5 65 3 | 05 3 23 | 5 35 | 03 23 | 2·3 17

　　　　| 6 76 35 | 6 76 5 |

————————

　　① 访谈对象：师金刚，60 岁；访谈地点：安泽唐城镇医院；访谈时间：2013 年 6 月 17 日；访谈人：朱婵媛。

平调

5·5 5 | 1·2 25 | 53 21 | 2·5 26 | 15 5·3 | 2 53 | 5·13·2 |

1— | 53 21 | 2 56 | 5 51 | 2·3 2 | : 5 56 | 1·7 61 | 2·5 26 |

5—: | |

八仙庆寿

5·5 11 | 2·3 26 | 1 56 | 5— | 5 16 | 56 5 | 5·1 32 | 1— | 53

21 | 3 56 | 53 21 | 6— | 3·2 61 | 2 16 | 15 1 | 5·3 21 | (32 61 |

2 16 | 15 1 | 53 21 | 53 21): | |

秧歌乐曲欢快轻松，速度变化大，可快可慢，与秧歌表演完美地融合在一起。

锣鼓点有以下几种：

普通常用

| | : 呛 呛 | 依呛 依 | 呛儿 来呛 | 依呛依 | |

| | : 呛才 依才 | 依才 : | | 呛才 依才 | 呛才 依才 | 呛才 依

才 | 呛 呛呛 呛呛 | 呛呛 呛呛 | 呛 |

| | : 呛呛 呛 | 来才 才 : | | 呛呛 依呛 | 来才 才 | 呛 呛 | 来

才 才 |

风交雪　　　　　　　　　　　　　　　　　　　《秧歌曲牌》4/2

| 依咚　依咚 | 依咚　咚咚 | | : 咣咣 依咚咚 | 咣咣 依咣 | 依

咚咚 : | | 咚咚 咚咚 | : 咚咚 | 咚咚 依咣 | 咚 一 : | | 咚咚 依

咣 | 咚 一 : | | 咚咚 依咣 | 咚 咚 | 咚咚 依咣咚 | 依 咚咚 | | : 咚

咚 咚咚 | 咚咚 咚 | 咚咚 依咚 | 依咚 咚 | 咚咚 咚 : | | 咚咚 咚咚 | 咚

咚 : | | : 咚咚 咣 | 咚咚 咣 | 咚咣 咚咣 | 依咚 咣 : | | : 咚咣 咚

咣 | 依咚 : | |

（说明：反复号为鼓、镲一遍　　锣、小镲一遍）

乐器主要是在队伍行进或场地表演时伴奏，方便队伍根据鼓点变换队形，起到提示的作用，同时增加了现场表演的气氛。

服饰在一定程度上能够反映某一地区在不同历史时期的社会制度、经济状况、风俗习惯和审美观念。唐城镇的花灯秧歌表演人员众多，不同表演者的服饰各有特色，无论从色彩上还是样式上，都体现出艺术的创造美。早期秧歌依附于自给自足的农业社会，民众表演所穿多是平常缝制的粗布麻衣，整体服饰并不统一。直至百人秧歌队后，为了达到整齐统一的视觉效果，扭秧歌指定为红毛衣黑裤子。近几年唐城镇下属唐城村大队为秧歌队购置了新的服饰，有绿衣21件，绿裤12条，粉红衣14件，粉红裤22条，绿彩绸12条，扮旱船者衣服4套，舞狮衣服1套，社火（孙悟空、白骨精）2套，轿衣4套黑色，扛桩服装4套等。每次表演完毕后，服饰交回大队，由专人管理。秧歌队服饰要求为统一的标准和形制，颜色要求鲜艳亮丽，根本上是为了使秧歌表演者更好地表达内心情绪变化，抒发思想感情（见图6-2）。

图6-2　唐城镇花灯秧歌表演者

　　花灯秧歌的各个角色和道具，经过长时间发展和变迁逐渐固定下来。在表演过程中，观众通过角色的动作、任务及服饰等掌握人物特点和表演水平，道具则更直观、更形象地显现出唐城镇花灯秧歌的地域特色。

三　唐城镇花灯秧歌的表演程式

（一）唐城镇花灯秧歌的表演时间

　　20世纪80年代之前，唐城镇花灯秧歌表演分为四个时段：正月初五至十五日为节庆期间的主要表演时段。古代社会以农业为支柱产业，民众平日忙于农事,只有过年期间才有空闲时间举行各种活动。秧歌队从初五开始正式表演,白天在村中闹秧歌,晚上举着花灯扭秧歌。正月十五是唐城镇百姓的盛会,秧歌队通常庆祝一整天。第二个时段是正月二十"小添仓",第三个时段是正月二十五"大添仓"。《帝京岁时纪胜》中载:"廿五日为填仓节。人家市牛羊豕肉,恣餐竟日,客至苦留,必尽饱而去,名曰填仓。今好古之家,于是日籴米积薪,收贮煤炭,犹仿其遗意焉。"① 添仓节标志着一年的农事活动即将开始,民间有把米缸、面缸添满的习俗,有民谣云:"点遍灯,烧遍香,家家粮食填满仓。"唐城镇人民每逢添仓节都要手举花灯扭秧歌庆祝,寓意五谷丰登(灯),表达了人们对于来年粮食满囤、衣食丰足的美好愿望。最后一个时段是二月二,二月二是中国传统节日,人们通过表演花灯秧歌庆祝"龙抬头节",以示敬龙祈雨,保佑农业丰收。

随着社会经济快速发展,人们忙于日常工作,故花灯秧歌的表演时间逐步减少。现在花灯秧歌在元宵节之后即停止表演,但是若村中有结婚、庆贺生日等喜事,主人家会请少数秧歌队员前去闹红火,表演者手中不持花灯,目的就是图热闹以及表达祝贺之意。传统民俗文化在流传中必然会发生变迁,以适应新时代的社会特点和民众诉求。

(二)唐城镇花灯秧歌的准备阶段

花灯秧歌主要由村委会干部带头组织。每年腊月下旬,村干部把闹秧歌事宜分派给各小组长,让其通知给分管的村民。所有人员须在正月初六之前确定下来,正月初六便开始报名登记,发放制作花灯的纸张。接下来几天便是排练队形,村干部将参与人员聚集在一起(通常在空旷的地方),由经验丰富、精通表演的秧歌艺人对新的秧歌队员进行整体排练和个别指导,使他们能够在较短的时间内尽快地融入表演当中,尽量做到配合默契、舞姿优美。唐城镇村民从小接触花灯秧歌,因而对秧歌动作了如指掌,故训练内容以队形变换和整体的协调性为主(见图 6-3)。

---

① (清)潘荣陛、富察敦崇编撰:《帝京岁时纪胜、燕京岁时记》,北京出版社 1961 年版,第 11 页。

图6-3　唐城镇花灯秧歌排练

（三）唐城镇花灯秧歌的表演阶段

花灯秧歌队各方面工作有序进行，经过数天的准备就正式开始表演。表演主要有三种形式。第一种是行进表演，秧歌队一边行进一边表演秧歌。第二种是打场，花灯秧歌队需要走街串巷，在村中各家各户表演。第三种是举行竞技性质的秧歌会班表演。

1. 行进表演

唐城镇人称花灯秧歌为扭秧歌、观花灯。20世纪80年代以前，每逢过年期间夜幕降临后，人们纷纷前往街上观赏花灯，白天则是欣赏秧歌表演，此时表演者手中并不持花灯。随着秧歌的发展，人们将花灯与秧歌合二为一创造出花灯秧歌，在秧歌行进表演中花灯得以充分展示，从远处看秧歌队就像一片花海，美轮美奂；从近处观，每位表演者手中所持花灯形态各异，富有特色。

花灯秧歌表演前相关人员先聚集在街中心或村委会大院，由总指挥宣布活动开始。开路的十人在队前放着烟火，接着是举着各个机关单位旗帜的旗手，威风锣鼓队，最后是排成一路、两路或多路队形的秧歌队紧随其后。

秧歌队在行进过程中要进行简单的扭动表演。舞蹈动作节拍较为统一，通常脚下以"十字步"作为基本舞步，手中举着花灯，持绸子或彩扇。虽然行进表演动作以简洁为主，但每位表演者可以根据自己的情绪宣泄自由发挥，他们踩着鼓点一边扭动身躯，一边挥舞着绸扇。表演水平高超者扭动的姿势更加灵活、步伐更加轻盈，手中的绸缎舞得更加飘逸，他们一般走在队伍的前面，被称为"秧歌头"。行进过程中丑角、高跷、扛竹马等也会即兴表演娱乐观众，但是仍以行进为主。

2. 打场

早期的花灯秧歌有一项很重要的环节即打场。张紫晨认为北方秧歌为农闲时或新年时的一种游艺性化装表演，一般重舞不重唱[①]，但是花灯秧歌最令人称道的就是秧歌小调，尤其体现在打场过程中。打场分为小场和大场，小场是秧歌队在村里机关单位、家户人家、门面商铺进行的表演，大场即秧歌队在村中空旷的广场上表演。

秧歌队为村中某一家表演助兴被称为"打小场"，时间一般是二三十分钟。待秧歌队临近，主家听到锣鼓声便会提前在院中摆放桌子，上面备好瓜子、花生、水果、茶水、糖果、纸烟等食物和物品。秧歌队到达门前，锣鼓喧天，唢呐齐鸣，主家在大门口放一串鞭炮以示欢迎。秧歌队进门后，"领头"先要安场，他根据这家人的院子大小、家中人口、工作性质等实际情况现场编词，往往说些吉利话作为新年祝语，向主家拜年助兴。接着"领头"下达指示，他唱道："这把伞儿圆又圆，我把秧歌往下传，这个秧歌该谁唱啊，姑娘们上来抬头唱。"此时锣鼓响起，扭秧歌的女子便上场表演，根据不同的音乐节奏变换不同的舞步和队形。待表演结束后领头谢场："谢待谢待多谢待，谢待不该打扰你们来，秧歌不是好秧歌，祝你主家多担待。"[②] 唱罢，主家用备好的东西款待秧歌队以表感谢。道别之后，秧歌队前往下一户人家。秧歌队伍打场全都是义务表演，不收取任何报酬，就是为了热闹和吉利。

秧歌队在村中空旷之地打场时间为一个多小时，此时"领头"唱词既有拜年助兴词，又有耍戏娱乐之词。在人们看来，谁的唱词能将人们逗笑，谁的本领就大。因而，打场时会出现领头竞技的情况，多个"领头"轮流唱，互相比拼，届时热闹非凡，人声鼎沸。在"领头"的指挥下，

---

① 张紫晨：《中国民间小戏》，浙江教育出版社 1989 年版，第 126 页。

② 访谈对象：张建国，65 岁，领头张和平弟弟；访谈地点：安泽唐城镇唐城村张建国家；访谈时间：2013 年 5 月 17 日；访谈人：朱婵媛。

各类秧歌角色纷纷上场一展技艺。扭秧歌者表演队形变换，传统秧歌队形有卷席筒、蛇蜕皮、编蒜、走八字、剪子股等。卷席筒是队伍先依照平常步伐扭动，当"领头"喊出"卷席筒"，人群转成圆圈，顺着圆场里边一层一层向里转。锣鼓声加快，人们的步伐加快，圆圈越转越紧，现场气氛越来越浓，最后队伍就像卷起来的席子一样。紧接着锣鼓声变，"领头"开始向外转身，领着后边的队伍，一圈一圈一层一层往外退下来，队伍逐渐散开。编蒜就是秧歌队分为两队，分别从不同方向走S形路线，犹如村民家中挂的编起来的蒜。舞狮表演，在锣鼓唢呐伴奏下，表演者装扮成狮子模样，做出狮子的各种形态动作娱乐大家。狮子在中国人心目中为瑞兽，象征着吉祥如意，从而通过舞狮活动来寄托民众驱邪辟鬼、求吉纳福的美好意愿（见图6-4）。

图6-4　唐城镇花灯秧歌表演

每逢过年，家家户户都热切期盼秧歌打场，在民众看来，一年一度的秧歌表演既可以驱邪避灾，又能娱乐身心。但是近几年，随着流行文化和外来文化的广泛传播，传统秧歌面临极大挑战，现在花灯秧歌在表演期间不再演唱，也很少打小场，转而形成以大场展示技艺为主的表演形式。传统的消逝，一方面是因为目前秧歌队人员太少，无法合理地组织调度人员去各家各户拜年助兴；另一方面，由于领头退出历史舞台，使得秧歌在打场时传统性和趣味性削弱，因而新年之际家户人家或者商铺不再邀请秧歌队表演。

3. 竞技表演

会班表演是秧歌一年一度的竞技式表演,正月十三在唐城镇会班表演,正月十五在安泽会班表演,届时数十支秧歌队云集一起,争奇斗艳,各显神通。会班表演的目的是促进各支秧歌队伍之间相互学习,切磋技艺,交流经验,提高秧歌技能和表演水平。

唐城镇会班表演由唐城、固县、井上、议宁、李家沟、庞璧、犁八沟、南湾、亢驿、东湾、北三交和上庄等村的秧歌队组成。每一个村都有擅长的项目,唐城村远近闻名的是声势浩大的百人花灯秧歌队,议宁、庞璧是旱船,亢驿是龙灯,东湾村则是男性秧歌队。① 近年来,安全问题受到社会的关注,每次秧歌会演都会吸引四面八方的民众前来观看,因而取消在唐城镇的会演,以防危险事件发生。从政府的角度来看,取消会演有利于社会的治安管理,但是对于民众来说,秧歌会演是他们新年最主要的娱神娱人活动,取消秧歌会演对于民众而言并不影响各村的秧歌表演,每年唐城村都会自发组织秧歌队进行演出,民众极为欢迎并积极参与（见图 6 - 5）。

图 6 - 5　唐城镇花灯秧歌表演

---

① 访谈对象:师金刚,60 岁;访谈地点:安泽唐城镇医院;访谈时间:2013 年 5 月 17 日;访谈人:朱婵媛。

府城镇庆元宵社火表演是安泽组织的民俗文化活动，唐城镇花灯秧歌因其独特的表演形式和群众精湛的表演在会演中总能获得第一名。每次参加会演的相关事宜全都由相关的村里负责，村里负责雇车、备饭、服装、乐器等，表演者多数情况并无任何报酬，近几年唐城镇经济发展迅速，故给予每位表演者每天30元补助，秧歌队成员主要出于兴趣爱好和传统的民间习惯参加表演。《临汾日报》对一年一度的社火活动进行过专门报道：

> 2013年农历正月十五上午，安泽县文体广场上人头攒动，锣鼓喧天，一场由舞龙队、舞狮队、花车队、秧歌队等队伍构成的民俗表演活动在这里隆重上演。上午9点，在开场百余人气势磅礴的震天锣鼓声中，社火表演拉开帷幕。来自全县10个县直党委、7个乡镇的一支支表演队伍轮番上场，花车、旱船、舞狮、舞龙、扇子舞、秧歌等表演形式多样，威风锣鼓敲出了气魄，欢快的扇子舞舞出了激情，充分展示了安泽普通老百姓的多才多艺。①

秧歌竞技表演通过一个更广阔的平台展示了地方民俗特色，树立了独特的艺术形象。

四   唐城镇花灯秧歌的传承状况

"人是一切文化的主体，是文化的创造者和传承者，每一个民族都有一批专注本民族文化收集、研究、传承、传播、创新并在文化发展中起着与众不同的重要作用的优秀分子，他们是民族民间文化的传承人。"② 唐城镇花灯秧歌经过历代民众的创新和传承，已经成为一门较为完善的民间艺术。

（一）主要传承人

唐城镇秧歌艺人既是花灯秧歌的表演者又是传承者，他们作为非物质

---

① 刘锦刚：《安泽县"闹元宵"主打民俗文化牌》，载《临汾日报》2013年2月25日。
② 安学斌：《民族文化传承人的历史价值与当代生境》，载《云南大学学报》（社会科学版）2007年第6期。

文化遗产的活态载体，为花灯秧歌的发展做出了巨大的贡献。早期传承人无法查证，现有据可查的传承谱系如表 6-1 所示。

表 6-1　　　　　　　　唐城花灯秧歌传承谱系

代别	班、社、团名称及活动年代	谱系		
		发起人	编导	演员乐队
第一代	1706—1748 年	李文全、张金贵	不详	不详
第二代	1749—1772 年	张喜年、赵来春	不详	不详
第三代	1773—1796 年	王玉山、陈二则	不详	不详
第四代	1797—1830 年	张全亮、刘大年、郭先顺	不详	不详
第五代	1831—1869 年	孟儿则、王完萍	不详	不详
第六代	1870—1900 年	郭先海、李建来	不详	不详
第七代	1901—1927 年	王文、张汉山	不详	不详
第八代	1928—1953 年	赵来林、赵立、张忠富	不详	不详
第九代	1954 年至今	张和平（领头）、张银莲	卫峰、师金刚、郭玉兰	

张银莲是花灯秧歌代表性传承人，唐城镇下属唐城村人，生于 1946 年。她出身秧歌世家，她的两个叔叔，一个是张丑儿曾经为当地有名的"挑高"，另一个是秧歌队的指挥。张银莲从小喜欢秧歌，每当过年闹秧歌时她总要跟着家人看秧歌表演，回到家后还要在院中扭一扭，十几岁时她已经加入秧歌队成为其中的一员。

张银莲初一就读于农业中学，后来学校解散，便早早地参加农村工作。1966 年，凭着出色的工作能力和拼搏精神，20 岁的张银莲成为唐城镇下属唐城村生产队妇女队长和记工员。白天和队员一起去地里干活，晚上回来为劳动人员记工，认真踏实的工作态度使她多次受到各级领导表扬。1979—1990 年她任村妇代会主任，带领妇女学习各级会议精神，成立"三八红旗连"，率领妇女义务植树，集体劳动。组织妇女搞文艺节目和舞台节目丰富村民文化生活。1991 年，张银莲被任命为唐城镇下属唐城村党支部书记。任职期间，她与村干部积极制定产业发展规划，鼓励群众饲养牲畜，加快劳务输出，千方百计增加村民收入。她深知唐城镇花灯秧歌有着珍贵的文化价值，但是受"文革"影响近乎失传，作为一名文艺爱好者，张银莲努力挽救这项民间艺术，她通过走访当地老艺人，不断发掘整理传统秧歌节目。1992 年，为了使花灯秧歌成为唐城镇的名片，遂组建百人花灯秧歌队，经过不断地排练和整编后形成现代花灯秧歌表演形式，这支队伍积极参加"闹元宵"等各类文化表演活动。张银莲怀有一颗为人民服务的爱心，她经常带领妇女去敬老院看望老人、打扫卫生等。1998 年 3 月，镇政府让她兼任敬老院院长职务。由于支部书记负责村中一切事务，平时工作特别繁忙，那一年正赶上三交乡修路工程，敬老院又出现诸多事情，当工程完成后她主动辞去支部书记，专心负责敬老院工作（见图 6-6）。

图 6-6　唐城镇花灯秧歌传承人张银莲

张银莲还是一位剪纸爱好者，已经完成"福寿重阳""十二生肖""白蛇传""福寿康宁"和"荀子公园"等多幅作品。她还成立中老年舞蹈队，教人们健身舞提高农村文化生活。2009 年她被评为安泽"文化艺术优秀人才"。直到现在张银莲每年还积极参加村里的秧歌表演，她始终致力于宣传保护花灯秧歌，对这一文化遗产的传承有不可磨灭的贡献。

（二）传承方式

唐城镇花灯秧歌经过千百年的流传，现已形成家庭（或家族）传承、群体传承和社会传承三种传承方式。

1. 家庭传承

花灯秧歌的家庭传承指在有亲属关系的群体内部进行秧歌传授和学习的一种方式。家庭传承多是基于保密性而防止技艺外流,但是就唐城镇花灯秧歌而言并没有封锁技艺的传承。唐城镇下属的唐城村流传着一句话:"不会扭秧歌的就不是唐城人",但凡每家每户总有人会扭秧歌,人们自小跟随家中长辈学习秧歌技艺,逐渐走上演艺之路。张建国出身秧歌世家,他的哥哥是花灯秧歌传承人张和平,在家庭的艺术熏陶和专门的训练指导下,张建国很早就接触秧歌并且学得良好的表演技巧。他是一位全能型的艺人,既可以担任领头,又能扮演小丑旱船等,扎实的艺术根基使得他表演起来得心应手、灵活传神。他的儿子儿媳也跟着学习秧歌技艺,如今已成为优秀的秧歌表演者。家庭传承是技艺流传的重要传承方式,亲属之间的信任感和血缘性使得教授—学习过程更为高效快捷,花灯秧歌技艺在这种方式下得以很好地传承。

2. 群体传承

花灯秧歌属于民间集体性活动,每逢秧歌表演时总会吸引大批观众围观,其表演遵循传统的舞步,没有严格的程式和复杂的规范,较容易学习和传承。普通民众多是通过观看花灯秧歌队的表演而无师自通,并没有明确固定的教授者,这一群体是花灯秧歌的主要表演者和传播者,他们人数众多但是缺乏代表性,故未能在史料上留下名字。正月农闲时,民众纷纷加入秧歌队伍中,边扭边学,边看边临摹,互相交流经验,提高个人表演技巧。人们凭着对花灯秧歌的热爱,努力将这一艺术形式传承下去。

艺人王云凤,今年六十岁,每年闹秧歌均参加,是有名的秧歌头。她说自己小时候看到别人扭秧歌,就跟在人家后边学习,尤其是闹红火时,看得多不自觉就会了。[①] 秧歌学起来容易但是要想精通需要勤加练习,民间艺人通过精准的模仿,相互借鉴,不断地琢磨和创新,从而形成自身的表演特色。

3. 社会传承

师徒传承是在行业内部教授和传承技艺的形式,有些行业重视师徒关

---

① 访谈对象:王云凤,女,60岁;访谈地点:安泽唐城镇唐城村王云凤家;访谈时间:2013 年 5 月 17 日;访谈人:朱婵媛,杨喜凤。

系，因而要有正式的拜师仪式。唐城镇花灯秧歌并未遵循传统仪式，只要
人们热爱这项艺术就可以向任何艺人学习与请教，每一个人都愿意倾囊相
授。唐城镇没有专业固定的秧歌队，每年闹秧歌都是临时组建的秧歌队，
不过每一次秧歌排练人们均认真对待，有专门的指挥，更有老艺人指导教
授。在张银莲担任妇女队长和秧歌队队长期间，就亲自教本村妇女做花
灯、做船，以及编蒜、剪子股、双斗单斗花、五龙摆尾等各种秧歌队形。
唐城镇下属的唐城村成立了专门的组织机构，每年进行一次活动安排、活
动总结，并制定出活动制度和文艺演出管理制度，从政府的角度加大对花
灯秧歌的重视和传承。

　　锣鼓队成员均为男性，年龄不等，以五六十岁者居多。他们没有固定
的老师，但是年少时在学校跟随老师学习过乐理知识和乐器演奏，有的人
多次参加文艺会演，还接受过县里组织的文艺培训班。这些经历为乐队演
奏者奠定了音乐基础，使他们成为优秀的花灯秧歌锣鼓队成员。1958 年，
唐城镇下属的唐城村中学生卫兴成组织吸收一部分青少年加入文化娱乐演
出队，其中张和平略懂乐理知识和表演技能，对村里的秧歌队和演出队加
以辅导，使花灯秧歌表演水平逐步提高（见图 6 - 7）。

图 6 - 7　唐城镇花灯秧歌表演艺人张建国和王云凤夫妻

　　社会传承让花灯秧歌在一代又一代的唐城人中间传播开来，使民间传
统艺术得以流传千古。

　　唐城镇的花灯秧歌作为一种艺术形式，历经起源阶段、发展阶段到成熟阶段的数千年发展历程以及盛衰兴废，仍然扎根于民间，传播于民众之中。在传承过程中，花灯秧歌既保留着传统表演技艺和民间风俗，又不断丰富了秧歌内容，构建出新的民俗事象。他们将花灯和秧歌完美结合，不断提升花灯制作手艺，创造新的花灯模型，编排不同的秧歌队形。经过历代民众的传承和创新，花灯秧歌渐趋多样化、丰富化。花灯秧歌兴起之初人们是为了消灾解难、祈求平安，每逢过年时便举行秧歌活动，以此献神、娱神，在此基础上形成了民间传统习俗延续至今。花灯秧歌在逐渐发展中，吸收融合不同地区的多种艺术形式，终形成自己的表演风格和程式。当下唐城镇的花灯秧歌在广大群众中表演与传承，娱乐丰富人们生活，展示自身艺术魅力。

　　在社会时代的变迁中，社会关系和结构发生变动，人口和自然环境发生变化，文化内容和模式发生变迁，人类精神文化需求也发生变化，而唐城镇的花灯秧歌依然保持着特有的活力和艺术的生命力。它不仅有珍贵的研究和保存价值，同时能够促进社会文化交流，有益群众身心健康，陶冶情操等。此外秧歌的民间性和大众性使之得以在这个不断变迁的社会中传承下去，花灯秧歌作为安泽唐城镇的传统民俗活动，我们不仅要注重对秧歌传统内容的研究，同时又要把握秧歌在历史上的变迁轨迹，以及非物质文化遗产视野下现代社会对传统民俗的建构。通过对秧歌的调查和研究，有助于我们深入了解唐城镇的社会生产方式、民众文化生活、情感需求、价值观念、信仰及表达方式等内容。

第七章　文化建构与文化传承

——兼论和川镇道情的现状与未来发展

道情是我国曲艺的一个类别，起源于仙歌道曲，唐朝时进入兴盛时期。唐朝道观大幅增多，道教活动兴盛频繁，尤其是唐玄宗开宝年间，玄元皇帝庙兴建都要下诏作道曲。天宝元年（742年）正月，西都太宁坊、东都积善坊都修建了玄元皇帝庙，玄宗皇帝下诏做大量道曲演奏，增加仙气与其神秘氛围。如《新唐书·礼乐志》载："帝（玄宗）方寝，喜神仙之事，诏道士司马承祯制《玄真道曲》。茅山道士李会元制《大罗天曲》。"① 目前流行的道情渊源于唐代的《承天》《九真》等道曲；南宋始用渔鼓、简板伴奏，故又称道情渔鼓；至清代，道情同各地民间音乐结合形成了同源异流的多种形式，如陕北道情、江西道情、湖北渔鼓、四川竹琴等。道情多以唱为主，以说为辅，有坐唱、站唱、单口、对口等表演形式。清代乾隆年间，流传于山西北部的说唱道情被搬上戏曲舞台，成为深受当地观众喜爱的一个戏曲品种。在山西北部道情登上戏曲舞台前后，流行于山西西部的临县道情也登上了戏曲舞台，流行于山西南部的洪洞道情也曾在咸丰年间和宣统年间两度搬上舞台，但没有能继续传承下来。新中国成立以后，流行于山西南部的河东道情和河南周口道情、山东的蓝关戏等道情戏相继发展成为舞台剧。

安泽和川镇地处山西南部与东南部的交界处，民间曲调吸纳了眉户的唱词与曲风，同时融合了山西东南部小调、秦腔的特色，形成了当地独具特色的民间曲艺。当地人一般称为"唱戏"或"演节目"等，并无"道情"之名，随着21世纪的民间文化热潮，安泽县政府向外界介绍和川镇

---

① （宋）欧阳修、宋祁撰：《新唐书》卷十四，中华书局1975年版，第358页。

时，根据曲调的特点，使用了"和川道情"之名。当地民众使用较少，他们还是习惯上称为"唱戏"。

一　安泽和川镇概貌

和川镇位于安泽县城北 20 公里处，北临唐城镇，东接良马乡，西与古县毗邻。全镇总面积 309 平方公里，下辖和川村、上县村、西洪驿村、东洪驿村、孔旺村、石渠村、岭南村、荆村、法井村、沁河庄村、罗云村、车道村、双头村、议亭村、北崖底村、安上村、上田村、河东村 18 个行政村，共有 3128 户，11514 人。最大的行政村是和川村，有 827 户，3019 人，最小的车道村有 47 户，180 人。全镇水资源丰富充裕，沁河水由北向南流经议亭、双头、罗云、河东、北崖底、法井、沁河庄、西洪驿、荆村、岭南、石渠 11 个村，全长 45 公里；上县、和川村有蔺河流经，长约 10 公里；孔旺、东洪驿有一条经年不断的小溪。

和川镇历史悠久，五千多年前已有人类居住，境内考古发现的西洪驿遗址位于西洪驿村，属新石器晚期龙山型文化，面积约 4000 平方米，发掘出陶片、石器、兽骨等文物。因和川镇战略地位显著，历来都被统治阶级立为县衙所在地辖治一方。据《安泽县志》记载，上古时期和川镇一带属于冀州王畿之地，春秋时代这一带归属晋国，两晋南北朝时此地是县衙所在地。北魏建义元年（528 年）置义宁，属义宁郡管辖。隋朝开皇十八年（598 年）改义宁为和川，属于晋州；大业初废和川并入沁源。唐武德二年（619 年）复置和川，归沁州辖制。北宋太平兴国五年（980 年）改和川归晋州管辖；北宋熙宁五年（1072 年）将和川并入冀氏县，元祐元年（1086 年）复置和川，仍隶属晋州。元朝至正二年（1342 年）把和川并入岳阳管辖，治在今山西安泽县城北和川镇。明清时代遵循元朝旧制，和川镇仍属平阳府岳阳。

和川镇古时商贾云集，贸易市场繁荣昌盛，街道两旁有钱庄、当铺、布匹店、皮革店、醋坊、豆腐坊等店铺，有"义升庆""四义和""聚全公"等商行，还有海鲜、药材、马牛羊等交易市场，现在和川镇经济以农业为主，商贸、加工业、服务业、运输业共同发展。随着社会的发展与进步，政府着力加快经济建设，并开展各项群体性活动，修建乡镇图书馆、文化活动中心等，努力提高村民物质生活和精神生活（见图 7-1、

图 7 – 2）。

图 7 – 1   和川镇主要街道

图 7 – 2   和川镇广场

民俗文化是一个地方人文环境和民众生活方式、性格特征的写照，和川镇百姓保留着独特的地方风俗。当地特别注重礼节，对待父母尊敬孝顺，对待朋友和邻居热情好客。婚俗丧葬与安泽其他地区习俗相似无异。

和川镇作为千年古镇，历经沧桑浮沉、朝代变更，积累了深厚的文化底蕴。全镇名胜古迹众多。先秦时著名的晋侯千亩之战即发生于此，战国时赵国名臣蔺相如祠坐落于和川镇玉龙山，金代遗迹麻衣寺砖塔矗立和川镇岭南村 2 公里处的山巅，古代驿站、渡口在境内比比皆是，如东洪驿、西洪驿、川渡口等。当地儒佛道文化繁荣兴盛，有文庙、城隍庙、二郎庙、奶奶庙、关帝庙、法井寺院、永兴观等，信众经常来此烧香拜神，求吉卜卦。和川是文化之乡，有着丰富多彩的民间艺术和传统技艺，如传统的秧歌社火、花鼓、唱戏（和川镇道情）、剪纸、书法等，都是当地百姓所喜爱的文化艺术。

二　道情的历史发展与演化

道情是中国古老的戏剧艺术，起源甚早，经过数千年的发展历史，已经成长为一种独立成熟的音乐形式，拥有不同的流派和表演特征。

（一）汉唐——道情萌芽期

道情的产生与道教的发展密切相关，自东汉时道教创立以来，佛道两教纠纷争端不停，魏晋以前道士们所唱歌曲称作"步虚辞"，并不叫"道情"。至唐朝道教受到皇帝重视，一跃成为国教，得以快速发展，宫观急剧增加，与道教有关的表演艺术也普遍流传。唐代道士在道观内所唱的经韵称为道调、道曲，是道情的早期形式。据唐崔令钦《教坊记》"序"载唐高宗李治曾命令乐师编造道调："我国家元元之允，未闻颂德，高宗乃命乐工白明达造道调、道曲。"[①] 唐玄宗在位时期，仙道歌曲广泛传播。当时除了道士创作道曲，宫廷大臣也参与创作，工部侍郎贺知章作《紫清上圣道曲》，太常卿韦绦制《景云》《九真》《紫极》《小长寿》《承天》《顺天乐》六首道曲。唐玄宗甚至亲自创作道曲，谢守灏《混元圣纪》卷八载："开元二十九年（741 年），玄宗帝制作《霓裳羽衣曲》《紫微八卦舞》，以荐献于太清宫，贵异于九庙也。"[②]《混元圣纪》卷九又载："天宝四年（745 年），帝制《降真召仙之曲》《紫微送仙之曲》于太清宫奏

---

①　（唐）崔令钦：《教坊记》序，上海古典文学出版社 1957 年版，第 3 页。
②　《混元圣纪》第 8 卷，《正统道藏》第 30 册，1988 年影印本，第 23817 页。

之。"① 《唐会要》收录众多宫廷道曲"林钟宫，时号道调，道曲，垂拱乐，万国欢，九仙步虚，飞仙，景云……"，再如，"上云曲、自然真仙曲……有道曲、调元曲"，等等。② 道曲在唐代的快速发展为日后道情的兴盛奠定了基础。传道者为了宣传教理教义及募捐化缘，给道曲增添修道故事和著名道家人物羽化神仙的传说来吸引更多的百姓，此称为"新经"，例如《庄子得道》《张良辞朝》《湘子归山》等。为了便于人们学习道乐，道士在原有经韵、道调的基础上大量吸收了当时社会上流行的词牌和曲牌等。经韵是诗赞体，新经韵的音乐主要是词曲，唱词结构随之变化，不再是整齐句的诗，而成了长短句的词，这些唱词和曲调统称为"新经韵"。③ 虽然此时还未出现"道情"一词，但是唐代的道调、新经韵等艺术形式已经包含道情的主体部分，许多曲牌和演唱方式与今日道情无异。

（二）宋元——道情发展期

宋代，社会政策开明，文化艺术得以进一步发展。新经韵的传播范围逐渐扩大，由道观扩展到民间和宫廷，表演者身份有道士，也有民间艺人。周密的《武林旧事》卷六记载"诸色技艺人"在民间演唱道情的场景："南宋瓦肆中表演弹唱因缘的艺人童道、费道、蒋居安、沈道等十一人。"卷七记载了淳熙十一年（1184年）宫廷中道情表演情况："后苑小厮儿三十人，打息气唱道情。太上（笔者按：宋高宗赵构）云：此是张抡所撰《鼓子词》。"④ 鼓子词是一种艺术形式，说明宋代道情唱词在形式上与鼓子词相同。道情演唱用渔鼓和简板伴奏，"渔鼓"又叫"道情筒子""渔鼓筒"，渔鼓用竹筒制作，筒长65—100厘米，直径13—14厘米，鼓面蒙以猪皮、羊皮或油膜（猪膀胱膜）而成。"简板"由两根长竹片（约65厘米）组成，用左手夹击发声，与渔鼓筒的拍击声相配合，演奏时唱者怀抱渔鼓，左手持简板，右手拍打渔鼓筒底，以伴奏"道情"。宋代苏汉臣所绘"杂技戏孩"图中，一名杂技表演者身上挂渔鼓，左手拿简板。南宋江万里《宣政杂录》"通同部"条云："靖康初，民间以竹

---

① 《混元圣纪》第9卷，《正统道藏》第30册，1988年影印本，第23821页。
② （宋）王溥撰：《唐会要》卷三十三，中华书局1955年版，第614—615页。
③ 参见武艺民《中国道情艺术概论》，山西古籍出版社1997年版，第8页。
④ 陈汝衡：《说书史话》，作家出版社1958年版，第246页。

径二寸，长五尺许，冒皮以首，鼓成节奏，取其声曰'通同部'"，"通衢用以为戏"，又谓制作之法曰："漫上不漫下。"① 渔鼓和简板本是民间杂耍所用的乐器，后来逐渐被道士吸收利用，成为道情专用乐器。

元代时期，太祖成吉思汗十分重视道教全真派，大力扶植全真派，影响扩展到整个北方地区。全真教重视歌曲的宣传作用，一些道士用散曲的形式来抒发宗教情感以及教化百姓，因而他们再度发展了新经韵，使道情艺术得以广泛传播，并趋于成熟。全真道在教义、教制、教规以及内丹修炼等方面都贯彻三教合一的思想，教义集中于个人内修的"真功"与济世利人的"真行"兼备而两全。道教教义发生变化后，道情题材内容也随之丰富多彩，除了道教神仙和名人修道成仙故事，又融入了若干民间流传的佛教修仙故事和儒教的"二十四孝"故事等。元朝统治者推行民族差别政策，重道轻儒，汉人社会地位低下，生活贫瘠，读书人出仕无望，便纷纷接受道教"安贫乐道、无荣无辱的出世思想"。他们创作的文学作品和曲牌艺术中多包含大量神仙道化内容，其中有不少文人拟作道情。元代邓玉宾、张可久、王仲元、朱庭玉、马致远、宋方壶等文人都有道情作品传世，范子安所作元杂剧《陈季卿误上竹叶舟》第四折有列御寇执愚鼓（渔鼓）、简板在街市上唱道情的情节。马致远《岳阳楼》穿插了道士吕洞宾在民间说唱道情的情景：

> 披蓑衣戴箬笠怕寻道伴，将简子挟愚鼓闲看中原。
> 打一回歇一回清人耳目，念一回唱一回润俺喉咽。
> 穿茶房入酒肆牢拴意马，践红尘登紫陌系住心猿。
> 跨彩鸾先飞到西天西里，驾青牛后走到东海东边。
> 灵芝草长生草二三万岁，要罗树扶桑树八九千年。
> 白玉楼黄金殿烟霞霭霭，紫微宫青霄阁环珮翩翩。
> ……
> 劝贤者劝愚者早归大道，使老的使小的共结良缘。
> 人身上明放着四百四病，我心头暗藏着三十三天。
> 风不着雨不着岂知寒暑，东不管西不管便是神仙。
> 船到江心牢把枪，箭按弦上慢张弓。

---

① （宋）江万里：《说道情》，《道教与传统文化》，中华书局1992年版，第145页。

今生不与人方便，捻尽弥陀总是空。①

由于道情广泛传播，社会上逐渐产生以演唱道情为谋生手段的职业艺人和班社。道情逐渐从道教宣传工具发展成为深受文人雅士、乡贤居士及普通民众所喜爱的独立民间艺术形式。

（三）明清、民国——道情的兴盛期

明朝时道情在民间相当普遍，进入清朝后，道情达到了鼎盛期，一直延续到民国。

明朝时期道情题材进一步增多，内容扩展到日常生活，从当时的文学作品和道情唱本刊刻可看出道情在民间的兴盛状况。明嘉靖、万历间的世情小说《金瓶梅》第六十四回，讲述民间艺人"打起渔鼓，两个并肩朝上，高声唱了两首道情《韩文公雪拥蓝关》和《李白好贪杯》"②，这两首都是叙事类道情。《韩文公雪拥蓝关》唱的是唐代著名文学家韩愈因为反对宪宗迎"佛骨"，而被贬潮州刺史的故事；《李白好贪杯》根据李白因喝酒贪杯而丧命的故事改编。明朝末年归玄恭写的道情《万古愁》属于抒情类道情，他用嬉笑怒骂、讽刺挖苦的语言来表达国家灭亡的悲痛与反抗的心声。吴承恩将道情运用于文学作品中，《西游记》第四十四回写道："好大圣，按落云头，去郡城脚下，摇身一变，变做个游方的云水全真。左臂上挂着一个水火篮，手敲着渔鼓，口唱着道情词。"③ 社会上通行的说唱本有《济公传》《白蛇传》《铡美案》《三国志演义》《水浒传》等也改编成道情的说唱内容。

明朝时道情创作以及演唱主体不断扩大，明中叶以后正统道教衰微，全真道以"明心见性"为修炼第一要务。这种只修一己性命的做法不被明朝统治者所赞赏；加上全真道因投靠女真、蒙古少数民族政权的做法，与明王朝"驱除胡虏、恢复中华"的宣传口号相矛盾，因而全真道逐渐失去统治者的扶持。虽民间仍有游方道士演唱道情，但道情演唱的主体已经变成职业艺人。明田汝成《西湖游览志馀》卷二十《熙朝乐事》中记

---

① （明）臧晋叔：《元曲选》（二），中华书局 1958 年版，第 616 页。
② （明）兰陵笑笑生：《金瓶梅》第六十四回，王汝梅校，吉林大学出版社 1994 年版。
③ （明）吴承恩：《西游记》卷四十四，人民文学出版社 1980 年版，第 520 页。

述了杭州八月观潮情景，"其时，优人百戏，击球、关扑、渔鼓、弹词，声音鼎沸。盖人但藉看潮为名，往往随意酬乐耳"①。其中"渔鼓"应是道情，足见道情已经成为民间普遍流行的曲艺形式，表演者也成为专业的道情艺人。

职业艺人出现以后，道情逐渐转变成具有商业性的大众娱乐形式，这就对道情的音乐唱腔和题材提出了更多的要求，使之更具丰富性和通俗性。在流传过程中，道情声腔音乐在元末明初就已经开始分化②，一为流传于南方的诗赞体，源于唐代道教在道观内所唱的经韵，诗赞体的文字和音乐是分离的，以诗为主，根据诗歌文字来配音乐，音乐基本不使用繁杂的曲牌，因而具有很强的灵活性和兼容性，故事情节曲折连续，富有吸引力；另一支为流传在北方的乐曲系，保持了新经韵的词曲体形式，以抒情为主，所用曲牌相对集中。在此基础上，各地道情艺人将流行于当地的民间曲艺和民间小调融入道情之中，使南北方的道情得以全面发展。

到了清代，道情演唱内容几乎无所不包，且更加趋于世俗情态，既有道情传统剧目，又有当时社会上流行的说唱本，还有艺人自编的小唱本和俚俗段子。其中以金农、徐灵胎和郑板桥的道情作品最突出。金农的道情，即《冬心道情》，现存五十余首，内容有抒情、写景、题赠等，形式不拘一格。徐灵胎是"用道情的体制，在文学的各方面做着尝试。他留下的道情虽只有三十八阕，然已可看到，他试作了赠序、寿序、题跋、传记、游记、祭文、杂论等等，而且有了成绩"③。郑板桥的《道情十首》通过描述渔翁、樵夫、和尚、道士、贫士、乞丐、隐者的日常生活，反映人们生活的艰难困苦。其流布传唱十分广泛，影响深远。此外还有民间传说故事，如吕蒙正赶斋、张廷秀赴考、梁山伯与祝英台、王汉喜借年等。随着道情题材和内容的丰富，它在民间越来越受到百姓的欢迎，《清稗类钞》中写道："道情，乐歌词之类，亦谓之黄冠体。盖本道士所歌，为离尘绝俗之语者。今俚俗之鼓儿词，有寓劝诫之语，亦谓之唱道情。江浙河南多有之，以男子为多。而郑州则妇女唱之者，每在茶室，手扶铁板，口

---

① （明）田汝成：《西湖游览志馀》卷二十，陈志明校，东方出版社 2012 年版。
② 参见武艺民《中国道情艺术概论》，山西古籍出版社 1997 年版，第 93 页。
③ 阿英：《夜航集》"道情"，中国文联出版社 1993 年版，第 169 页。

中喃喃然。"① 至清代，道情同各地民间音乐结合，形成了独具特色的地方道情。

清朝以前基本上没有职业班社，艺人们多是在逢年过节酬神献艺，平日则是从事农业或其他职业。而清朝时期民间出现大批职业道情班社和表演艺人，他们遍布于社会中各个场所，为道情艺术的变化和发展做出了突出贡献。他们为适应不同的场合和不同的观众，不断寻求演唱形式的变革，使得道情表演方式日益灵活。表演场地被区分为"内档"（主要是坐唱的）、"外档"（流动在街头巷尾的）、"杂档"（其他如船上等）；剧目既有短小的段子，也有大部头书目；演出时间可长可短；演出阵容有大有小，有十几人的集体演出，也有一个人携带乐器自打自唱；演唱内容既有高雅的宗教故事和历史名人故事，也有世俗的民间故事。清朝时期文人骚客、乡绅士族也参与到演唱、创作道情的行列中，民间乡镇还有许多自娱自乐的道情"自乐班"，这些都使得道情艺术更加兴盛。

民国时期，道情表演活动依然十分兴盛，尤其是北方，有更多的道情戏班社出现。这些道情戏一般角色较少，最多三五人，形式简陋，演员表演也不很成熟，但是表演风格生动活泼，富有浓郁乡土性和民间性，深受下层民众的欢迎。道情艺术与宗教祭祀庆典、年节社火表演、婚礼丧葬等民俗活动结合在一起，渗透民众生活的诸多领域，从而增强其生命力。

（四）当代社会道情的机遇与挑战

面对越来越多的娱乐活动，道情的观看群体较以往有所下降，人们对道情的需求降低，道情艺术必须通过不断变革和创新才能引起人们的关注，当代道情艺术面临着严峻的挑战。

新中国成立后，道情由班社向剧团发展，全国多个地区成立了专业的道情剧团，相继发展成为舞台剧，使道情的演唱艺术得到进一步的完善和提升。较知名的有太康道情、晋北道情、临县道情、陕北道情、金华道情等，剧团创作人员在传统道情演唱艺术的基础上紧密结合时代背景，创作出许多反映时代特征的作品。

当代道情艺人范围进一步扩大。过去道情专业艺人基本都是男子，新中国成立后出现女演员登台演出，演出得更为精彩且富有特色。如晋北道

---

① 徐珂：《清稗类钞》第三十六册，商务印书馆民国六年（1917年）版，第25页。

情上演的剧目《王花买父》《金镯玉环记》《卖妙郎》《卷席筒》《莲花庵》《窦娥冤》《郑小娇》《现代戏三妹》《狸猫换太子》等就由女演员表演，同样受到观众的好评。

此外，新道情的唱腔，经过艺人改造，板式变化成分不断增多，如陕北道情采用"二流板""大起板""箭板"等板路。乐器上，改用板胡为主奏，并增加了提琴、打琴、长笛等，丰富了音乐表现力。

纵观道情的发展阶段，其发展趋势总体呈多元化，无论是道情内容，还是唱腔、艺人、伴奏乐器都不断扩展变革。但是随着社会的发展，以及外来文化和城市文化的冲击，民间艺术赖以生存的文化土壤和社会环境快速消失，使得许多传统艺术面临衰落、消亡、失传、割裂的困境。当代，多数地方的道情艺术也存在这种困境，民间老艺人体衰谢世，继承者寥寥可数，使得某些剧本和表演技艺绝迹，在社会转型期，道情的未来之路将会面临前所未有的挑战。

三　和川镇道情的建构与文化记忆

"记忆"超越医学与心理学而成为科学、哲学、社会和文化研究中频繁使用的术语。① 记忆是一个与他人、社会、环境紧密相关的现象。"如果我们仔细一点，考察一下我们自己是如何记忆的，我们就肯定会认识到，正是当我们的父母、朋友或者其他什么人向我们提及一些事情时，对之的记忆才会最大限度地涌入我们的脑海。"② 在和川镇，说起"道情"知道的为数不多，大家更多称为"唱戏"或"演节目"。当我们问起道情的源起时，当地人解释为：

> 1976 年、1977 年前后按乡间传说是老道说情，有个老道每年十月份到二郎庙参加庙会，人家来这以后传道，可他这个传道的方式和其他人不一样，这段都是传说啊，他这个就是连说带唱，唱一个这种

---

① 参见［英］艾德里克·卡尔迪凯特、安妮·福克斯编《文化记忆：论欧洲文学与历史》，转引自陶东风《记忆是一种文化建构——哈布瓦赫〈论集体记忆〉》，载《中国图书评论》2010 年第 9 期。

② ［法］哈布瓦赫：《论集体记忆》，毕然、郭金华译，上海世纪出版集团、上海人民出版社 2002 年版，第 68 页。

调调呀，他每年来一次，来这就一直唱唱唱，有些人就听，大部分就是呀儿伊儿嘟……它就是那种调调，又欢快又自然，后来就说这个道情，你说叫眉户，它也不是眉户调，你说叫其他小调吧，它也不是小调，这就叫他道情。[①]

民众多没有这样的叫法，一般生活中称"唱戏"或"演节目"，"道情"的叫法不是很普遍。但这并不代表道情不受欢迎，相反，人们很喜欢这种演唱。

和川镇道情曲调与眉户剧相类似，但是它在演唱时曲调更加欢快有力、节奏跌宕起伏，唱腔上既接近于晋东南的沁源小调，又类似于晋南的眉户剧，对沁源小调、晋南道情、洪洞道情、蒲剧、眉户剧、秦腔等都有吸收、融合。它所演唱的内容多是生活小戏，没有形成固定的曲谱，民众根据演出内容而选择适合的曲调。和川镇道情的独特性与地域性逐渐引起政府部门、专家学者的重视，于 2009 年被评为山西省非物质文化遗产。

和川镇道情主要形式有表演唱、襄阳打鼓、快板、三句半、小戏剧等。主要唱调为四平、五更、西京、紧述、岗调、扭丝，名字和眉户剧一样，唱腔不一样。演出场所多是广场、舞台等。曲牌主要有一泊葱、探亲，借用的是沁源小调、眉户剧。道具主要是快板、伞、手绢。每次演出最少一个半小时，几乎都是义务演出。之前没有称呼，人们一般就说"唱戏"或"演节目"。

据赵根喜介绍，在他小的时候，任何人都可以学习道情演唱。以前，县、镇都有专门的音乐培训班，有教师教乐理和唱腔。培训班通常每期一个多月，这些早期的音乐教学对道情的发展奠定了基础。到 20 世纪 70 年代以后，冬天农闲时，县镇文化部门到各个村里召集三五人，直接到文化馆培训，和川道情就是依靠这种方式传承下来的。

据刘锦堂、赵李陈等几位被访谈人的口述，和川镇的道情大概从 20 世纪 60 年代开始系统化，70 年代末到 80 年代初，达到鼎盛时期。现在这个阶段，主要是保留和延续的时期。在和川镇道情的发展演变过程中，刘锦堂起到了关键性的作用。刘锦堂是演员，会打击乐，喜欢道情。早在

① 访谈对象：赵根喜；访谈时间：2013 年 5 月 16 日；访谈地点：赵根喜家中；访谈人：杨喜凤。

20世纪60年代，就作为安泽县文化工作轻骑团、文工团的演员到处演出，既是演员，又是鼓手，还是负责人。每逢下乡表演时，那时候没有条件配备车辆，乐器以及其他物品都是自己携带，演出路途非常艰辛。当时演出的内容主要是"学大寨"；改革开放后，演出内容主要是知识青年上山下乡的事迹；"文革"时期，乐队、演员缺乏，一般提前两天编演，然后就上演。道情伴奏乐器主要是锣鼓、快板，表演形式是对口快板和表演唱。从1966年开始刘锦堂自己创作道情剧本，主要是因为当时要参加演出，但是又没有演出材料，故自己创作，内容是根据当时的政策、形势、发生的事件改编而成。1979年他开始在和川镇文化站工作，并担任站长职务，2002年退休后，仍致力于文化工作。

可见，和川镇道情不是当地源发性的民间文化，它是陕北道情、沁源小调、眉户等交融而成，后来融入当地文化人的创作编导。代表性艺人对其记忆可溯源到新中国成立初期，与当时的文化宣传紧密相关。在半个多世纪的进程中，它没有随着情境的消失而消逝；相反，凝聚成独特的表演团体，继续在民众中存续、发展，在民众中发挥娱乐和教育功能。

四 和川镇道情代表性艺人表演与传承

中国文献汗牛充栋、数不胜数，但是有关传统技术和艺术的文献记载，除了《考工记》，留存于世的寥寥无几。民间文化艺术的传承多是通过民间艺人来实现。2003年通过的《保护非物质文化遗产公约》所关注的重心是"实践者和传承者——人"[1]，民间艺人是非物质文化遗产保护的载体，在日本等一些发达国家，他们视艺人为国宝，民间艺人被视为民族智慧的化身、民族精神的象征，成为民族文化继承者是年轻人神往的理想。但是目前我们面临的现实很严峻，民间艺人的生存状态普遍地处于社会的底层，保护与传承难以为继，一些依靠口传身授方式加以承传的文化遗产正在不断消失，许多传统技艺濒临消亡。由于人的原因，目前保存下

---

[1] 《保护非物质文化遗产公约》 （2014年12月8日），中国人大网，http://www.npc.gov.cn/wxzl/wxzl/2006-05/17/content_350157.htm。2014年12月10日至11日，在中国社会科学院民族文学研究所举办的"学人对话：史诗与我们"学术圆桌会议上，郎樱、杨恩洪、巴莫曲布嫫等学者均提到艺人保护的问题与现状。

来的优秀民间艺术的种类已数量很少，且传承的压力很大。①

和川镇道情的艺人大多是"安泽县和川镇和川村农家乐演出团"（以下简称"演出团"）的成员，2013 年 5 月中旬，笔者在和川进行田野调查，访谈了道情表演的代表性艺人。

刘锦堂，男，73 岁，曾是和川镇文化站站长，也是"家乐演出团"资历最老的成员和负责人。据他介绍，他从 1957 年开始学唱道情，会演奏简单的乐器，会创作，是主要的编剧者。从 1966 年开始创作，目前已经写了二三十个剧目。主要有《风波》《老人难》《老岭沟》《送钱》《一块承包地》《岔路回头》等。他编的剧本贴近现实生活，具有教育意义。按照刘锦堂的话就是"村里面有个什么新鲜事，就编一个什么内容的曲目，就是用我们身边的人演身边的事，再教育身边的人。主要是反映我们这个村里面和我们这个县里面的人和事。最近县里面和村上有什么中心工作，然后通过这个中心工作，加以编、改、修，然后分演角色，演、练，然后出台演出"②。由于刘锦堂年事已高，就不经常去"演出团"，现在主要由赵根喜负责。并培养了一个徒弟，主要是写作剧本。

赵根喜，男，59 岁，主要演反面人物、老汉等。以前在学校里学习过表演歌唱等内容，因而对表演有一定基础。初中毕业后，到农村参加劳动，进入了宣传队，担任过主要角色的表演工作。一九八几年到乡镇当过电影放映员，工作了十年后回到村里，加入"演出团"，他现在担任"演出团"的负责人。每当有表演活动时，他要通知"演出团"成员，并组织大家排练。通常情况下，一个节目需要一周的时间排练，如果排练新节目则需要二十天左右。③ 他提到自己没有收徒弟，因为没有经济收入，现在年轻人不愿意学习表演道情。他自己虽然条件艰苦，但是出于热爱，家人也特别支持他（见图 7 - 3、图 7 - 4）。

---

①　参见尹晓华《论"民间艺人"的保护与传承——也谈非物质文化遗产的保护》，载《东南文化》2006 年第 3 期。

②　访谈对象：赵向东；访谈时间：2013 年 5 月 14 日；地点：刘锦堂家中；访谈人：杨喜凤。

③　访谈对象：赵根喜；访谈时间：2013 年 5 月 16 日；地点：赵根喜家中；访谈人：杨喜凤。

图7-3　和川镇道情艺人刘锦堂

图7-4　和川镇道情艺人赵根喜

赵向东，男，59岁，主要演丑角。他既会唱，又会演奏乐器。小时候出于爱好，就跟着老师和会唱的人学习。在学校时参加演出过《红灯记》，演的角色是卖木梳者。他提道："唱主要需要咬字清晰，唱腔上尽量唱好。"①

赵李陈，男，57岁，主要是吹笛子，负责音响效果。在学校的时候开始接触道情，当时学校老师会唱，会拉乐器，他便跟着老师学习。加入"演出团"后，刘锦堂让他学习并进行创作，现在已经创作了十几个剧目，主要内容是关于党的政策、新农村建设、旅游事项等。② 剧目主要有《感动安泽十大人物》《夸夸十八大》《祖国颂》《党的政策就是好》《赞歌颂劳模》等。

胡爱珍、陈喜梅、陈小莲三位女艺人，她们主要是演唱和表演。她们参与道情演唱都是出于爱好，从中获得了很多快乐。胡爱珍是女演员里年龄最长，资格最老的表演者。她今年57岁，从16岁就接触道情，小时候听周围的人唱或广播里放，自己也喜欢，所以慢慢地开始学习演唱。高中

① 访谈对象：赵向东；访谈时间：2013年5月14日；地点：刘锦堂家中；访谈人：杨喜凤。

② 访谈对象：赵李陈；访谈时间：2013年5月15日；地点：赵李陈家中；访谈人：杨喜凤。

毕业后到了公社，当了五年养蚕员。结婚后到了文化站，主要是图书管理员，负责编排号码，也一直在宣传队表演。多演具有落后思想、惹人讨厌的老妪或媳妇等角色，比如在《老人难》里面演的就是这样的角色。陈喜梅和陈小莲是姊妹，二人经常同台演出，从"演出团"成立开始，就一直参加表演（见图 7 - 5）。

图 7 - 5　胡爱珍等人表演道情

上述是田野调查过程中访谈的几位艺人，他们都是"演出团"的成员，都是道情的爱好者，喜欢表演道情，享受道情带给他们的快乐。虽然条件艰苦，农忙的时候，白天做农活，晚上排练，女演员甚至还要把孩子带到排练的地方。他们很少因为这些抱怨，总是积极地参加，快乐地表演。但他们的后代都没有人愿意学习道情，更没有人参加表演，但是受到熏陶有几位年轻人能够演唱。

五　和川镇道情的现状及其未来发展

和川镇道情主要靠口耳相传，目前"演出团"是和川镇道情的唯一传承载体和演出团体。1957 年，成立"和川村群众文艺宣传队"，后来20 世纪 80 年代中断停止。2002 年重新恢复创立，命名为"文化大院"，主要成员有 21 人，女性 7 个，男性 14 个，有演员、乐队成员。2002 年创立"演出团"（也称为"和川道情宣传队""农家乐演出队"）。以前的负责人是刘锦堂，现在是赵根喜。刘锦堂是主力，年龄最大，资格最老，既是创作者，又是主编主导。主要成员有刘锦堂、赵根喜、王林生、侯光辉、王泽文、郭有生、赵向东、韩金钟、弓生荣、刘连有、赵李陈、胡爱珍、范玉凤、陈喜梅、陈小莲、温凤娥、李金红、李雪琴、刘爱萍、郭贵青、申永红。成员年龄偏大，最年轻的也四十多岁，平均年龄五十岁。乐队主要是男性，女性有时候做帮手负责打棒子、敲小锣。乐器主要有鼓、二胡、板、笛子、唢呐、大小提琴、电子琴等。成员都是和川镇村民，大多都是农民。有演出活动时打电话通知大家，排练多在晚上，平时要去干农活或者外出打工。"演出团"没有专业的化装人员，一般都是成员自己化装。演出服装种类齐全，服装和道具等由村要出资购买。

　　每次上台演出人数，根据剧情需要而定。他们的演出主要集中在农闲时，属于季节性表演。有时候要到外乡镇演出，比如去冀氏镇、唐城镇三交乡等，参加"七一""八一"等晚会，或是参加现场会演出。春节、正月十五也演出，平常如遇上级领导参观时也要表演。村民结婚时一般不邀请"演出团"表演道情，大多是"演出团"内部成员家里有事时请去表演，没有报酬，多以烟酒等礼品相赠。演出内容主要与表演情境相关，创作素材取材于生活中息息相关的事。演出的社会功能主要是宣传、教育，与当前的社会形势相结合，以道情的形式自编自演自导一些宣传剧目。如以在新农村建设中有个别人不愿意让出自己的承包地为内容编的《一块承包地》《我错了》等节目。他们所编排的这些节目很受群众欢迎，起到了很好的宣传教育作用。用身边的事来教育身边的人，例如《老人难》，其主要内容是某家庭中媳妇不孝，让老人处于困境中，女儿从城里回来，恰巧碰到父亲昏倒在地，见此情景，伤心难忍。村委主任及时赶到，了解情况，进行调解，经过一番耐心细致的说服教育，使家庭和睦。语言通俗易懂，宣传教育作用显著，其意在宣扬中华民族尊老爱幼的传统美德。2006年，现代道情剧《老人难》，在县委、县政府举办的安泽消夏文艺活动中获得第一名。同年，在"临汾市人民调节年活动安泽现场会"上，《老人难》《我们是人民调解员》汇报表演得到了省、市、县领导的高度赞扬。自成立"演出团"，和川镇道情连续四年专场举办庆"七一"晚会，连续五年在安泽元宵节广场节目比赛中获得第一名。演出的剧目大多都是刘锦堂创作，并由全体成员精心编排，具有独特的地方色彩、乡土气息与时代特色。

和川镇道情，地方色彩浓郁，乡土气息浓烈，剧目蕴含丰富，教育色彩显著，宣扬尊老敬老、勤俭持家等，并结合党在新农村的新政策、新方针，创作剧目。目前，刘锦堂创作改编的剧目主要有：现代道情剧《风波》《老人难》《老岭沟》《我错了》《送钱》《人民调解威力大》《县长和咱们一家人》；小戏剧《一块承包地》；三句半《夸环保》；群口快板《我是人民调解员》。

和川镇道情艺术传承处境面临着困难，男演员缺少，演员老龄化，年轻人由于工作繁忙且没有报酬等原因不愿学习，加之政府扶持力度小、媒体宣传有限等，一些优秀的演员因生活所迫选择退出"演出团"，和川镇道情艺术受到严重的冲击。

和川镇道情艺术是典型的因文化交融而形成的新的地方曲种，目前它的发展与当下政府对文化的重视及提倡有着密切关系，当然民间艺人的热爱也起着重要作用，但是由于其不是源发性的文化事象，所以流传与发展面临一些困境，对于它的当下发展，我们也有如下担忧与思考：

第一，关于和川镇道情艺术只有剧目没有曲谱现状的担忧。虽然几位老艺人都表示想把曲谱弄出来，但由于资金和支持力度的缘由，一直未开始。而且曲谱的整理需要专业人员，并且表演者都在场表演的情况下才能整理。因为表演者和乐队都是农民，农忙时都要做农活，对于整理工作的进行也是一项考验。

第二，关于艺人老龄化和传承的问题。笔者在访谈中了解到，年轻人多不愿参加道情表演，或者有的参加了，时间也不会太长，剩下的都是老艺人，传承面临着严峻的考验。据几位访谈人介绍，年轻人并不是不喜欢这项艺术，多是因为经济原因不愿长期留下，而是选择外出打工挣钱养家糊口。另外几位艺人也表示内心虽希望自己的后代学习道情，但如果从现实情境考虑，出于经济原因，不希望他们参加。面对艺人老龄化和传承问题，更需要把曲谱、剧目整理好。正如赵根喜所说："把曲谱弄好，保存下来这个，你要是识谱的话，他就给你拉下来，唱下来了，这个是关键。词好说，戏剧呀表演唱呀啥的词好说，人家有些地方就弄得比较好了，没有个曲谱不行呀，你传承不下来。"

第三，在田野调查中发现艺人及文艺工作爱好者们热情消沉。本次田野调查访谈的几位艺人，都表现出这样的情绪，虽然他们很爱唱和表演，但很多时候得不到尊敬和认同，多是那份表演的快乐支撑着他们一直参加演出。希望相关部门或机构关注这一情况，能从政策上给予其鼓励，以及奖励性的帮助。

附:和川镇道情艺人访谈资料

1. 山西安泽和川镇刘锦堂、赵向东访谈资料

被访谈人: 刘锦堂，男，1941 年，73 岁，安泽和川镇和川村人。

赵向东，男，1954 年，59 岁，安泽和川镇和川村人。

访谈时间: 2013 年 5 月 14 日　15:20—17:10

访谈地点: 刘锦堂家中

访谈人: 毛巧晖　朱婵媛　杨喜凤

录音: 朱婵媛

整理人: 杨喜凤

刘：咱们和川道情，听上去是既像沁源小调，又像晋南的道情，又像眉户，三个演变得时间长了，融合到一块，演变到现在就成了和川道情了。

赵：我们的这个镇离沁源、临汾等都比较近。临汾这块吧，一般蒲剧呀、眉户吧，有时候采纳一个曲呀，采纳一句呀，凑合到一块，属于咱们独特的特性。这就是和川道情。具体的这个呀，我不是拉乐器的，咱这个拉乐器的才能给闹出这个谱子。

毛：那你是唱的？

刘：一是演员，另一是打击乐。

毛：你唱了多少年了？

赵：从小学起，可以说是唱了一辈子了吧。

杨：你是自己学的，还是跟着大人？

赵：我们在学校的时候，就是出于爱好。在学校的时候就是那个演《红灯记》，那个时候就演开戏了，一直到现在。

刘：1957 年我就开始搞了，搞了 50 年了。开始是搞业余了，那个时候叫"俱乐部"，后边"俱乐部"逐渐演变，演变成了"宣传队"。现在成了"农家乐演出团"。

赵：嗯，对，这也是经过了多少年。

杨：刘老师，你就是 1957 年开始接触道情，当时你接触的时候，道情是一种什么情况？

刘：当时那个时候，就是以闹秧歌为主了。

赵：那个时候，条件也不好，社会状况也不好。人都去学大寨了，就是贫穷，也要搞了，平时有时候也闹。

刘：那个时候也可以说是唱，也是自编的唱（赵：嗯），这个后来临汾文化局有这个"小演唱"，县文化馆也有这个文艺节目。后来这个东西逐渐就没有了，可是有时候这个还得演，不演就不行啊，后来没有剧本，一直就靠自己创作，自己编。

赵：以前由这个一致（指全国上下内容一致或相同）节目到这个自编。

毛：那以前这个一致节目，主要是些什么内容？

赵：这内容，一般就是根据这个时代，你看那个时候学大寨，那就是唱学大寨这个方面。后来这个改革开放以后，就又是一个内容，这就不是大寨了。知识青年上山下乡，也专门编了一出戏。唱的内容不一样，根据社会的发展阶段发展。

杨：刘老师你是哪年开始创作的？

刘：创作，我是 1966 年，1966 年县文化局／文化馆抽上到太原组织学习……大概半年吧，不到半年，也差不多。开始是需要演出，后来抽时间……因为没有演唱材料，很困难。反映这个当地，你又没有东西；反映别的，后来上边又不往下边发这个宣传材料。有时候就很困难，后来就自己搞创作。现在我们的演出都是自己创作的，根据当前的时势、中心工作，自己编，自己演，自己导。都是我们内部自己弄，我们没有请过外面的人，都是自己搞。

赵：可以说百分之九十都是自己创作的。你比如说搞交通政策了，我们就编了一个"交通局"这方面的。有时候开什么会了，现场会的内容是什么，根据这个再编个内容。

杨：那我们这儿会编的除了刘老师，还有人会吗？

赵：刘老师是主编，主编主导。在我们"农家乐"里面就是挑头的，年龄最大，资格最老。

朱：你是哪一年生的？

刘：1941 年，1941 年 1 月 6 日。今年 73 岁了。我们这支队伍，说实话是不错的，但就是这支队伍年龄偏大点，年轻的都没人干，接不上茬儿。

赵：现在这个年轻人都是跳个舞啊（刘：跳个广场舞）。

刘：我们是村里面有个什么新鲜事，就是用我们身边的人演身边的事，再教育身边的人。我们的目的主要是在这，主要是反映我们这个村里面和我们这个县里面的事。最近这个县里面和村上有什么中心工作，然后我通过这个中心工作，加以编、改、修，然后分角演、演、练，然后登台演出。

赵：自编自演。现在你（指刘老师）编的那个节目有二三十个了吧。

刘：主要形式不一样。

毛：嗯，主要有什么形式呢？

赵：演唱呀，襄阳打鼓呀，快板呀，三句半呀，还有时候搞个小戏呀。就是形式多样。

刘：咱一个晚上演一个半小时，就是什么节目都有，不是单纯的就是跳跳舞。

朱：每次演出都是一个半小时，是吗？

刘：最少都是一个半小时。

毛：多长时间演一次？

刘：呀，这个就说不来了。

赵：我们主要是根据这个农闲农忙（刘：这个就不好说了），就是季节性的。你比如说，这个冬天冷了，这个活动就少了（刘：就少了，嗯）。像春天暖和一点，演出就多一点（刘：对）。

杨：像咱们这个主要演出场所在哪？就是在哪演呢？

刘：就在舞台上、在广场上。广场上还新修了个舞台，在大队那儿。

杨：一般什么人邀请咱们"演出团"演出？

赵：像我们去过冀氏、唐城、三交。

杨：他邀请咱们去，给不给钱？

刘：给钱，人家给钱，我们这演出都给钱。

赵：县城里边（刘：县城里可以说是演得比较多）。比如说"七一"啦，或者是国庆节啦，我们就出个节目。

刘：或者是人家哪里开现场会了，需要演，打电话就去了。

杨：去演出，人家有没有要求必须演哪些剧目、内容？

赵：人家也要审批了嘛，看你演的这些内容，符合人家的要求不符合。比如说你要搞"七一"了，就是"七一晚会"，"七一"要搞啥呢？就是那个框吗？你要演国庆节了，就是歌颂共产党了。

毛：一般一次给多少费用呀？

刘：哎呀，这个可是不能跟你说了。

赵：这个费用都是给了村委了，给了镇上了。我们这是搞义务了。

刘：具体出去演出，就是人家给点钱，给大家分一分。这就像平时演出后，这就没钱。但是这支队伍呢，可以说是挺好的。

杨：那咱队伍里都是什么年龄段的？

刘：年龄段？最小 40 多岁。

毛：女的多，还是男的多？

刘：现在演员是女的多。因为女的表演唱呀、舞蹈呀，这块这女的多点。如果是乐队上男的多。

杨：哦，乐队上有女的吗？

刘：现在可以说是也有吧，你想她们下了场吧，也帮手打个棒子、敲个小锣，但主要是男的。

杨：乐队上主要有什么乐器呢？

刘：乐器可是全了，大小提琴、电子琴、唢呐、鼓、板，乐队是没问题，乐队是相当硬的。就是演员少，但是女演员还可以。

赵：男演员岁数都偏大了点，年轻的（刘：年轻的续不上，他们在学校上学和外面打工），因为我们这个没有待遇。

刘：因为我们这没有乡镇企业，在经济上比较困难点，所以有时候有些人他就不愿意参加。你像我们这伙人，就是一直都几十岁了，还在这里面演了。这主要是这家里面也有事，……就是都走不出去了，也是一种爱好。就是年龄都偏大点。

杨：那像咱们这个乐器都是你们自己的？

刘：都是我当文化站长的时候，退休的时候，我给公社交这些东西，人家不让我交，说你自己保存嘛，在公社放的时间长了就都没有了。我一直保存，最后我就交到大队了，这大队就有了。这现在人家贺局长（文化局局长），又给大队买这买那，你像这乐队的这鼓呀、电子琴呀，有好多都是县里投资。现在可以说是乐器齐全。演员也不错，这现在关键就是男演员比较少。

赵：老龄化严重。

刘：年龄偏大一点。

杨：女演员也是年龄偏大，还是？

赵：最大的 53 岁了。

刘：但这女的吧，像这女的 53 岁了，出来也是挺潇洒的，利利洒洒的一些女的。

杨：有年轻的吗？

赵：年轻的都 30 多岁了。

刘：都可以，这人都不错，演出也可以，关键就是男演员比较少。这支队伍还是比较强的。大家就是多会打电话，多会就去了。还是不错的，但是在这个村里面，经济状况还不是太好的。

赵：条件不好。

刘：总的是不断有领导来看我们演出。

杨：你创作的现在统计有多少个戏呢？

刘：现在大致就 30 多个，像《风波》《老林沟》《问路》《一块承包地》《老人难》《岔路回头》《送钱》……我们考虑啥，考虑你闹的时间长了，排练小节目演的时间太长，最多不要超过一个半小时，或者就两个小时就行了，没有太长的节目。领导来的时候，就是演几个小节目，看看。领导没有那么长时间坐在这看你的，就是演上两个就行了。

毛：演出一个节目，一般是几个人？

刘：呀，就是五六个。二人台就是两个。大部分是五六个人。是吧？

赵：表演唱的有八个人的、有六个人的、有四个人的，还有两个人的，要对等。

刘：要对等，根据这个节目内容的长短，需要几个人演。

毛：主要都是什么角色，像戏剧里面有生旦净末丑？

刘：哦，那就是老生。

赵：哦，这个我知道，有装老汉的（刘：哦，老汉、老婆、年轻的、媳妇、儿子），我这个一般是扮演一个丑角。

杨：哦，丑角主要是演些什么？

赵：煽风点鬼火。

刘：煽风点鬼火，你像这个《风波》里面，就是人家……嘿、嘿、嘿……

赵：然后给人家说凉话。

刘：煽阴风，点鬼火，人家本来很积极，他给人家煽阴风点鬼火，搞得人家这一家子不开心。

杨：演出的时候化装吗？

刘：化妆。我们自己化妆。

杨：有专门的化妆人员？

刘：没有。哎呀，都是自己化，到那个时候，一个人跟你化根本闹不过来。现在自己给自己化，都挺好的。

毛：那服装呢？

刘：服装，我们都有服装，有演出服装。一般情况下，没有是很少的事，就一两件，借一借就行。

杨：那服装都是……？

刘：都是大队集体买的，定做的，挺好的。

杨：这个队伍叫什么呢？就叫"农家乐"？

刘：嗯，就叫"农家乐"。

杨：是哪年创立的？

刘：就是马志超在这当县长的时候，哪一年了？

赵：有个六七年了吧，都记不清了，也就是个六七年、七八年吧。

杨：那是谁提倡创立这个"农家乐"？

刘：这个？"农家乐"？

杨：嗯。

刘：原来呀，"农家乐"并不叫这个名字，而且这个组织也不是演道情。后来，马县长（马志超）把原来的演出组织改名为"和川道情宣传队"，前几年名称又改为"农家乐演出队"，现在改名为"农家乐演出团"。

杨：现在具体叫啥？

刘：具体也没定下啥。

赵：还是叫"农家乐"为主。

刘：或者，准确说，应该是"安泽县和川镇和川村农家乐总演出队"。

杨：这个农家乐有负责人吗？

刘：有，原来是我一连带（赵：哦，现在岁数大了），现在我又退休了以后，一直还干着，前几年我不是在府城工作嘛，我不在这里了，人家又任了一个，叫赵根喜。

毛：一般怎么管理？

刘：需要人们排戏的时候他就打电话。需要你两个人来，你两个来。需要他三个人来，他三个来。到大队排练，排练多长时间，多会演出，这有个规定。这伙人挺好的都，我也挺佩服这伙人的。

赵：都是这镇上的人。

刘：乐队、演员都没有问题，关键就是男演员少点，年龄偏大点。就这两个缺点。再一个是村里面纯农业，经济状况不是太好，比人家那些有乡镇企业的稍次了点。经济收入不是太好，但是比以前强得多。

杨：现在"农家乐"总共有多少人？

刘：就是三十来个吧。

赵：咱这里面？没有30个吧。

刘：二十几个？

赵：原来就21个了，就是老段呀，走了。

刘：就是二十来个吧。

赵：就是将近二十个吧。

杨：就是加上乐队？

刘：嗯。

赵：哦，女的一共是7个。剩下的是男的。

毛：那主要唱的有多少个人？

赵：唱的？

杨：哦，就是表演的。

赵：就是这7个女的，一般都上。

刘： 有时候用得多，有时候用得少。有时候6个，有时候4个，有时候全上。

赵： 有时候演小戏剧，需要你1个，就用你1个。需要2个，上2个。

杨： 男的有多少唱的？

刘： 男的唱得比较少。

赵： 我算一个吧。

刘： 有五六个吧？

赵： 哦，就是那个样子。

杨： 男的一般演什么角色，女的一般演什么角色？

赵： 女的一般就是表演唱，演这个戏剧的有两个。

刘： 反正就是根据剧情的需要，需要谁演，演什么，谁来演，需要谁扮演啥，谁扮演啥。不一定人员多，就一定都能全部用上，那也不可能。你比如说，这个小戏剧一共是5个人，只抽5个人。你人员再多，也用不上。主要是根据剧情需要。

一般主要是根据县上、镇上、村上有些什么中心工作、什么新鲜事，需要表达出来，我们就编些节目。

毛： 去外面表演，一般都去哪？

刘： 县里面有时候开什么重大现场会，我们去一去。你像乡镇我们也去过。

赵： 都是周边的。

刘： 一般的都是在村里面。

毛： 那我们有没有一些固定的演出剧目？

刘： 没有固定的，都是根据……（赵：随机应变的）不一定你来是这个，他来也非要是这个。

杨： 那你二位觉得道情对你们的生活有什么影响？

赵： 我觉得吧，咱们从当地来说，都喜欢这个道情，通俗易懂，也好听，所以说人们都喜欢。

刘： 唱词也好，白话也好，没有那俏俏皮皮的名词。

赵： 说出来的话都是实实在在的。

毛： 刘老师，你做文化员之前还做过什么呢？

刘： 我以前，在搞文化员之前，在农机站开汽车，开了三年汽车。回来以后就在大队当电工。

杨：哪年当的电工？

刘：早了早了。后来回来以后，那是 1979 年，就在公社当文化员。1979 年到 1982 年连转正带转干。一直到退休，差不多干了二十多年吧。为什么干了那么些年了，当时我家里（指妻子）不在得早，37 岁就不在了，家里面老人、娃娃们都小。人家文化局让去咱走不了。坚持到最近，2002 年的时候，60 岁退了，退了以后，在需要的时候还得叫，没办法。

赵：要是演出节目什么内容还得叫他编。

毛：你几个孩子？

刘：一个儿两个女。

毛：他们都做什么呢？

刘：二女在村里面了，大女在县城卖化妆品。

毛：你说咱们现在是叫"和川道情"还是"道情"，或者是什么？

赵：因为咱们这个是和川镇，就叫"和川道情"。

杨：平常也这么叫？

赵：嗯，总的来说就叫"道情"，分开来说就是里头有眉户呀，有这个表演唱呀，有这个襄阳打鼓啦，有沁源小调啦，还有这个歌剧呀。

朱：你演什么角色演得多？

赵：我演得比较多，我演过老汉，演过丑角，也唱过歌，也唱眉户。这些我都唱。

毛：除了县里领导过来演，平常演不演，逢年过节演不演？

赵：有时候也演了，你像比如说春节啦、正月十五啦。

毛：像平常婚丧嫁娶演不演？

赵：婚丧嫁娶吧，像这个也有，但是也不多。你像我们这个组织有二十多个人。你比方说你家嫁闺女了，想去闹火闹火。

朱：一般就是内部人员？那外边的呢？

赵：外边也有，但是不多。

毛：和川道情和别的地方有什么不一样吗？就是有没有我们自己什么独特的特色？

刘：就是交叉演出的时间长点了，吸收外边的这些东西，你看沁源小调、眉户剧团的眉户剧、晋南道情，这几个演出的时间长了，今天唱这个调，明天唱那个调，糅合在一起，演出的时间长了，就成了和川道情。

朱：和川道情的名称最早是从什么时候开始出现的？

刘：就是从 2006 年吧。

赵：改革开放以前一般都是眉户剧，后来就是说多样化了，增加了一些剧种。以前没这条件，都是自己摸索。

毛：刘老师，你创作出来的剧目，这个配乐怎么弄？

赵：就是往上套了，这个音乐吧，你比如说，它是四句唱腔，是六句唱腔，套上哪一个调，把这个调套上就行。

刘：唱这段词你是生气的，就配个生气的调。要是高兴的，就配个高兴的、比较欢快的调。

毛：那怎么定这个调？

赵：在一块商量着弄。

杨：咱们这除了你会创作，还有人会吗？

刘：我现在培养了一个人。原来是教员，善于写作，我觉得他很有这个天赋，所以我就一直培养他，叫他搞个小写作。他在乐队里主要管音响。他也善于写作，咱想着咱现在年龄大了，咱还能坚持几年了，所以说想培养他，他现在也搞了两三个小节目了。

毛：我们也没听过这个道情，不知道能听你们唱几句吗？

赵：那就唱《岔路回头》。

刘：《岔路回头》那是 1967 年上山下乡的时候。内容主要是劝那些看不起农村的青年，告诉他们走错路了，赶快回来，重视农村，积极到农村去。

赵：唱《岔路回头》，四平调、岗调
离开家门心喜欢，
好像是……飞入云间，
青年人个个要有远见，
如何能在社会上能做贡献。
……

（刘：他这唱词相当多，而且是记得比较准，前多少年演了的他

都能记住了）

　　　白城里读书几年整，
　　　党对我的培养要牢记心中，
　　　党号召知识青年上山下乡，
　　　同学们个个报名心情舒畅，
　　　回乡后当一个新式农民。
　　　……
　　　和乡亲们一块建设农村，
　　　……
　　　学大寨，
　　　……
　　　学中干干中学。
　　　……
　　　毛主席领导咱见了太阳，
　　　……
　　　为穷人指出了前进方向，
　　　……
　　　看咱村处处一派新气象，
　　　……
　　　建设新农村咱当榜样，
　　　树雄心立壮志甘把黄牛当。
　　　……
　　　而如今你好好想一想，
　　　绝不能辜负党对咱的培养，
　　　岔路回头要扭转方向，
　　　树雄心立壮志甘把黄牛当。
　　　……

　　刘：这是《岔路回头》其中的一段唱。

　　赵：这个时间长一个多小时。一般我们要唱，主要掌握咬字要清，知道你唱的是啥。再一个在这个唱腔上尽量要唱好。

　　赵：这就为啥说是土特产了，就是自己搞的。

　　刘：这支队伍真的很不错，但是要比以前演员，我觉得还是要次点（赵：是啊）。都是年龄偏大点。在培养后继有人上，是续不上了。

朱："文革"的时候有没有停过？

赵：那个时候我还小，上小学四年级，就是红小兵。

刘：那个时候乐队也少，演员也少。我们今天上大寨看看，今天晚上编编，明天排罢，后天就上演了。

赵：那个时候就是锣鼓、快板，把词写到鼓上、快板上。

毛：那个时候主要演什么？

刘：和那二人台一样，对口快板、表演唱。

朱：那和现在的还不太一样？

刘：那个时候比较简单，没有现在这样复杂。

杨：我还以为那个时候就不让你们演了？

赵：那个时候演出限制，"文化大革命"期间，你必须演出当时社会是个什么状况，让你演啥演啥。你不能胡编，要不就是有问题，要批斗你。

朱：你们唱道情的时候唱不唱一些宗教色彩的？

刘：没有。主要是党的中心工作。没有什么迷信的，都是破除迷信的。

赵：以前我记得演过一个叫《求药》。

杨：赵老师，你哪年做的教员？

赵：高中毕业后，劳动改造，当了一年记工员。接着就当了会计，当会计期间，在村里面有青年团，青年团里面有个团组织，团组织里分了三个支部，我是第二支部的支部书记。干了二年会计以后，后来就是下乡，就是七几年，当了一年土改工作队。后来我通过选拔到了一个贫下中农学校，后来在那当了教员，一干干了十年吧。再后来当了三年电影放映员，接着养了三年鱼。2000 年以后通过亲戚介绍到晋城打工，一干干了六年。前几年就回来了。

毛：你大概什么时候就接触道情了？

赵：在学校就开始演戏了，样板戏《红灯记》，在里面演卖木梳的。

杨：刘老师也跟我们说一说你的经历吧？

刘：我的经历简单，一直就搞文化工作。1957 年毕业，1958 年就到铁厂，去那当的是电工，开了三年车。铁厂散了以后，就回来。回来那年是 1966 年，回来以后，就参加了安泽县文化工作亲情演出队，我在那个里面既是演员，又是乐队。那个时候，我还是负责人。当时安泽和古县还是并县的。跋山涉水，你演戏你带你的服装，你是拉胡的，你背你的胡。走一个村，有车了给你拉拉，没有了，都是自己背。到哪里看的人都多，但是那个时候，可是县上给出钱，村里面不给钱。

2. 山西安泽县和川镇和川村赵李陈访谈资料

被访谈人：赵李陈

访谈时间：2013 年 5 月 15 日　9：45—11：20

访谈地点：赵李陈家中

访谈人：杨喜凤　朱婵媛　毛巧晖

录音：朱婵媛

整理人：杨喜凤

赵：你们要了解和川道情，我跟你说，刘师傅①就是咱们和川道情的发掘人、传承人。整个和川道情就是他一手搞起来的。而且这是咱们的老艺人，从年轻的时候，那个时候就叫文艺宣传队吧，文艺宣传队一直有四十年的时间。

现在咱们这个和川道情的状况啊，目前究竟是个什么样的状况呢？没有形成文字性的东西，一直就是口口相传，就这个样子；也没有一个固定的格式，也没有一个什么固定的模式，都没有。就是口口相传，反正演节目了，就都来了。原来刘师傅一直想整理这方面的东西，把这成套的、系统的，给它整理出来。一个是经济问题，因为这个东西毕竟要整理，是要花钱的。现在从村里边来说，这个村是个大村吧，这摊子大底子薄，没有钱，这以往的花钱都是靠要了，这个要一点，那个要一点，咱也 mu（没有的意思）这个经济实力资助这个。

你要是说看一些硬性的东西，咱没这硬性的东西，如果能沾上边

---

① 刘师傅，指的是刘锦堂。下文访谈中的刘师傅以及简称刘，都是指刘锦堂。

的，那就是刘师傅编的一些剧本。你像剧本吧，他现在就有二十多套剧本都在那。就是现在比较欠缺一点，原来我早都跟他们提过这个建议，我和刘师傅早就都说过这事，就是说把这个东西系统地整理出来。整理出来以后，你不管上边哪一级领导来看吧，你至少有个东西。你说你和川道情，你唱的曲子是什么曲子，是吧？然后这个曲牌是什么曲牌。什么调子，咱就过来了。你现在就是咱就这套东西拿不出来，总是口头说说其实这个和川道情吧，就是在咱们这个区域里，因为他和沁源，南边的一些地方，都挨着了，所以这个味道上就有秦腔的味道，又有沁源小调的味道，还有洪洞道情的味道。这些东西都在里边糅着了，都有。你要听起来，你说它是眉户，它也像；你说它是沁源小调，它也像；你说洪洞道情吧，它也有那个味。因为咱们这个地方吧，早好多少代了，可以说有几千年的历史，但这人都是这移过来的移民，这当地人就有那么三两户，其余都是外地来的。你像咱们这来的最多的就是河南人、山东人，所以说你到咱们这儿吧，你要想找一个安泽的土语，没有。为啥没有，你要到安泽的南半部，这大部分都是河南林县人，那个口音都像林县腔；你要是说到良马这一代，它都像晋东南的口腔；你到了咱们这边，你比方说唐城吧，他就像沁源口音；你到咱这一带吧，就是山东不山东、河北不河北、河南不河南。你像我说话这口音，就是类似于综合了这几个地方的方言。你说是山东人，他听着也不像；你说是河南人，这口音也不像。但是我们这个地方这个言语吧，基本上都接近于普通话，只是声调不一样。

毛：那你听没听父辈说过，你们是哪里迁过来的？

赵：我们是河南人，我是河南林州人。其实，就是我父辈他们这一代过来的。我们是从林县的横水镇 jiu jia zhuang（此处用拼音代替被访谈人所说的村庄名称）过来的。

杨：当时是因为什么情况过来的？

赵：就是那会闹饥荒过来的。

毛：闹饥荒了。

赵：那会就是五几年吧，四几年不到这个五〇年，就是五〇年左右，过来的人最多。那个时候都是逃荒过来的。逃什么呢？就是逃饥荒，mu 吃的，mu 喝的。

杨：那赵老师你是从什么时候开始接触道情的？

赵：呀，我们这接触道情的时间就长了。要说起来吧，就是我这上学的时候，因为在学校里边的时候，就在宣传队了吗。接触这个吧，就是因为我主要是搞乐器这块的。咱们这个地方有个基础呀，这个基础就是说老一辈人，他们这一代人，主要就是搞眉户，这个眉户剧慢慢演变，演变到现在就成了这个和川道情了。这里边最基础的东西还是眉户，这里边穿插着一些洪洞道情呀、沁源小调呀，还有一些秦腔的东西。

毛：你会唱吗？

赵：不会唱。我最大的特点就是不会唱，哈哈哈哈……五音不全。

毛：会什么乐器？

赵：乐器就是会吹笛子。现在整个电声设备这一块都是我搞的。

杨：那你怎么就想着创作了？

赵：创作这不是……因为在咱们这个地方上来说，总体上来说，这个是人才比较缺乏。虽然说是这么一个大的镇，文化底蕴比较深厚，但和川道情其实有一半的东西是人的炒作。你口口相传的过程中吧，是一个传两个，两个传十个，慢慢传开的。其实真正意义上的讲，群众不是搞专业的，所以有时候劳作的空隙，休息的时候，还有农闲的时候，搞个节目来演一演。再加上这几年的社会形势，尤其是十七大以后，上面比较重视。

杨：就是这几年跟着刘老师开始创作的？

赵：创作以前吧，没有这个念头。因为啥呢，也就是感觉到对这个东西一窍不通。你看，虽然我是搞教育出身的，但是一直都是在教育领导的岗位上干的，我正儿八经的教学就教了六七年，然后就到了教务办干了有十年吧，然后就当了校长。所以吧，在创作这块吧，也没有时间去考虑。这只是后来回到村里，这个时间比较充裕了，他（指刘锦堂）一直拉上我，说："写吧，写吧，能写就写吧。"

毛：你现在写了几个剧目了？

赵：有十来多个了吧。

杨：嗯，十几个了？

赵：这前面的带上后来的，有十五六个了吧。

杨：主要都是写什么内容？

赵：就是新农村建设开展以后，就是和川的一些变化，这几年搞新农村建设了，这上面支持得也比较好。所以在这块像水泥路的铺设呀，电视进家呀，这些搞开以后，还有一些旅游事项呀，根据这个编的一些东西。去年编了个《感动安泽十大人物》。

杨：那你以后还继续创作吗？

赵：这个咋说了，你说闲暇时间吧，也可以编一点。就是结合当时的情况，结合咱们当地的情况编一些东西。你说这和川道情吧，再知道多了的，莫过于刘师傅了。因为是他一手整理，一手搞起来的。

朱：年轻人看不看？

赵：看，在咱们这个地方相对而言，思想还是比较封闭。

赵妻：看了，看了，有爱好的。

毛：现在年轻人也不爱学？

赵：他们不热爱这个，或者有些人热爱这个而不干这个，主要没有经济收入。你就说我们现在这个，我们这个团体现在一共22个人，我们这22个人目前是一种什么样的状况，就是说不拿村里一分钱的工资，我们这个团体就是说都全是自发的给人家在那里演出。其实，除了乐队上七八个人，其他的演员剩下的也就十一二个人。这个最小年龄的，也40岁了；最大年龄的73岁，像我这个年龄都排到……

朱：您今年多大？

赵：我今年57虚岁，属鸡的。

赵：你看我给你说的这个状况，我们和川的这个现状，如果说是不形成文字性的东西传承下来的话，我们这拨（代）人一mu（没有）了，这个连个尸首也找不见了。你说现在这个，你比方说演节目吧，咱们马上一定，什么段子，什么唱腔，他（指刘锦堂）立马就能弄出来。所以目前就是这么个形势，你要说表演给你看看，马上给你表演；你要说给我拿个东西看看，没有。唯一能看到的就是刘师傅的剧本，你能看到，然后别的你都看不到。因为啥了，这整个排练吧，这就是编导，编剧加导演，都是他一手干的。你要想看，你只能到现场去，他给你编一段，导一段。

毛：（看到赵身旁的钓鱼竿）这钓鱼比较修身养性。

赵：我干的都是比较修身养性的，像这钓鱼、养蜂、乐器，我还练太极拳，没事的时候我还剪纸。

杨：你是哪年开始教书的？

赵：我是1974年。我高中一毕业，我就当了教员。

毛：在哪块？

赵：就在咱们和川学校（和川小学）。1974年干上，1975年农教对流，干了4年。回来以后，干了团总支部书记了，再后来又兼了革委会主任，不叫村长，我在队里边又待了四年，才又返回学校。然后我干到1986年，1986年以后我就一直是教导主任。在小学干了6年教导主任。2001年去当了三年中学校长，然后就休息了。其实吧，爱好音乐这块，在学校就搞了。原来在学校的时候，我们的那几个老师，都热爱这个。我吹笛子这块就是跟我的初中班主任老师学的，后来成了我的高中班主任老师。当时给我们教物理的老师，家是古县的。我们遇到的那拨（代）好老师都精通音乐，所以就培养了我们。现在我们宣传队的百分之百都是那茬学生。现在宣传队这伙里面，白玉凤、陈小莲、凤鹅，还有喜梅、雪琴，这都是我学生。在那个阶段，老师爱好什么，学生也爱好什么。你要是没有那个环境，这不行。你像我们那个时候演节目吧，天天就是课余时间排节目，那个时候还有从北京来的几个北京知青老师，他们是非常好的音乐老师。

杨：那我们和川道情现在有没有一个明确的界定，你像这些曲牌呀，调子呀，如何来界定这些？

赵：这个怎么跟你说，就像我刚才跟你说的，你要是想看一个现成东西没有，但是要给你演一个节目，我们马上表演给你们看，我光给你说，也说不出个什么。因为它这个东西没有形成文字性的东西。关于曲牌这块吧，曲谱呀。你比方说……你像人家眉户剧这块，人家就有什么四平呀、西京啊、紧述呀。

毛：那你们也不知道现在有哪些确定下来的曲牌？

赵：确定下来的这些曲牌，没有名堂。有时候有些名堂吧，也是沿用了人家眉户剧里边的一些名堂。你比方说我们唱四平，也叫四平，但那个四平和人家眉户剧的四平就不是一回事。我们也唱五更、西京、紧述。

朱：这都是眉户的？

赵：这都是眉户剧的曲牌，但是我们也用，用这个吧，但唱腔不和人家一样，也叫这个，但不是这个唱腔。

毛：还有哪些？

赵：还有岗调、扭丝。你像那个过门，我们也经常用到过门。就是演戏的过程中不是要有个过场，就是走场，你像我们也用蒲剧里的迷哄人。可是咱们用的时候吧，也和他那个不一样。还有那个，像有些调用的是沁源的曲牌，但是也不是人家那个原谱。

毛：像这和川道情，是历史就有还是后来出现的？

赵：没有，它这历史上没有。历史上怎么说了，其实在这之前吧，主要就是沿用人家的眉户剧，以这个眉户剧为主，穿插进去一些沁源小调、洪洞道情，还有秦腔。因为你时间长了以后，人家那个一直在改，咱们这个不改，你在不改的过程中为了好唱，还给人家简了，三简两简，越简越精，越简越少，最后就形成了咱们自己的一个特色。

朱：那就是说咱们固定下来就是从刘老师开始的？

赵：对呀，就是开始整理曲牌、剧本吧，就是从他干上文化站长以后，才开始比较系统的整理。

朱：什么时候？

赵：大概就是六十年代。就是从六十年代开始系统化。它这个唱红了的时候，大概就是七几年到八几年。七十年代末到八十年代初，这是鼎盛时期。到现在这个阶段，就是保留和延续的时期。在这个保留和延续阶段，像你刚才说的即将消亡了。如果领导再不重视，如果上面再不抓，这代人完了以后，就不行了。

毛：平常我们就叫和川道情？

赵：平常就叫和川道情，现在从申报文化遗产以来，就一直叫和川道情。

毛：那以前了？

赵：以前？

毛：以前叫道情？

赵：以前不叫道情，这个定了以后才叫道情。

杨：以前怎么称呼？

赵：以前没有称呼。以前不称呼，你像我们就不称呼。

朱：那你们叫唱戏，还是什么？

赵：就叫唱戏，就是演节目。你要听吧，我跟你说，其实和川道情就是这么个状况。首先是没有文字资料，你像刘师傅编的这些剧目吧，你还不能说那就是和川道情，那个你没法来考证。因为那个它不带有和川道情的味，这个和川道情能定点的就是曲谱，只有曲谱才能定点，才能知道你这是什么曲子，而这个最主要的东西吧，没有编出来，没有形成一个文字性的东西。

杨：那咱们有没有计划下一步把这个曲谱编出来？

赵：早就计划了，但我们没有这个约束力和财力。

赵：原来我们想吧，刘师傅搞文化一生了，我吧，我就觉得咱也上了年龄了，就是把这个东西，把和川的东西延续下去，想把它给搞好。这个东西不是说是空口说白话的。那你总得有一定的经济投放到这里。

毛：咱们这个演出大致去了哪些地方？

赵：唐城去了两次，唐城镇一次，三交村一次，冀氏镇一次，县城去过几次，大概六七次吧。

杨：在咱们村里平常一般都是多会演呢？

赵：现在一般都是，如果上面领导来检查工作了，这作为一个汇报的内容，就有这么一项。

杨：那逢年过节呢？

赵：逢年过节就是正月十五演，起会的时候演。

毛：起会？

赵：起会就是赶集嘛。这现在有个定性，就是在七月份要演。为啥呢，因为七月份镇上的舞台竣工了。舞台竣工以后有一个演出。我们现在就着手准备着呢。

3. 安泽和川镇和川村胡爱珍等人访谈资料

被访谈人：胡爱珍 陈喜梅 陈小莲

访谈时间：2013 年 5 月 15 日 15：20—17：00

访谈地点：胡爱珍家中

访谈人：杨喜凤 朱婵媛

录音：朱婵媛

整理人：杨喜凤

陈喜梅：像这个学校有个剪彩呀，他都邀请我们。

陈小莲：哪里有个活动啊，就邀请我们去。

朱：这学校剪彩也不给你们钱吗？

胡：给，是给大队了，又不给俺们，俺们就是尽义务了。就是说是下乡了，比如说是去冀氏下乡了吧，人家给了五十块钱，给了一个背心。后来又到唐城下乡，唐城下完乡，回来给了一百块钱。

陈小莲：去年整整一年，你知道给了我们多少钱？

胡：就是四百块钱，一箱粉条。

陈喜梅：哦。前年给了一袋面。

杨：哦，像这些服装是我们自己的，还是？

胡：大队做的。

杨：那化装有专门的化妆师吗？

胡：没有，没有化妆师，都是我们自己化了。

陈喜梅：没有化妆师，有一年吧，俺都去了临汾了，都要上台了，人家说："不行，要化妆。"那是给信合（山西农村信用社）出节目了。

朱：那是哪一年？

陈小莲：搞"非典"那一年。

胡：这不，给了我这个衣服和这么个白白的裤子。

朱：那你们给个人演吗？

陈喜梅：个人呀，也演吧。

胡：一般就是谁家孩子结婚了，人家叫了，就去给人家演演。

陈小莲：也少。

杨：那结婚请得多不多？

胡：不多，不多。

杨：这个会不会给大家一些费用？

陈小莲：既然要是去吧，就是关系不错的。

陈喜梅：我们就是去给他闹红火了，红火红火。

胡：嗯，就是红火红火。

朱：那就不以你们"演出团"的名义去了吧？

陈喜梅：也以，也有，但是不多。

胡：反正咱们不挣钱。就是后头了给人家唱唱，人家觉得不好意思了，给一盒烟。给就给，不给就不要了。都是本村人，就是去那红火了。

朱：小孩过十三也去？

胡：也有。

陈小莲：也有，少。

杨：那葬礼请不请？

陈喜梅：咱这就不兴。

胡：葬礼没有参加过。红事参加，白事没参加过。

陈小莲：现在就像是应付了一样，新节目没有。你看，俺们就一个打伞的节目吧，演了六七年了。

胡：你唱的那，人家下面的人都会背词了。

朱：那这几年新节目不多了？

胡：哦，就根本没有。就是去年吧，我和那个小伙演了个新节目，就是和川道情。

杨：那咱们这个道情多是什么调？

陈喜梅：什么四平呀，岗调。

陈小莲：剪剪花。你像他（指刘锦堂）写出来词，俺就自己排。接着我们就都把调全都给弄出来。把这个谱一谱，谱出来了，大家就都能跟上了。

胡：主要他不是费劲，不需要一点点的教呀。只要他把那个词写来，啥也不用管了，都是自己想调调了。

陈喜梅：哪一段需要哪个调了，就唱哪个调。

杨：那像我们用不用什么道具？

陈喜梅：呀，少。

陈小莲：有。

杨：主要有什么道具？

陈喜梅：快板。

陈小莲：手绢，雨伞。

杨：哦，那多是咱们在上面唱？

陈小莲：哦，唱，连唱带演，可累了。你要是唱的，有时候再加上紧张，气都不够用。

陈喜梅：可累了。

杨：你俩经常合作唱吗？

陈喜梅：哦，经常，俺都经常，基本上表演唱吧，几乎都用四个女的。

杨：四个女的，都唱一些什么剧呀？

陈小莲：多是把那个调往里套。

陈喜梅：为了现代点，就把那个歌调都给套进去。

杨：唱道情是不是多是刘锦堂给编的？

陈小莲：哦，都是他的词。

陈喜梅：基本上都是人家编的，他的词，但是排不动了，还都是我们自己排。

陈小莲：排得不现代，因为啥了，就是咱都年龄大了，就是有一些咱都见过，但是咱就是不会。

陈喜梅：要是演吧，俺们都还是想演一些现代化点的，可是人家上面一检查，就是专门要那土风味的。

朱：像现在年轻人是不是也都不愿意演？

陈小莲：已经没人了，我就是最小的了。

朱：你今年多大了？

陈小莲：43 岁。

陈喜梅：你像这都没经费，年轻人才不愿意干了。像我们这吧，出去打工吧，你像她（指胡爱珍）吧，都当了奶奶的人了，她走不了了。再者，这就是咱自己的爱好，你像年轻的，都出去挣钱了。

胡：年轻人都出去打工了。

陈小莲：这就快断层了。

杨：那像你们平常唱，孩子们有没有说跟着学一学？

陈喜梅：没有。

陈小莲：孩子都经常唱。像她（指胡爱珍）吧，她孙女都会。

杨：除了你们女的，男的会唱吗？

陈喜梅：就是夜天（昨天）那个（赵向东），还有一个。

陈小莲：男的会，男演员更老。

杨：村里面其他人会唱吗？

陈喜梅：会。你没有经费，人家不参加。

陈小莲：有。

杨：会唱的人多吗？

胡：不多。因为那啥嘛，接不住了嘛，中间有段时间都看电视了，农村文化生活就好像是不重视了，这后来才又重视起来。

陈小莲：像我这拨（代）都没有了。你说我比他们都迟去两年吧，我都干了八年了。

杨：咱这组织是哪年成立的？

陈小莲：就是"非典"那年。

杨：谁组织成立的？

胡：王建国。

陈小莲：哦，王建国。

杨：谁是负责人呢？

胡：当时王建国是大队书记，郝爱民是公社书记，特别重视这个。

杨：咱那个"演出团"有负责人吗？

胡：没有。

陈喜梅：就是个书记。

杨：我们每次演出的时候有没有一些固定的剧目？

陈喜梅：有。

陈小莲：光小戏剧下来就六七了吧，剩下了就是表演唱了，这个道情啦，或者是什么大鼓啦，什么快板啦，什么二人台啦，这些一套唱完，能用两三个小时。

杨：唱和川道情主要有哪些固定剧目？

胡：就是戏剧、表演唱。

杨：戏剧有哪些？

陈喜梅：《老人难》。

胡：《老岭沟》《风波》。

陈喜梅：呀，多了，好几个了。有《十大杰出人物》。

陈小莲：《感动安泽十大人物》。

陈喜梅：《夸夸咱们新农村》，呀，多了。

陈小莲：《我们是人民的调解员》。

胡：还有《老两口逛县城》，还有《夸夸安泽大变化》。

杨：像你们在里面主要演什么角色呀？

陈喜梅：她（指胡爱珍）吧，就是演个抠媳妇，就是有点反面的、思想落后的，稍微有点可恶的，但是也不是那个太坏的。我们俩主要是表演唱。

陈小莲：像和川这个地道风味就是个表演唱和这个二人台。

胡：哈哈，一看就是农村人来啦，哈哈……

杨：像我们唱之前有没有哪些禁忌，就是说不能做的事，有没有这些说法、讲究？

朱：或者说哪些人不能表演？

胡：没有。只要你有这个才干，就让你发挥。

陈喜梅：没有。

杨：那你觉得道情对你们的生活有什么影响吗？

陈小莲：有嘛，咋没影响了。你看，在早的时候，唱的时候吧，再看看两边有人嘛，才敢自己唱。这会吧，不怕了。自己干自己想干的事情。自己主要是爱好。

胡：你喜欢嘛，你喜欢就高兴嘛。

杨：除了唱道情，你们以前还做过什么工作吗？

陈喜梅：没有。

胡：我就是上学，上学出来以后，那个时候我就是在公社，当了五年蚕桑员。后来，结了婚以后，就到了文化站了。

朱：你哪年到的文化站？

胡：可能就是八五年。在文化站待了一两年。在那里面主要就是管书的，给人家编号码。

杨：你是上到初中还是高中？

胡：我是高中毕业，毕了业以后就到了公社。

杨：哪年高中毕业的？

胡：呀，记不住了，就是十八吧。

杨：你几个孩子？

胡：两个儿子，一个女儿。

杨：你们都是这个村的？

胡：嗯。

杨：像逢年过节我们唱不唱道情？

陈喜梅：逢年过节唱。

胡：一到过年的时候，十五闹红火，十六就是舞台节目，到十六俺们就都去了。

陈喜梅：每年"七一"呀，"五一"呀，"八一"呀，基本上都去。

杨：那在村里面唱吗？

陈喜梅：唱。

陈小莲：这个俺基本上用的是低调。你要是说音乐一起，板胡一叫吧，岗调唱得好听。

（接下来她们在院子里唱了《老人难》。）

陈小莲：可不容易了，还得看孩子，晚上排练，把孩子领上，孩子都睡着了。这为了大家，就得把孩子领上。

胡：这还是咱爱这吧。

朱：那你像他现在修的这个舞台，上边给钱吗？

陈小莲：给钱，县里面公家都给钱了。

朱：村里面演出是不是大家都去看了？

胡：哦，反正就是老套套，有的人家就不大看。有人看，不过就是那老套套，看啥。

陈小莲：你像上一次我都演出了吧，人家那当头的来了，还在那看书了，就不看节目，你说咱演个啥劲，就都根本没有劲。我演了两个节目，人家只看了一个就走了。

胡：还有的一个都没看。

陈小莲：人都不想看了，所以说咱这个节目是不是就应该更新了，早该更新了。是呀，道情是道情，咱用新风味把她演出来，是吗？新型农民了，是吗？新型农民咱用新风味把它演出来，咱调不要改嘛，咱以前不敢唱，现在不是敢唱了，咱不能光唱老调吧。是吧，咱就唱新的。老调新动作，加起来，这就好了嘛。可是了，没有人教。

杨：要发展创新。

陈小莲：哦，对啦对啦。你说咱这会了，就是两千年以后的人嘛，现在还唱着 wu（那时候的）时候的。这个要是真的失传了，也怪可惜的。

杨：那你们希望自己的孩子学这个吗？

陈小莲：怎么不希望呀。

杨：他们想不想学？

陈小莲：想，都可想了。你像这个道情吧，她（指胡爱珍）的后代，她（指陈喜梅）的后代，我的后代吧，肯定都会。她（指胡爱珍）的小孙女都唱的 biabia（就是顺溜的意思）的。可是在这个上头没啥发展。

胡：学。

4. 山西安泽县和川镇和川村赵向东访谈资料

被访谈人：赵根喜夫妇

访谈时间：2013 年 5 月 16 日   10：10

访谈地点：赵根喜家中

访谈人：毛巧晖   杨喜凤   朱婵媛

录音：朱婵媛

整理人：杨喜凤

毛：以前它这个"演出团"叫什么？

赵：以前叫宣传队。

杨：宣传队。

赵：还是以前"文化大革命"，闹这个思想宣传嘛。

杨：那个时候主要演一些什么内容？

赵：那个就是七几年以后学大寨了。

毛：哦，学大寨。

赵：以前表演唱比较多一些，它就是那个，学大寨的那种形式。

杨：那你觉得就是咱们现在和以前有什么不同吗？现在这个道情戏。

赵：现在道情要按以前，它这个是单调一些嘛，就是有那个调子就一直唱，这后来挖掘得多一点了，就多了，嘿嘿（笑）。

杨：以前主要是什么调？

赵：以前主要是民间小调，它也不属于什么民族的，这不是强调"民族的就是世界的吗？"就发展了有民族地域特色的现在的和川道情。

朱：那你们以前叫什么了？

赵：你说这个曲调，它以前也没有名字。

毛：哦，没有名字啊。

赵：你想以前学大寨，它编了这个节目了，就这种曲目就定了，要是演其他的节目吧，它就一直叫学大寨，学大寨。

杨：我们现在不是叫它和川道情嘛，以前有没有个名字？叫它什么？

赵：以前它就没有个正经名字。

朱：你们自个儿怎么叫它？

赵：就是这种曲调，曲调是后来，1976年、1977年后它就按乡间这个传说是老道说情，就是传说有个老道每年10月份来这参加庙会，人家来这以后传道，可他这个传道的方式和其他人不一样，这段都是传说啊，他这个就是连说带唱，唱一个这种调调呀，他每年来一次，来这就一直唱唱唱，有些人就听，大部分就是呀儿伊儿啷（哼唱），它就是那种调调，又欢快又自然，后来就说这个道情，你说叫眉户，它也不是眉户调，你说叫其他小调吧，它也不是小调，这就叫他道情。

毛：也就是说从一定程度上说是和那个老道有关系？

赵：嗯。老道说情，现在书上一直就是按这个传说，为什么叫道情了，就是按这个。

朱：就是相当于1977年的事？

赵：这个早，这是传说，这就是1976年以后不能叫眉户，也不能叫小调，后来就起了叫和川小调，后来又说有这个传说，道情好听，就改叫成道情了。

朱：平常我们村里边人怎么叫它，叫和川道情？

赵：嗯，道情，和川道情。

毛：然后你也是小时候在学校里面学会唱着这个的？

赵：嗯，跟上人家这一伙，就是这个谁刘锦堂，跟上人家以后啊，就是人家传下这种调，有些呀……会唱这个，说老汉唱两句，他就唱嗒嗒嗒（哼唱）就唱，唱这个调又不是，我就把它整理起来，这四个老汉唱的调非常好听，就是学大寨背那个石头，就起了个石头调。我自己又把他起的石头调，它不正规，不像人家那个眉户，你说唱啥调就唱啥调。咱们这个很随意，自己起各种调。

杨：您主要唱什么角色呀，在这种戏里？

赵：我这个，呀，反正我啥也演。

杨：演过啥？

赵：演一些个就按现在说就是反面人物，演老汉也多，反正这个就你根据你的节目。大部分就是拍点小戏剧，适应当地的小戏剧，需要哪个就演哪个。

毛：哦，需要哪个就演哪个，反正就多是反面人物和老汉。

赵：是的，后来就是大队成立了宣传队，专业队，学校也有人教。

朱：学校是和刘锦堂学了，还是和其他人？

赵：老师们教。

朱：哦，老师们也都会？

赵：他们的那个道情调和咱这个不一样，因为教员教的个体调比较多一点，和道情调不一样，他们带点那种调，到了农村那调调就多了。

杨：学这个有没有要求，比方说男的不能学，女的能学什么的或者还有其他什么？

赵：都能学，在县上办，在镇上办，当时大队领导来了几十个人，各大队都来，来了以后县上都有教师，教你这些乐理呀，教你这些唱腔呀，啥的，一弄就是一个月，它是这种往下传承的。

杨：哦。

赵：县上也是，到这个七几年以后哇，每年到了这个冬天里头，到各个村里抽上三到五个，直接到文化宫培训。

毛：相当于这都是学校组织的，或者是镇上宣传的？

赵：嗯，后来这就是镇上搞培训，这个咱村上以前不是人多呀，镇上有专业队，"文化大革命"那会的专业队。这后来都是自己组织的班，再后来也没有了，（其妻说）就是"文化大革命"那时有专业队、宣传队，专干这，现在你这会又不挣钱，都顾不上，这就是哪里来检查了，大队的书记就赶快去，去排几个节目，弄个二十几天一分钱也不挣，就是哪里检查了随便应付应付，哈哈哈，这个说话不好听，但就是这么回事。

杨：以前是男的唱得多还是女的唱得多？

赵：一般是女的多，男的比较少，现在男的更少，基本上就没个男的。

杨：拉那个乐器的了？

赵：都是老的。

杨：女的会拉那个吗？

赵：女的不多。

毛：您参加过什么表演没？一般都在哪演出？

赵：以前是在县上搞会演，后来就是在市里头，还有就是企业比方说信用联社，就排下节目给人家去演。

朱：参加信用联社，就是他们邀请您去的，他们应该给你们发报酬。

赵：他们不和个人说话，直接和村上走。

杨：就是我们现在这个"演出团"是属于个人组织，还是属于政府组织？

赵：村上走，就是大队组织。

杨：您现在是负责人？

赵：（笑）哎呀，这个，（其妻说）负责不负责哇，就是谁来检查了想看节目就看，就黑夜彩排，白天彩排演一演，这就算是了，就是人家组织起来，搞一个晚会，搞一个多小时。

杨：您哪年开始成为"演出团"的负责人？

赵：它这个，啥负责人不负责人哇，就是一块组织吧，反正是一茬一茬都换了，有的就参加不成了，有的就又来了，像咱这个年龄大了，咱也不出去，在这地方你说这个编也好，导也好，演也好，就比较好组织。

朱：您主要是说好组织？

赵：哦，好组织。（其妻）就是管理，导他们比较好。哦，排什么节目，他给人家导导演演，这就是，负责吧，管理那就是人家村里弄的。

毛：那有的活动和村大队联系，那是不就是村大队和您联系，让您和"演出团"的人联系，还是怎么的？

赵：我以前就是直接就通知来这排节目。

朱：你们每个人都通知到？

赵：嗯，每个人都通知到。现在就成了啥就是组织好了以后村上人去管理，后来我又在咱乡里，比较大一点，再一个你说他们这些人也没个收入，所以就村上组织了嘛，（其妻）因为你这也没个收入，你说你通知人家谁，十天半个月的你啥也没有啥，你也不好通知人家，只能书记通知，书记通知去，他只是负责排排、练练。

杨：你主要负责这个排排、练练？

赵：就像通知人，你也没有工资没有收入，你通知人家，人家就和你说了嘛，人家现在没有白干的，指望大队也给不了你个啥，娱乐娱乐排个节目，检查了啥的马上去给演个节目，这就是那个政策，哈哈哈……

杨：哦，对，现在这个"演出团"一共多少人？

赵：就二十来个人。

朱：我听说是有二十一个，还是二十二个？

赵：哦，也就二十来个。

杨：男的有多少个？

赵：这个就是，全算的话有对半。

杨：哦，一半，男的和女的对半，就是唱的男的有多少个？

赵：唱的就是三四个。

杨：少了现在？

赵：嗯，少了，女的多。

杨：女的有多少个能唱，现在？

赵：女的就是只要参加的都行。

杨：嗯，都行。

赵：就是该轮到谁唱啥就唱啥。

杨：他们就都是咱们和川人？

赵：嗯，都是，都是农民，都不挣工资，没有挣工资的。

杨：就像是现在男的一般唱什么角色？

赵：男的还是按以前表演唱的形式多一些，戏剧，你比方说第一个重头戏，你比方说前段时间排的那个《老人难》非常感人，都能把人演哭了，这种演员就是那个比我大的六十多那个，也是演老汉的，我再演个其他角色，因为这个演员年龄嘛，如果我演这老汉，他演其他的年轻的，他这个年龄就不行，他就不适合。

杨：现在我们这个里边都是什么年龄段的人比较多？

赵：呀，五十多的多。有两个小点的了，四十来岁。大部分呀，男的都是五十多。

杨：主要用的什么乐器？

赵：乐器呀，你像这二胡、电子琴、大提琴、小提琴、笛子、唢呐这些，东西都有，全着了！

杨：这些都是我们自己弄的，还是？

赵：村上。

毛：用什么道具呀？

赵：道具也是村上给的。

杨：有什么道具？

赵：现在就是演啥，你比方说演戏剧就得有戏剧的房子。用啥咱闹啥，服装也是村上给弄。

杨：哦，服装也是村上给弄。

赵：嗯，也是，需要老汉衣裳就弄，啥衣裳也有。

杨：我们演出的时候化装吗？

赵：化妆。

杨：有专门的化妆人员吗？

赵：就自己化，哈哈哈，自己都行，都是老的化，化妆不好吧，总得化化，你不化不好看嘛。

杨：像咱们这个一般都什么时候表演，唱这个道情？

赵：它一般的这个，像现在的这个，今年多，年事个（去年）也多，去年不是在后山这块开的现场会，镇上就给演一台节目。还有这个政法委来这，就提前告了的就演节目，平常的话这个闲的时候，像现在比较忙一点，特别是到秋天以后、冬天以后就搞一下。

杨：逢年过节的时候演吗？

赵：搞，现在那就是，你比方说头几年的"七一"就搞一场。（其妻）这些人不挣工资也得搞了，这身上穿的戴的都是他们给弄了。

杨：就是"七一"，还有什么？

赵：国庆节，我们代表镇上到县上去参加节目了。

毛：每次演出都演一些什么剧目呀？

赵：它就是，有时候你就根据人家这个形势。你像人家"七一"这个，以党为中心，歌颂党的政策好，"三个代表"好，就按这个。你像国庆节就按其他思路弄节目。

毛：有没有固定演出的剧目，还是每次演的都不一样？

赵：大部分都不一样，表演唱的就不一样。你像这个戏剧，小戏就成了坐台戏了，你像《老人难》，久演不衰，它越演越好，感动人，它不参加政治因素，它不是政治内容，不像以前的传统戏呀。媳妇不孝顺老公公嘛，她老公公的这种唱腔呀，还把人唱哭了，底下的观众哭了，像这种节目就很成功，像那种坐台节目就是保留节目，（其妻）他这个工资发不了，支持的话就一年排上一两个节目。

杨：好的节目较少？

赵妻：因为啥，他不是正常的，他不能一直排节目，要是一直排节目就多了嘛。

杨：现在就像我们演的一些节目都有哪些呀，就是剧目？

赵：现在还不少了，你们没有去到村上，村上就有那些节目单。

朱：哦，我们看过了，你们都演过？

赵：都演过，还有一些名单里头没放的都在那个抽屉里放着了，只要演过的都在那里了，那都是全演了的。

朱：你们一年平均演多少次？

赵：呀，有时候就根据上边安排了啊。

毛：你感觉最多的？

赵：呀，数去年多了，可能，呵呵。

朱：演了有十几场没？

赵：有。

杨：我们这个"演出团"是哪年成立的？

赵：它这个呀，够十年了，十年了、十一年了。我48岁那年就在那个二郎庙，（其妻）以前是演电影的，我们一家都是演电影的。演电影不是不挣钱嘛，不是不行了，这就不干了，不干以后了过了几年，不是人家这个王××到大队当书记，和他都是一般般大，都是同学，这就是人家大队说哪里来检查了，弄个小节目，就给人家排演，就是这个样子，从那会开始，反正要不排节目就那么一会会，要是排节目你就得半月二十天的，大队管管饭，就是这么些事，哈哈……

杨： 您会唱吗？

赵妻： 我不会，呵呵……

毛： 那你们排节目是晚上排，还是白天也排？

赵： 都排，根据实际情况了嘛。咱要是时间长、节目少，因为咱都是农民嘛，你不挣啥，耽误这个工作你就黑夜排，有时候到跟前了再弄上两天，就是黑夜也排，白天也排。

杨： 对，那您觉得您演这个道情对您这个生活有什么影响吗？

赵： 起码快乐了，呵呵……快乐。（其妻）影响大了，你自己倒快乐了。

朱： 那家里人支持吗？

赵： 支持，不支持敢去吗？呵呵……（其妻）在家里不待就走了，后晌才回来。有时候有时间的时候给你回来放上一个小时的羊，再不做什么，这就又走了。把那羊都给饿的，又没有收入，最后就把羊都卖了，卖了后来就种地。种地这不是多一天少一天晚一天都能行啊，这就是种地，你总得维持生活呀。

朱： 就像您这也没有工资，您家里孩子有没有说不让您演了？

赵： 孩子们也挺支持的，家里支持，他不支持你就干不成。（其妻）你不支持吧，人家大队都是一伙伙，一疙瘩的哦。他这个就是困难点吧，就干两天还，倒也不是误的很长的工呀。

毛： 那咱们现在出现的情况就是老人都年龄大了，那有没有考虑培养下一代接班人？

赵： 一直考虑的了，他主要是现在这个年轻人去了靠不住，你像现在这个年轻人这个负担。参加参加这个就间断了，他误不起这个工。

杨： 也有去的？

赵： 有去的。

杨： 他们去了一般就是咱们叫他们，还是他们自个儿去的？

赵： 他这就是一个爱好，还有就是稍微有点基础他才去了嘛，纯粹没有基础，他不是学生，你从头教那就不行了。

杨： 哦，就是谁愿意学了，去了，大家就教教？

赵：嗯嗯。

朱：但是都是坚持不下来。

赵：嗯，坚持不下来。年轻人他靠不住，就像这老的哇，哪个也在家了，电话一打都去了。

毛：那你们年龄最小的多大了。

赵：就是四十来岁。

朱：四十来岁，就是女的里边的，是吧？

赵：嗯，女的。

朱：最大的就是刘锦堂了吧？

赵：嗯，就是他了，他现在76岁。那个小的和我同岁，还有个刘元友。

杨：对，他是不是传承人？

赵：他也是时间长嘛，他从七几年开始吧，和我差不多吧。

朱：你们这什么时候成为"非遗"的，您知道不？

赵：知道，这个知道。

毛：哪一年申请的？

赵：哎呀，那个不知道哪一年，记不清哪一年了，那个谁在这了，马志超，马志超是副县长。人家在这以后，人家就搞的，零几年来着，这个这个……

毛：那个刘元友他是传承人吗？

赵：他和我一样嘛，都是七几年参加的，就是老刘呀，人家参加早，他接受比我早一点。（其妻）人家不在，或者也不参加啥，他就是有时候编一编呀啥的，年龄大了，不行了，人家不和他们一样，年龄大了，白天吧你说还能去了，黑夜就熬不住了，你就像他有时候打打板。

杨：您觉得和川道情有什么特点吗，有我们自己的特点吗？

赵：它这个和川道情，你要是演戏剧，它这个就有一点民歌这个调调，这种小调它欢快，它活跃。其他那些表演那些呀，二人台，它活跃着点就行。搞戏剧呀，就采用一点民歌这种曲目。

朱：我们主要就是小戏剧和二人台是吧，然后就叫和川道情，就是有些什么表演形式？

赵：和川道情主要就是从这个调调上去断定他是道情调。

毛：哦，主要是从调上判断。

赵：你像这个蒲剧民歌，主要是这种调叫道情调。他唱出来以后就不是一个调，你要是愿意听，这靠感觉呀，那个民歌一场带着秦腔味儿了，他感觉不一样。

朱：那咱们就和那个眉户调有啥不一样？

赵：人家眉户调多着了，咱这个还没有那眉户调活跃。有些调人家就活跃得很，它这就是这种情况。

朱：他们说那个四平调是眉户调里边的吗？

赵：嗯，是。

毛：你们也用这个四平调唱了？

赵：嗯，也用了。

杨：那和他们用的那个一样吗？

赵：不一样，因为啥，这种调不是按照眉户调这种正经的系统来的。以前这个上岁数的来说，以前老早不是唱那个《一颗红心》，有一点印象吗？像那种调，就我说的那个眉县、户县那种调。现在的就是改革调嘛，你像咱这种调还是人家以前《一颗红心》的那种老调，他还是按以前那个不动的，原汁原味的。他们就是说不要去改革，就按这个。你一改革就没有味了，你唱不出来人家那个眉户调，还把人家这个老调给没了。

朱：相当于是人家的改革了，咱们的没变是吧。

赵：嗯，咱不改，不要动。你说你动，你又撵不上人家那个，你把你这个味又变了，也不是你这个味了。

杨：我们这个主要有什么调子呀，除了这个四平调？

赵：和川道情，都有，眉户调，八九十来种了都用上它了，它这个演出来戏剧的效果好嘛。

杨：我们平时表演的时候一般是几个人在台上演了？

赵：要看你表演啥了嘛，最多的就是八个人了，十个人了。

杨：表演唱人多？

赵：戏剧人少嘛。

毛：戏剧一般是几个人？

赵：一般是五六个，它根据这个剧情嘛。

杨：一般都是什么角色呀，像戏剧不是有生旦净末丑角色嘛？

赵：它不存在这个，它不演传统戏，传统戏有这个，现在一般不演传统戏，就演这个农村戏。需要老汉，老汉就是老汉，媳妇就是媳妇，老婆就是老婆，姑娘就是姑娘，小伙就是小伙，它是这种，啥样就是啥样，它是按这个走的，它不存在像唱传统戏，你是旦角就是旦角，丑角就是丑角。就像你那天见的那个胡爱珍，演这个《老人难》，它就是个哭戏，她这就难得不行，她为啥难了，她演了一个非常抠的媳妇，磕绊老公公，顶他一句，杠他一句，这个弄得。你就像那个女的演他那个闺女，她就不是那种性格，你见了这个胡爱珍，她说话就是叽里呱啦的，她性格就在这了。

杨：咱们演出的时候就是演员在中间，乐队在两边？

赵：哦，乐队在一边吧。

杨：我们伴奏的就只用乐器，不用音乐吗？

赵：不用，没啥用。你放那个你还得录下了，你录就还是这伙人嘛，你还得拉，你又不是唱人家的歌曲了，青藏高原啥的，你录好它，放就对了，这个你不行，民间小调，和川道情你这个调，你调不出来。

杨：刘锦堂写出的曲子和乐队合到一起的时候……

赵：它现在是怎么，你像老刘这个他就现在不考虑曲谱了，他把曲谱拿过来给了我，我就排给乐队，见了乐队后我就和他商量，商量后根据剧情编，哪个地方不合适再改，最后都标上什么调什么调，标好了之后才给往下发。

朱：相当于是编调的活是您和乐队负责？

赵：哎，对。

杨：能写剧本的就是刘锦堂吧？

赵：就他写了。

杨：还有人会写吗？

赵：他现在，以前七几年那会，我也闹，当时就是编一些学大寨，那会好编嘛，就照人家那个形势编点这个。

朱：您现在还有没有以前编下的了？

赵：没有了，没有，根本没有了，以前那个条件呀。就是我写好再给了你，你抄，你抄好，保存的可能性很小，不像现在可以打印复制。……

朱：哦，所以您就没保留下是吧？

毛：您以前主要写了几个剧目？

赵：哎呀，它以前这个，你像我那年搞这个讲迷信的，我和刘锦堂合伙就搞了个《求药》，当年参加会演得了一等奖，嘿嘿……

杨：那现在这个剧本还有吗？

赵：没有了，剧本，他都是七几年那个，我和刘锦堂一起编的，我演这个剧目的。

杨：《求药》是几个人演的？

赵：三四个。

杨：就是破除迷信？

赵：嗯，破除迷信，他那年就是全县都来这个山上去求药了。

杨：哦，那是什么情况？

赵：他就那种迷信，迷信人了，人家不是现在就打击这个了，演了这个节目以后影响大，非常好，县里就看上了去参加会演，起码这个节目跟形势跟得好，咱又唱的是和川道情这种调，咱县里头这种调比起其他小调好听嘛。

杨：那是哪年的事呀？

赵：七几年，76 年。

杨：哦，76 年，上麻衣寺的人多不多？

赵：多，都是去求药的。

杨：现在还多吗？

赵：没有了，就是那一年搞了一年，后来就，县上就把那封了，就不叫人去了。

朱：为啥就说麻衣寺的那个药灵？

赵：它就是人传的，传说嘛。

杨：有什么传说吗？怎么传的？

赵：当时就是那个传说，说什么蛇仙从什么修炼来到麻衣寺这了，听这个老人说了，这个老汉有这么个人是麻衣寺下边的。我演的就是他这个角色，实际上人家没有这个情况，人家不是买的礼物去的吗？人家走了，这个老汉就把东西拿回去了，就根据这个剧情编的，弄的戏。

杨：您还能记得《求药》这个剧目内容吗？

赵：呀，不太记得了。

杨：您能记住几句呀？

赵：呀，呵呵，记不住了，想不起来了。

杨：哦，想不起来了。

朱：有没有小孩会唱道情的？

赵：小孩不大喜欢这个。

朱：小孩是不是一般不喜欢？

赵：哦，一般他们都唱歌多。

杨：您家的小孩会唱吗？

赵：不会，都不会。

朱：您表演的时候他们去看吗？

赵：去吧，还能不去。

朱：都去是吧，但是不学是吧？

赵：不学。

杨：您几个孩子呀？

赵：两个，他们都比你们大，一个闺女一个小子。

杨：您以前放过电影还做过什么呀，您是高中毕业？

赵：初中。

杨：初中毕业以后……

赵：就到农村了嘛。

杨：哦，到农村，主要做一些什么呀。

赵：我这就参加农村劳动嘛，也没有搞其他的，八几年，1981年到镇上电影队演电影，演了十年。

杨：哦，演电影，然后后来演完十年电影就到这了？

赵：电影不行倒闭了，就回到村里了，然后这就是……（其妻）当队长，家里正经活没干，放十年电影，当十年队长，然后这又十年演戏，啥也没落下，工资不挣一分，呵呵……演电影演得倒闭了，干村民组长干到2004年以后。嗯一个村民组长也没有了，十二个嘛全撤了。就是为公家干了三十年，现在人家填个表了，弄个医疗保险呀啥的，这两天不是弄这个了，都没他的。这三十年给公家干了这么多，一分钱不挣，在家里开支，呵呵……

杨：像这个道情除了逢年过节，村里有婚丧嫁娶的请不请我们演？

赵：不多去，就是像我们这个"演出团"这一块家里有事了就去了，一般家里不去。

朱：就是结婚的时候去了，一般的白事不去？

赵：对，白事不去，白事就不搞这。

杨：表演这个有没有什么禁忌，就是不能做的事？

赵：啥？

朱：就是有没有什么讲究。

赵：没有啥，它这个没有啥。

朱：比方说信佛教了之类的。

赵：没有没有，啥也不讲究，该演，演就对了。

毛：那个庙会的时候你们去不去唱道情？

赵：以前参加过几回，一般表演两个节目，通常是人家的剧团来了以后给咱空个时间，咱去那演就行了。

朱：也唱的是道情？

赵：哦，道情。

朱：就一开始的时候去过几次，后来就没了，是吗？

赵：嗯。

毛：那咱们有没有一些内容是关于道教的，宗教色彩的？

赵：没有。

朱：都是关于咱们农村生活的？

赵：嗯，都是农村生活，他搞这个戏剧就是，你像这个《老人难》，就是媳妇不孝顺。以前编的那个《离婚》，就是两口子搁不着（相处不融洽之意）离婚了。它就是搞这种，其他的那些节目咱就不多弄。

毛：那您现在还写不写剧本呢？

赵：现在不用写嘛，他（指刘锦堂）就给了，主要是演节目的少嘛，太少。有时候就和以前那个不一样，就像学大寨那会你编上啥就是啥嘛，只要是学大寨的就行，现在就是搞下来起码你得有参考了，参考就是老刘那，你弄好，我组织这伙人就方便。

毛：您最先开始接触这些剧的时候一般多长时间能学会？

杨：就是给您一个新剧目，您演，一般多长时间？

　　赵：这个快，现在就是表演唱这个，他不是唱腔少，词少，就容易记嘛。戏剧排的时候你就把战线拉得长点，先排出这个动作，这样就容易记词，又好记调。

　　毛：哦，就快了是吧，您一般多长时间，一个星期还是？

　　赵：你像这个戏剧吧，大部分是黑夜多，白天这个人就不行，误了时间太长，黑夜弄以后十天八天一个小戏就出来了。

　　朱：就光是晚上？

　　赵：晚上，一个半个小时四十分钟就出来了，咱这不是连场戏，时间就短点。

　　朱：你们参加过几次呀？

　　赵：参加了好几次了。

　　朱：现在也是每周五都有？

　　赵：哦，县上搞嘛。

　　朱：县上搞的？

　　赵：对，有时候就到县上参加了。

　　朱：是你们"演出团"都去了？

　　赵：有谁的节目谁去，没有节目就不去了。

　　朱：也不去看？

　　赵：不像你去搞一个晚会，参加了十来八分钟就可以了。

　　朱：哦，就是谁有节目谁去，其他人也不用说是去看看什么了？

　　赵：不用不用。

　　杨：那现在和川道情是个什么情况？

　　赵：现在这个不是，头两天来着，计划把它整理一下，你像我们这伙人就是光唱，就知道唱，这个曲谱什么调，一个人叫一个名，不规范。像人家这个眉户吧，老早就叫，这就叫住了，把它规范。

　　朱：现在是谁负责这个整理的工作？

　　赵：现在就是我自己弄，别人没弄。

　　朱：就是你们"演出团"自己的人员弄？

　　赵：哦，其他人他也不知道你这种调，就像现在这个文化馆的馆长，我们以前一起演戏，他也退了。

　　朱：您现在负责弄这个调，已经开始弄了没？

　　赵：这个得乐队了。

杨：这个开始弄了没？

赵：才筹划呀，有些调不是你道情味。你像有的演戏唱的眉户调呀，人家就不要你这个，不能编到这个道情里头。我是这种想法，不是那眉户调，也不是其他小调，中间这段就是道情。演得时候挪用一下，那个能行，道情是啥了，几个调，几个曲谱，咱把这个弄出来。

朱：一般一个曲多长？

赵：你说这个调调哇，一般都是四句到六句，和眉户调那个道理一样，按四到六句，这个调就完了。

朱：你们计划多长时间把这个工作做好？

赵：呀，这个慢，你像这个乐队组织以后，他不是容易往一起凑，因为很多人都不在家，上外边打工，一年，主要只是冬天有闲余时间，这个计划弄就是到冬天里了，冬天打工的就都回来了，主要就准备这段时间把它弄出来。

杨：现在除了咱们"演出团"组织演这个道情，还有没有其他团体组织？

赵：他们没有这些个，它就是后来到了消夏月，跳个广场舞这些，就是利用咱这个道情的动作呀，调呀的。

朱：哦，就是把咱们的这套进去了，相当于个人就不唱道情吧？

赵：哦，不唱，现在这个道情就是年轻人跟上听两句就行了，这种道情的调都是上岁数的人会。七十多岁的，就像老刘这种人，人家以前这种人唱得多，他就和民间小调一样谁都会唱两句，那就多了，到后边这就不行了。

杨：现在会唱的人少了？

赵：嗯，就少了。

朱：您也没带个徒弟出来，教教他？

赵：哈哈哈，我都年龄大了，年轻人不干。

杨：学这个关键是没有啥经济来源。

赵：他和其他不一样，你像人家搞其他的，排节目的话加紧一个月都要排了，排了以后去参加县里的演出，一样不上班排节目他挣钱嘛，这人就好集中嘛，这就好弄嘛。就像这误的时间长都接受不了。

杨：您看如果我们这个道情再没人学的话是不是就传不下去了？

赵：把这个弄好，曲谱弄好，把这个保存下来，保存下来这个你要是识谱的，他就给你拉下来，唱下来了，这是个关键。词好说，戏剧呀，表演，唱呀啥的，人家有些人自己学学就弄得比较好了，这个曲谱不行呀，没有个好的你传承不下来。

朱：你们的工作也挺难的，任务量重呀。

赵：哦，呵呵……

朱：你们是不是今年表演得比较少？

赵：今年也差不多吧，也不少，没有往年多，也是现场会多，是在这开现场会，现场会一开非看节目不行。

朱：听说你们这个村子是个移民村，是吗？

赵：哦，以前是传说哇。

毛：这是咋回事呀？

赵：闹不清。

朱：你小时候也没听老人说是从哪里移过来的？

赵：没听说，他这个地方主要是人杂嘛，像这在街上说话这些人啊，河南话，武安话，沁源话，不仅是说外边来到这的人啊，他就是以前的老户就是这样的，你像我这个说话也不算河南话，带个河南味，你想这里是河北武安人多。

朱：为啥都移到这里了，你们这是因为啥？

赵：闹不清楚。

毛：咱们这儿在您的记忆里或是听人说安泽发生过什么灾难吗？

赵：从咱记忆里没有。

杨：那个麻衣寺您知道有什么故事传说吗？

赵：呀，那个闹不清楚。

毛：荀子您听过吗？

赵：荀子是后来建的。

杨：以前知道吗？就是没建那个雕像前你们知道不？

赵：印象不大。

朱：那就相当于是都建了以后人们才知道的吧？

赵：嗯，对。

朱：还有一些荀子酒了什么的都是后来的？

赵：都是后来的。

朱："演出团"的表演队上也不给你们啥奖励？

赵：没有啥，有时候镇上给出两个钱，搞些活动嘛，现在这个村上的财源都在镇上了，镇上一般也就给村上几百块。

杨：那我们这个是属于村上管还是镇上管？

赵：属于村上的。

朱：村大队？

赵：嗯，镇上他不直接领导你，有啥就跟村上说。

朱：当时是为什么就要办这么个演出团了？

赵：这中间就是几年了，以前那个老书记王××跟我老同学，他也爱好演戏，后来就和我说，咱几个老家伙演戏哇，说演哇，年龄大记不住词，就这个传传传传，就组织了，一组织起来这个，这个越弄越好，呵呵……

朱：就是他提议的是吧？很快把你们都组织起来了，是吗？

赵：嗯，像八几年就间断了这种活动。

朱：为什么间断了？

赵：他这个改革开放以后，没人组织这些了。农村的农民，这些人他不是退休人员，每个人都有退休工资，他们很多出去打工，个人不好组织人，村上组织就比较容易一点，个人哪能把大家组织到一起嘛。

毛：到哪年就又恢复了？

赵：就零几年才开始的。

朱：就相当于是"演出团"办的时候吧，"演出团"是零几年开始的是吧？

赵：哦，对的。

杨：就是中断的那段时间还有没有人唱这个道情？

赵：只是不参加集体演出了嘛，但在家唱。

朱：就八几年中断的时候在村子里还演不？

赵：村子里不多。

朱：哦，就是自己演一下？

赵：嗯。

朱：那个二郎庙还开着吗？

赵：开着了哇，有一个老婆子在那看着了，你们没上去？

毛：我们打算一会上去，二郎庙那边是不是没人会唱道情。

赵：哦，那就是一种传说，二郎庙也没人，就一个老婆子在那看着了。

杨：她会唱吗？

赵：她不会。

朱：有没有说这传说是什么时候的事呀？

赵：呀，村上有本关于二郎庙的书呢。

杨：叫什么名字？

赵：他是什么名字记不准，但中间就讲了一段道情。

附　　录

一　朱婵媛的调查日志

调查人：毛巧晖　朱婵媛　杨喜凤

执笔人：朱婵媛

调查地点：和川镇　唐城镇

2013 年 5 月 14 日　星期二　晴

早上 10：20 我们从临汾兵站路路汽车站出发，13：10 到安泽，13：55 吃完饭，14：05 坐县乡公交到达和川镇。

15：20 的时候，我们前往刘锦堂先生家，他家中还有一位道情表演者赵向东。由于杨喜凤之前已去过，所以刘先生已知道我们的来意。说过几番问候话语，我们很快进入正题。这次杨喜凤和毛巧晖负责访谈，我负责记录和拍照。当问到他们什么时候开始接触道情，赵向东说到是出于爱好，说他自己在学校的时候就出演了《红灯记》。他就读于和川小学直到高一班毕业回农村接受劳动改造，当记工员一年。后在生产队当会计二年，又任青年团团总支书记。接着又在小学做教员干了十年，还做过放映员、养过鱼、做过印刷厂工人等。后来退休后，就一直唱道情。

刘锦堂是从 1957 年的时候开始搞文化工作，最早是俱乐部，然后是文艺宣传队，现在参加和川道情演出团。他出生于 1941 年正月初六，如今已 73 岁，但是依然坚持自己的文艺工作，纵使早已退休却仍坚持创作工作。他说以前和川镇贫穷，人们以秧歌为主，后来有了道情，他 1957 年开始做文艺工作，毕业后在县文化馆工作，先演唱表演，后来开始自己创作（1966 年开始），1979 年进的公社，

1982 年转正，现在剧团 90% 的内容都是他创作的。他说年轻人主要以舞蹈和唱歌为主，编不了剧本，剧本的内容都不一样，根据时代特征来创作。例如上山下乡期就写知青的剧，改革时编改革的剧，修路的剧为了歌颂交通局。后来逐渐融入晋南道情、沁源小调、眉户剧等而形成独特的和川道情。和川镇的道情艺术是民众自编自导自演的民间小戏，内容短小精悍，以日常工作为创作背景来反映村里县里的工作重心，语言通俗易懂，没有华丽的语言，深受当地百姓的喜欢。赵向东这时候提到剧本目的：身边的人演身边的事，来教育身边的人。这句话将道情的最本质目的阐释出来了。"演出团"已经成立了六七年时间，前身是宣传队，是在马县长（马志超）的提议下成立的。由于村中经济状况不太好，收入并不多，人们大多依靠农业为生，故平时村民忙于农业种植，当有表演时，负责人会临时打电话通知排练。目前"农家乐"已经在周围多个地区表演过，如在唐城表演过二次，在三交村演过一次，在县城演过六七次。出外表演一般会管饭，平时村大队给些福利，如米面、油、衣服，年底也会给三五百元的补助，但是这远远不能满足"演出团"成员的日常生活。通常表演一场一个半小时，在广场舞台表演有 30 多个剧目，长剧一般一个小时，短剧一般十几分钟，通常为领导表演短剧。每一节目人数不等，二人、四人、六人、八人的都有。角色主要为生净丑，赵向东说自己通常表演丑角、老汉，属煽阴风点鬼火的角。刘锦堂说他们一般是自己化妆，大队会提供演出服装，若没有的话会适当买一些。

刘锦堂也提到他的担忧，其一是优秀的剧本创作人员不易寻找，现在他正培养一个徒弟赵李陈，他夸赞赵李陈有上进心，善于写作，愿意学习。所以希望以后能够由他继续创作。其二是待遇低，人们忙于农耕或者出外打工，年轻人不愿意学习，因而害怕以后道情会失传。

17：30 我们的访谈结束，经过他的同意，将其创作的剧本复印备份。

今日收获：①了解了地方文化精英刘锦堂的人生经历、创作过程、对道情的认识等情况。②对和川道情有了初步的了解。明日计划：①访谈刘锦堂徒弟。②采访"演出团"其他人员。③访谈当地民众对和川道情的认识。

2013 年 5 月 15 日　星期三　晴

　　早上七点我们起床后洗漱，收拾东西，约八点去村里找了个店吃早点，八点半到达刘锦堂家由他带着我们前去大队。八点四十到大队，刘锦堂向我们介绍正在修建的舞台将于 7 月份竣工，届时会有大型表演。进去大队，他首先为我们介绍排练室，室内放置表演乐器（二胡，锣，鼓，唢呐），音响，墙上挂着各级的奖励，创作的作品，"农家乐"成员及规章制度等。刘锦堂告诉我们，他们日常就在这里排练。接着又带我们去了图书馆，图书馆是面对全部村民的，图书内容涉及农业、法律、语言文学、历史等知识，丰富了村民的日常生活。

　　9：23 离开大队前往刘的徒弟赵李陈家，9：32 到他家，当时他刚从地里回来匆匆吃了早饭。约 9：40 他开始和我们谈道情，他说和川镇道情没有形成文字性的东西，都是口头相传，没有固定形式，说刘锦堂想要弄成系统，但是由于缺乏资金，故没法系统地整理出来。他也提到和川道情融合了洪洞道情、秦腔、沁源小调、眉户戏等。他说和川镇和川村是个移民村，多是河南人、山东人，也有部分平遥人、河北人。故综合了几种方言，语言较为柔和易懂。他提到自己父辈是河南林州人，因为 20 世纪 50 年代闹饥荒逃过来的。他 1957 年生，今年 57 虚岁，1974 年在和川小学从教，1975 起支农教 4 年，后任农总书记，又任革委会主任 4 年，1986 年返校任教 6 年，后任中学校长，现已长期请病假在家休息。有一儿一女，儿子在宣传部。他爱好极为广泛——玩乐器、打太极、钓鱼、摄影，还在家养蜂。他是在学校的时候开始接触道情，当时学校老师会唱，会拉乐器，他跟着老师学的，他主要是吹笛子，后来负责音响效果。现在刘锦堂让他学习并进行创作，现已有十五六个作品。刘锦堂夸赵李陈细心，文化水平高所以让他学习创作。赵李陈说道情多在农闲时表演，也有上级领导下来视察大队要求表演。道情在"文革"期间达到鼎盛，因为政治要求必须搞好文化宣传，当时根据社会形势表演。他还提到现在年轻人不愿意干这行。和川镇道情曲牌没有名堂，多借鉴其他戏曲曲牌，如眉户中的四平、五更、西京、紧述、岗调、扭丝、过门、剪花，蒲剧中的迷红人，沁源小调中的一迫葱、探亲。但是与他们的唱腔都不同。道情最早是眉户剧，后来穿插其他戏种，20世纪60年代开始系统化、形成格式，70年代末至80年代初唱红，现在就是保留延续阶段。我们的访谈一直到中午12点多。

13:30吃完饭前往大队，想要询问和川镇道情申请"非遗"的资料，到那以后大队门未开，我们在凉亭休息片刻。约两点有人来，说是3点上班，我们便在大队里休息到两点半，决定先去访谈妇女表演者。途中遇到送小孩上学的家长，问他们有没有听过道情，有一个六十多的大爷说他听过道情，有一个妇女说她不知道，但是我们问她有没有看过"农家乐演出团"表演，她说看过，但是不知道叫道情，说村里边叫四平调。我们沿路询问胡爱珍家，碰到一个热心肠的女人，将我们领往胡爱珍家，十分巧合遇到了"演出团"女表演者之一陈喜梅。她便打电话给她妹妹和胡爱珍，我们于15:20在胡爱珍家开始访谈她们，向她们简单做了自我介绍并说明来意。陈喜梅说胡爱珍是队里资格最老的女表演者。胡爱珍今年57岁了，她自己介绍从16岁开始接触道情，小时候听周围的人唱或广播里放，自己也喜欢，所以慢慢地开始学习演唱。她说以前表演较多，一个月有两三次，每次排练差不多得一星期，这几年表演次数减少。"演出团"创建于2003年，演员均出于个人爱好而加入，平时表演没有报酬，大队去年发过400元补助。演员对上一任书记王建国颇为感激，认为是王建国推动了和川道情的发展，在其上任后既对道情艺术关注，又对演员重视，逢年过节给他们发面，每年组织去旅游一次。他们经常出外表演，2003年曾在全市的信用社晚会表演，参加过县里的"七一"晚会、"八一"晚会、国庆晚会，还去过冀氏村（每人给了五十元）、唐城（每人一百元）、三交村。在本村表演较为频繁，遇到领导视察、学校剪彩也会表演，内容有宣传政策、教育村民等。他们也提到最近两年新节目不多，和川镇道情发展不如以前。我们的访谈持续了很长时间，她们对我们知无不言，在我们的强烈请求之下她们特意为我们表演了一段道情戏，让我们大饱眼福。

明日计划：①询问老书记王××，传承人刘连有，现在"演出团"负责人赵根喜。②寻找"非遗"资料。但是晚上打电话给他三位，王××和刘连有均出门在外，无法接受访谈。故我们改变计划决定明日下午去唐城镇开始调查花灯秧歌。

2013 年 5 月 16 日　星期三　晴转阴

　　早上 7 点起床匆匆收拾，8：20 吃完早饭，约 8：30 坐上去和川的公交车，9 点整汽车发车，约 9：30 到达和川镇。我们联系赵根喜，开始电话一直打不通，走到二郎庙山底，我们访问了一位大爷。大爷姓左，71 岁，他说自己偶尔会去看"农家乐演出团"表演。

　　9：50 联系上赵根喜，他说亲自来接我们。10：10 我们跟随赵根喜到达他家开始访谈。他今年 59 岁，1970 年初中毕业，1972 年参加宣传队，1980 年在县里放了 10 年电影，又任了 10 年的村民组长，后又演了 10 年的道情，现有一儿一女。他说以前的宣传队以表演唱为主，比较单调属于民间小调。一开始的调没有名堂，若是演背石头的戏就叫石头调，"文革"后叫和川小调，后来改为道情。当问到为何叫道情时，他说以前二郎庙来了个老道，常演唱道教音乐，他说曾经在大队见过相关的文字记载。赵根喜以唱为主，演老汉和反面角色多，他最早是在学校里跟着老师学的眉户，当时镇上也会办专业队、培训班之类的，他也会去学习一个月。后来跟随刘锦堂学习，现在是"农家乐演出团"的负责人，每当大队安排下节目他就负责排练。他说他和乐队正在筹划写曲调，但是现在是农忙期，只好等到冬天农闲了进行这计划。乐队现在有很多乐器都是大队提供的，有板胡、二胡、大提琴、小提琴、笛子……他说和川镇道情最大的特点就是它吸收了眉户等剧，眉户等不断发展变化，但是道情保留了原汁原味的眉户等曲调，而且表演语调多欢快、活跃，像是二人转。道情表演内容以歌颂党和"三农"政策为主，以前曾创作过一个反封建迷信的剧本《求药》，故事以 1976 年很多人去麻衣寺求药为背景，这个剧本还得了一等奖。其间他提到"演出团"现在男演唱者有三四个，多为五十多岁，女演唱者有七个，多为四十多岁。也有年轻人来学，大多是些爱好者，没有一定基础的学习，都坚持不下来，所以存在以后无继承人的可能性。11：10 我们从他家出来，前往大队寻找道情传说，见到一本小册子，将相关内容拍了照。11：30 我们从大队出来去镇政府询问有没有"非遗"的申报书等，结果负责人不在且联系不上，其他人又不了解情况，只得作罢。我们 12：40 吃完午饭，乘车准备去唐城镇调查秧歌。

13：40坐上车，14：10到唐城镇，转了转，找了住所放下东西。下午3点在村大队寻找唐城镇，花灯秧歌"申遗"材料，郭书记热情地将材料给我们找出来，又为我们介绍了东湾村的老艺人张秋生，我们将资料一一拍照。17：00在唐城镇，所在小城的街上碰到卫兴成老人（1943年生，71岁），他说小时候没有花灯，只是普通的秧歌，是在20世纪80年代以后才有的。花最开始是粘在洋瓷碗上的，比较小，现在是将二三十朵大花粘在一根长约80公分的树枝上。以前在花的顶端还放着煤油灯、洋蜡，现在是绑着手电筒。他说以前一班秧歌最多有五六十人，现在最多的有二百多人。花灯秧歌步法有三路步法：扭八字、编三、剪子股，一路步法蛇蜕皮。秧歌以前全是男的，因为过去轻视女子，但是改革开放后基本没有男的了，有也主要是舞狮子、扮旱船、打威风锣鼓等。以前秧歌队上了年纪的多，现在秧歌队年轻人不少，最年轻的十五六岁。以前扭秧歌全是出于娱乐而参加，现在扭秧歌的人大队每天给每人发三十或五十元补助。17：30采访完我们继续寻找，17：40碰到燕林娥老人（78岁），她是古县北平镇黄家窑人，来唐城镇看女儿。她说她们那也有花灯秧歌，她自己三四十岁时扭过。

今天主要收获：①进一步了解到和川镇道情的情况，询问到当地道情产生的相关传说。②获知道情创作的时代性特点。③得到唐城镇秧歌的"非遗"资料。④对唐城镇秧歌有了初步认识。明日计划：①访谈秧歌艺人张秋生。②找寻更多的秧歌表演者。

2013年5月17日   星期五   阴转小雨

早上七点起床，八点半吃完早点，便乘了辆面包车去东湾村，9：25到达张秋生家，他独身一人在家，不善言辞。我问他花灯秧歌的情况，他说他们叫闹花灯，每逢正月初五后就陆陆续续有花灯表演，村里一般是走街串巷，几个小时就够了，为了闹红火图热闹，正月十五则要去县里会演，从早上八点一直到晚上，特别辛苦。花灯有白天表演，也有晚上表演的，他说届时村大队负责人会提前联系好人员，发给制作花灯的彩纸和道具，还有绿色或桃红的服饰，服饰主要是为了达到统一的效果，要是晚上表演穿自己的衣服即可。秧歌队伍有扭秧歌的，划旱船，舞狮子，踩高跷等。花灯制作较为简单，过去是用麻纸糊成个约 20 公分的方盒子，里边固定个钉子，将蜡固定在里边。这里是右手举灯，左手拿绸。他说以前秧歌没有补助，但是都愿意去。这几年光是糊一枝花（七八十公分）像小树一样，自己做的，都要百元左右。以前边扭边唱，扭一扭唱一唱。即兴表演，领唱起个头，引出要出场的角色。

15：25 至 15：40 在焦瑞珍办公室看了一些以前表演的照片，15：50 郭书记带我们去找师金刚，他负责每年的秧歌会演，他说每年腊月二十就把任务布置给各小组长，将纸等发下去，过完年初五开始排练队形，由于大部分人都会跳，所以排练起来特别快。16：00 我们在镇医院见到师金刚。他 1968 年参加工作，也演舞台剧。他说"文革"期间秧歌断了十几年，他提到以前本土秧歌比较单调，新中国成立初期，中国人民解放军 25 团是从陕北过来，带来了更多的队形，才逐渐扩大，形式丰富。以前人员少也就是几十号人，现在有二百号人。以前正月十五一场，正月十九小添仓一场，二十五大添仓一场，然后二月二龙抬头一场，每年共演四场。秧歌队从村委会起点，串院子走街，人们认为秧歌表演会带来吉利。队前领唱的又叫"挑高"或"伞把子"，因为领唱手上举着伞，唱四句，调子是老调以前传下来的。每次演出时间不等，一般也需要两个小时。队形有：龙摆尾，走八字，蛇蜕皮，编蒜，剪子股，卷席筒，新的有走五环。以前花灯的制作方法，用饭碗作为灯座，里边点上捻子，在碗外边粘上剪纸。后来出现白菜灯、直筒灯、牡丹灯花样，逐渐进化到现在的花灯。花灯的演变是当地人民智慧的结晶，人们将生活物品灵活地运用于娱乐活动之中，丰富了百姓的文化生活。我们的访谈直到17：50 结束。

我们让师金刚给我们介绍扭秧歌的妇女，他把我们领到王云凤家。王云凤扭了一辈子秧歌了，现在依然扭，她拿出自己做的花灯给我们看，并为我们讲了花灯的制作方法。她丈夫张建国也是一位老艺人，听师金刚说他会唱"挑高"的词，我们请他给我们唱了几段。并询问了过去"挑高"的主要职能、唱词有哪些、在哪里表演、有何报酬等，张建国一一为我们说明。当我们询问到闹秧歌的原因，人们都认为就是图红火、图吉利，在人们看来一年一度的秧歌表演让人们身心得到放松，热闹的气氛会给人们带来好运，这是人们最本质的愿望，体现了民众的心理诉求。现在他们基本上讲不出花灯秧歌的仪式。

晚上我给张银莲和田富明打电话，约定访谈事情。田富明由于身体缘故不能接受我们访谈，和张银莲商定好明天的时间。

今天主要收获：①进一步了解到唐城镇秧歌的情况。②认识到东湾村花灯秧歌和唐城镇秧歌的异同。③了解到唐城镇秧歌新老变化，反映了其变异性。明日计划：访谈秧歌传承人张银莲。

2013 年 5 月 18 日　星期六　晴

根据昨天的计划，今天早上我们于 8：40 到达张银莲家中。张银莲 1946 年生，今年 68 岁，从 6 岁开始就接触秧歌，后来任妇女主任，村委书记，现任敬老院院长。她平常在县城照顾孙子，周末回敬老院处理工作。纵使她已经退休，依然闲不住在家剪纸，平常也跳老人舞、玩柔力球等。

唐城镇是个文化底蕴丰厚的地方，秧歌流传久远，唐城镇下属唐城村的秧歌起源传说与李世民有关，是老百姓为了纪念皇帝李世民。有一年大旱，旱得不行，李世民带领民众求雨，结果天真得下了雨，那年是好收成，从那开始人们点火把，跳秧歌庆祝。后来点的油松，扭秧歌庆祝了，最后变成了白天是拿着绸子扭，晚上就是简单的花灯。人们认为闹秧歌有吉利之意，像狮子滚绣球为了避邪，锣鼓捣一捣秧歌扭一扭是喜庆。秧歌除了在正月十五表演，哪家有结婚的、搬了新房子的或是开业的也会邀请秧歌队助兴。张银莲为花灯秧歌作出了很大贡献。她是一个善于思考的人，最初唐城镇的花灯秧歌很简单，从简单的到带花的，到白菜灯、莲花灯、牡丹灯，最后到了小树花灯、大树花灯，都是张银莲琢磨出来的。作为一名艺术爱好者和传承者，她努力传播与推广花灯艺术，唐城镇村大部分妇女都会做花灯，连带周边地区也人制作花灯。在她做支书时候，创立了百人秧歌队，并且统一了服装。她认为弄个百人秧歌队可以在县上有震动，在县上打出唐城镇的品牌来。

在访谈中我门发现当地人特别喜欢扭秧歌，在调查和川镇道情时，我发现那里面临的最大问题是继承表演，但是这个问题对于唐城镇秧歌不用担心，这里人们都爱扭秧歌，就算是不给工资人们每年也要扭一次。随着非物质文化遗产的成功申请，花灯秧歌受到更多的重视和保护，但是在传承的过程中，有些珍贵的内容也逐渐趋于消逝，例如"挑高"，以前秧歌表演时，就有专门负责唱的人，现场编词，见谁说谁的话，说些助兴的话。现在秧歌已基本不唱，年轻人更是不愿意学习演唱，没有了演唱，秧歌与民众的互动较之以前有所减少，以前秧歌会走街串户，进入院子为主家演唱，现在秧歌基本不串院子。在一些人看来，唐城镇秧歌缺少了娱乐性，增加了表演性。与张银莲的访谈一直到 10：20 结束。

我们本想到政府参观张银莲制作的花灯，她之前提到给宣传部做了几个花灯，从最初的样子到后来发展的每一阶段的花灯，她都做了模型。但是 10：40 我们到达县政府后，对方休息，所以不能看。我们只好失望地离开。

约 11：10 我们到县广场休息片刻，等到雒宁和兰天龙已经快 12：20，吃过午饭后，他俩说还要访谈安泽地方名人高剑峰老师，和他联系后让下午三点去望岳楼办公室找他。我们去了后问了些安泽的情况，他还给我们讲述了安泽构建荀子文化的情况，他说虽然短期内效果还未显现，但是长时间后文化的效果一定会出现的。访谈后我们乘车回到临汾，结束了我们的调查。今日收获：向传承人张银莲了解了唐城镇秧歌的情况以及她个人的生活史。

二　杨喜凤的调查日志

调查人：杨喜凤　朱婵媛
调查地点：和川镇
执笔人：杨喜凤

2013 年 5 月 14 日　星期二　晴

田野调查最让我们头疼的不是调查的辛苦和困难，而是从一个地方到另一个地方交通工具的问题。如果交通便利，就解决了很大的问题。这次去安泽的调查同样如是。我们等朱婵媛来了后出发。13：10 到安泽，下了车后我们先去吃饭。饭前，我联系了刘锦堂，刘锦堂是我们这次调查的访谈对象之一。吃完饭后坐上县城到唐城镇的县乡公交。四十多分钟的车程，到达和川镇后，我和朱婵媛先找了住的地方。向路人打听住宿的地方，告诉我们往前走，就有一家。第一次走到院子里，没人，我和朱婵媛还以为不能住宿。就出来了，到对面一家看似能住宿的地方，门不开，朱婵媛就推了几下，出来了一个妇女，说他们这不住宿，就是对面那家能住宿。我们又返回去，在院子里喊了几声，问："有人吗？"院子里非常安静，除了一只狗，就是其他静止的物体。好在终于出来了一位妇女。我们忙问："能住宿吗？"得到肯定的回答。上了二楼后，一个男的给我们开了房门。我们先放下东西，带上一些必备东西，准备去刘锦堂老人家。

刘锦堂很热情地把我们领到家中，忙给我们让座倒茶，很是热情。后来在访谈的过程中得知刘锦堂提前联系好了两位传承人，一位是赵向东，一位是赵李陈。赵李陈因去马场那边钓鱼去没来。我们就主要访谈了刘锦堂和赵向东。他们都是组织（安泽和川镇道情"农家乐演出团"）里的老成员。

刘锦堂，今年73岁。讲话很有激情。谈到他们组织的表演、人员情况和自己的人生阅历时，手舞足蹈，眉飞色舞。他1957年就开始接触道情，对和川镇道情作出了很大的贡献，在组织里起着核心的作用，是组织里年龄最大、资格最老的人。他是主要的编剧者，从1966年开始创作，目前已经写了二三十个剧目。主要有《风波》《老人难》《一块承包地》《岔路回头》等。他的编剧很贴近现实生活，具有教育意义。按照刘锦堂的话就是"村里面有个什么新鲜事，就是用我们身边的人演身边的事，再教育身边的人。主要是反映我们这个村里面和我们这个县里面的现实生活。最近这个县里面和村上有什么总体工作，然后我通过这个工作，加以编、改、修，然后分演角色，演、练，然后出台演出。就是用身边的人演身边的事，再教育身边的人"。他本人又会唱又会作词，并会简单的乐器。

赵向东，今年59岁，会唱会乐器。主要演丑角，也会唱歌、唱眉户。

根据对刘锦堂和赵向东的访谈，对和川镇道情及安泽和川镇"和川道情农家乐演出团"有如下了解：和川镇道情主要是吸收了沁源小调、眉户剧和晋南道情，这些在一起交叉演出的时间长了，逐渐融合演变而成。

安泽和川镇和川道情农家乐演出团，主要人员有 21 个，原来主要是刘锦堂负责，现在因年龄大了，由赵根喜负责。其中，女演员七个，男演员五六个。队伍年龄偏大点，年轻人不愿意干，他们不是不喜欢，而主要是经济原因。演出剧目都是自己创作的，根据当前的时事、总体工作，自己编，自己演，自己导。没有编好的曲谱，调子主要是根据唱段气氛配。形式多样，主要有演唱、襄阳打鼓、快板、三句半、小戏剧等。演出时间主要根据农闲农忙决定。表演场合主要在舞台上、在广场上。现在村广场上正在新修舞台。去过冀氏镇、唐城镇、三交乡下乡演出。到县城演出主要是参加"七一""八一""国庆节"等会演演出。

现在演员是女的多。因为女的表演唱呀、舞蹈呀，这块这女的多点，但是乐队上男的多。

本次调查主要了解了"农家乐"二位的人生履历，对道情的看法和态度。他们讲述了道情的历史、特点、服饰、乐器等情况。他们都表示了对道情传承的担忧，后继无人，出现断层，年青一代又不愿学习，老龄化现象严重。而且缺少男演员。了解了"农家乐"组织的基本情况。复印了刘锦堂创作的大部分作品，并得到和川镇道情的录像资料。我拿着这些东西去外面找复印店，就给他们两个（雒宁和兰天龙）打电话。我们在刘锦堂家访谈的时候，他们说黑虎庙已经访谈完过来了，我出来后就给他们打电话，联系上后，我就找复印地方，在一个修手机的地方看见能打印，就在复印的地方等他们，顺便和复印店老板谈价钱。五毛一张，肯定是很贵的。我就说我复印这么多，给便宜点吧。他说你说多少钱，我就想两毛就行，一毛一张肯定是不可能的，这个地方肯定不会像学校那么便宜。最后商量到两毛钱一张。我帮着店长夫人复印，她复印一张，我整理一张，速度慢，但态度挺好。复印到中间我想起来刘锦堂说还要帮我们联系两位妇女演唱者，不知道来了吗？担心朱婵媛一个人应对不来，就让兰天龙帮忙复印，我就先回到刘锦堂家，他们也没有过来，我俩就和刘闲聊。直到他们复印完回来。

7:00 离开家，回到宾馆吃饭，吃了饭后，休息一会写今天的总结和明天的计划。

2013 年 5 月 15 日　星期三　晴

7：00 起床，收拾完毕，出发，吃早点。每次出来调查，都是这样的步调。一出了宾馆的门，外面到处都是昨日庙会留下的遗物，在微风的吹动下，到处飘动，缭乱人心。吃罢早点，来到刘锦堂家，他依旧那么热情。进家后看到另一个陌生的面孔，我还以为是刘锦堂帮我们找的访谈对象。刘锦堂介绍说是他的同学，昨天过来赶庙会，刘锦堂向他的同学表示了歉意，送同学出门，带我们去村大队。

从刘锦堂家步行六七分钟到村大队。路上经过了幼儿园，过了幼儿园，就是大队广场。广场上正在修建舞台，刘锦堂告诉我们估计 7 月份竣工剪彩，并要表演道情，舞台提名"和川村文化活动中心"。在广场东面是群众休闲娱乐广场，以前道情多在这个舞台上表演。广场西面是公路，村大队建在广场北面。

到了大队后，刘锦堂简单作了介绍。在"文化大院"的房间内，有"农家乐"的乐器、道具、人员介绍，以及刘锦堂编的剧本。乐器主要有鼓、唢呐、二胡等，道具主要有伞。图书室内多是一些农业、科学技术、文学等方面的书。了解了大队关于和川道情的一些内容后，我们建议刘锦堂帮我们联系一下他的徒弟——赵李陈。刘锦堂及大队的一个老大爷帮我们联系到赵李陈，刘锦堂带我们去他家。

9：25 离开大队，前往赵李陈家。路上刘说，这个人是老师，现在请假在家，是他培养的一个徒弟，也写了几个剧本了。9：35 到赵李陈家，他家就在大街上，离我们昨晚住的地方不远。院子里养了几箱蜜蜂，很热情地把我们带进家，泡上大叶茶，让我们先喝。他还没有吃饭，刚从地里回来，去浇菜了。不一会他就吃完了饭。搬了凳子坐在茶几边上，和我们聊起来。主要谈到道情的现状和发展演变情况，曲牌，曲调，他创作的剧本，以及他的担忧，和他的个人情况。这中间他很是热情，一直往茶杯里添水，杯子总是满的。聊了差不多两个小时，我们去复印了他的剧本。返还了作品后，我们到刘锦堂家拿上书包。离开后，也到了吃中午饭的时间，我们就找了一个饭店——沁蔺饭店，吃了饭。大概下午两点的时候我们到了大队，看能不能找到关于道情申请"非遗"的资料，去的时候还没人，因为还没到上班时间。我们就在广场上的亭子里坐着休息。风吹得挺凉快，都有些累了，朱婵媛就坐在长椅上靠在柱子上休息，我坐在亭子中间的石桌前休息。一会，上午的那个大爷来了，看到我们在那坐着，就招呼我们过去，说领导三点上班，就让我们在办公室休息。朱婵媛躺在办公室的一排椅子上睡着了，我趴在桌子上睡着了，确实是累了。两点半醒来后，我们决定先去访谈村民，回来再问镇上申请"非遗"资料的事。离开大队后，看到家长送孩子上学。于是决定访谈他们。刚开始问了两个妇女，他们对这个也不了解，也没怎么听过。接下来访谈了一位六十多岁的大爷，他跟我们谈了一些，又问了一个大妈，她不是本地人，是来赶庙会的，不知道。又问了一个妇女她跟我们谈了一些。接下来我们决定去找胡爱珍，陈喜梅。就向路人问路，正好这位大姐也是刚送了孩子往家走，就领我们走了一段，然后给我们指了胡爱珍家怎么走。其实，我没怎么听明白，因为这里的路真的是七拐八弯。到了岔路口，我俩也不知道往哪边走了。就向骑着自行车朝我们过来的大姐问路，问她知道胡爱珍家怎么走吗？她说估计她不在家，建议我们找另一个会唱的，她说是陈喜梅。听到这个名字，我们说知道这个人，只是问路的时候说她家挺远的。说来也巧，她家就在附近，她就把自行车放在边上，带我们去陈喜梅家，在家门口喊了一会，有人在院子里回应说她不在家，出去了，去了谁谁家。我是没有听清楚，她就带我们去找，正巧在路上碰见了陈喜梅。她给我的感觉很年轻，很有活力。她说："当时回来的时候是想走后街了，要是走了那边就错过了。"还说昨天刘锦堂打电话，她后来就忘了，就没去。她就给胡爱珍和她妹妹打电话，我们边走边聊到了胡爱珍家。大老远胡爱珍就在院子里等着。一进屋就忙着冲大叶茶让我们坐。不一会，陈喜梅的妹妹也来了。他们又是跟我聊又是给我们唱，很热情。

离开后我们步行到大队，他们也是很积极地帮我们找申请"非遗"的资料，不过没有找到。也不知道是我们表达得不清楚，还是怎么回事。

离开后，我们去等公交，眼睁睁地看见一班公交离开，我们却没有坐上，就差一分钟。接下来就是漫长的一个小时的等待，还好等到了。售票员说你们可是等到了，说他刚才过去的时候，看见我们向前一辆车招手，前一辆车开得快，他还想给那个司机打电话。就这样，我们等了一个小时，这是最后一班车，前面的都是半个小时一趟，最后一趟就是一个小时。车上人很多，售票员还是给我们找了个坐的地方。弯弯曲曲山路，思绪却很平静。也许是跑了一天，懒得思考了吧。快八点的时候，回到县城，找到雒宁和兰天龙，大家一起出来吃了晚饭，回去聊了一会，就洗漱。然后整理今天的东西。躺在床上，想睡又睡不着。

2013 年 5 月 16 日　星期四　晴

半睡半醒，等待着时间，7:00 了，起来洗漱，收拾好，退房。我们四人又分开了，估计今天是不能聚到一起了。我俩赶紧吃了早饭，吸取昨天教训，赶早点，要不又得等一个小时了。

上了车，还是等着发车。虽说是半个小时一趟，总感觉不是。司机见了我们说，你们昨天坐的就是我的车，去那干吗呢。9:00，车开动了。感觉今天车挺快的，半个小时就到了，或许是坐习惯了的原因。下车后，朱婵媛联系赵根喜，刚开始打的几个电话都是无法接通。半是担忧半是安慰，如果实在联系不上，我们就直接去他家。我们就往二郎庙的方向走，昨天了解到他家大概在这个方向。在二郎庙附近，我们看到路边有个老大爷，就上去和他聊了几句。

联系上赵跟喜后，他说让我们在二郎庙那等着，这儿离他家还有二里地，他过来接我们。我就想他怎么过来，是开车还是骑摩托车或者自行车。结果都不是，他是步行过来的。他思维干净，是一个朴实无华的农民。

访谈完赵根喜，我们又到村委找道情的资料。据赵根喜说，那里有相关资料，结果仍是徒劳。跟镇政府李泽敏联系，希望她能帮我们在政府找到，但文化员请假不在。离开镇政府后，在同福饭店吃了中午饭。出来后等公交去唐城镇。和川镇的调查暂告一段落。

到了唐城镇后，我们首先找住的地方，这样可以先放下衣服和一些洗漱用品。先是去了一家看着比较正规的酒店——太岳大酒店，进去一问没房间了。只能离开，看了几家招待所之类的小旅店，感觉都差不多。就随便找了一家住下了。接下来就是熟悉一下唐城镇的环境，住宿的地方对面就是镇政府。可以说唐城镇主要是三条街，在另一条街上我们看到了村委会。进去转了一圈，没有人。就在村委院子里休息一会，有一名男子进来了，手上拿着几张纸，不知道正在给谁打电话。我以为他是来找村委的人来签字或者盖章的。他问我们找谁，来做什么。我们就说是来了解唐城镇秧歌的。他就不知道跟谁打了个电话。大致就是告诉对方：有两个姑娘，说是了解唐城镇秧歌，问对方在哪？挂了电话后，他说让我们去街上的一家五金店找郭书记。就这样，我们和村委的人联系上了，或许刚才那个人是村长，我也不能肯定，只是猜测罢了，不管怎样，还是挺感谢他的。

找到郭书记后，简要说明我们的来意。他便带着我们到村委办公室，给我们找"唐城镇花灯秧歌"非物质文化遗产申报资料，相关的照片锁在另一个柜子里，他没有钥匙，我们暂时看不到。道谢离开后，我们开始走街串巷，寻找访谈对象，因为郭书记给我们介绍的代表性传承人张银莲住在县城，说其他的人对这也不了解。接下来，在我们的寻找中，主要访谈了三个人。

王奶奶是我们的第一个访谈对象。出了村委，看到对面巷子里有个老奶奶坐在那里休息。老奶奶姓王，今年87岁。说她年轻的时候就扭秧歌。

卫大爷是我们的第二个访谈对象。访谈完王奶奶，我们寻找下一个访谈对象，走了好几条巷子，也没看到人。在大街上，我们访谈了卫大爷。卫大爷今年71岁，有四个儿子，一个女儿，都喜欢扭秧歌。当了三十多年的村长，曾多次组织并参加了扭秧歌活动。

燕奶奶是我们访谈的第三个人。燕奶奶是黄家窑人，今年78岁。这段时间住在闺女家。

在路上也问了很多路人，说都会扭秧歌，就是不了解这些，只是爱好。

2013 年 5 月 17 日　星期五　阴转小雨

昨天访谈中有人说东湾村男的扭秧歌的比较多，因为他们村子小，要是光靠妇女，组不成四五十人的秧歌队伍。我们决定今天去东湾跑一趟，吃了早饭后，看有没有去那的车，多是私家车去那。我们坐了一辆面包车，把我们送到村口，下车后，联系了访谈对象张秋生，几经询问终于找到了他家。

张秋生十几岁就开始参加秧歌表演，这几年不参加了。秧歌平时不扭，主要在正月，过了初五就开始了，县上正月十五组织会演。队伍主要有四五十个人，加上敲鼓的有五六十个人，差不多男女对半。

村子里面的人大部分都会，一般不需要排练。做纸花主要是大队买纸，发到参加人手里面，在自己家里糊。队形主要是转圈来回变。做完访谈，我们道谢离开，返回镇上。

回到镇上后，我们又去找了郭书记，问他有没有以前拍的照片和录像。他带我们去了办公室，找出了四盒光盘给了我们，说你们看看吧。照片因为拿钥匙的人不在，下午再来看。我们和他一起离开，准备找个网吧把内容拷出来。到大队门口，他问我们是不是有电脑就能看，我们回答是。他就给了我们办公室的钥匙，让我们去办公室看，我俩是内心窃喜。可是，没想到接下来发生的事情可是把我俩吓着了。刚把光盘放进去，大致看了一下，准备弹出来看下一张，谁知却怎么也弹不出来，我俩又是着急又是害怕，想想还不如那会去网吧。好在经过使用各种方法终于把盘弄了出来，再三犹豫还是决定继续在这看，好在接下来都没出现什么状况。弄完后，还了钥匙。

联系传承人张和平，因为他身体不适，未能访谈到他。我俩继续找人访谈。下午又找了郭书记，他给拿钥匙的打电话，说是焦书记。焦书记给我们拿出了他们以前的照片，说很多好的都被抽走了，剩下的也没几张。我们把能看到的进行了反拍。据焦书记说：正月初六开始报名，然后分下去纸，大家就开始做花灯。

我们又找郭书记，希望他帮我们联系几个这方面知道得比较多的人。其实，在一开始，他就建议我们找张银莲，说是她知道得最多，找她就行，其他的人就不用找了。不过，张银莲住在县城。我们希望他再给介绍些访谈对象，他就带我们去找，后来找到了师金刚。找去了他家他不在家，他妻子说："牙疼，去输液了。"郭书记先打电话问了问，然后带我们去医院找他。

师金刚是一个很健谈的人，虽然牙疼在医院输液，却没有对访谈有任何影响，跟我们谈了很多。他本人今年60岁，1968年就开始参加演节目，在宣传队当过队长。

"文化大革命"时断了十几年。以前过了初五就开始训练编排，有几十个人，以村委会为起点，开始串院子，图的是吉利。现在是几百个人，主要就是花灯秧歌，没有以前复杂，主要是串大街，图红火热闹。以前"挑高"的就是指挥，拿伞和响环；现在拿旗子、哨子指挥。"挑高"现在是没有了，也不唱了。以前服装都是自己借，现在大队提供。以前灯不统一，根据自己爱好，用自己碗糊，里面放煤油灯、蜡烛；现在都是花，用手电。

演出时间主要就是在过年那几天，队形主要有龙摆尾、走八字、蛇蜕皮、剪子股、卷席筒等。现在新编了走五环，是在奥运会举办那年编的，指挥人有五个。一般情况下都是左手拿灯，右手有时拿东西。

和师金刚交谈，直到他输完液。离开医院后，在路上希望他能给我们介绍个扭得好的妇女，他就带我们来到王云凤家。简单做了介绍，他有事先回家了，王云凤夫妇都在家。起初的访谈不是很顺利，王云凤很和蔼可亲，也很热情，但不健谈，不管我们怎么问，她都是笑笑回答，说自己就是喜欢这个，知道得也不多。她十四五岁就开始扭秧歌了，一直扭到现在，今年61岁。

她的丈夫张建国，刚开始不说话，就是坐在那听着。一会师金刚来了，说张建国会唱"挑高"。也许是有了伴，张建国也开始跟我们谈了很多，并给我们唱了两段。一个是进场：这把伞儿圆又圆，我把秧歌往下传，下一个秧歌该谁唱，观灯的上来扭一场。一个是出场：谢待谢待多谢待，谢待不该打扰主家来，秧歌不是好秧歌，请你主家多担待。这些主要都是老歌、老调、新词，被称为"挑高调"。五六年前"挑高"开始不串户了，不唱了，主要是因为旧词没有了，新词没人编了。

2013 年 5 月 18 日　星期六　晴

昨天回到县城后，我们首先联系了张银莲。在唐城镇访谈中，得知她现在是镇上敬老院负责人，现在在县城给孙子做饭，周六、周日就回唐城镇，到敬老院看看。早上八点多，张银莲打过电话，害怕我们不知道怎么去她家，说过来接我们，我们就向她确定下了地址，告诉她我们可以找到，不用麻烦她过来接。她住的小区还是很好找的，在街上一问，就打听到了。到了楼下后，她告诉我们的单元和楼号是没有用的，这个小区里哪个楼也没标这些。只好给她打电话，她下楼把我们领到了家里。

张银莲，今年68岁，精神状态很好，也很热情，是花灯秧歌的第九代传承人。6岁开始扭秧歌，一直到现在。因为电话里已经简要说明了我们的身份和来意，所以我们就直接进入主题。下面所说主要都是访谈中张银莲所述。

花灯秧歌源于李世民求雨，后来发展到白天扭秧歌手上拿绸子或扇子，晚上是花灯，现在演化成大花灯。1992 年她组创了"百人花灯秧歌队"。以前的花灯秧歌队用的是火把、油塞火等，白天是扭秧歌，晚上是观灯，花灯也比较小。现在主要是用手电，一个花灯上差不多有 20 多朵花。

三　雒宁的调查日志

调查人：雒宁　田丽红　张莹
调查时间：2013 年 8 月 23 日至 24 日
执笔人：雒宁

2013 年 8 月 23 日　星期五

本次调查我们选取安泽的高壁、桃曲作为调查移民村的重点村落。在调查过程中，我们要有效地利用现成的资料，立足于田野，重点以访谈各个村落的村民为主，借鉴和参考各个村里的碑刻、传说、家谱等文献资料，对各个村落的自然、社会生态环境，以及移民迁出地和迁出原因，移民人原来的社会身份，现在已经忘记自己移民身份的民众记忆以及桃曲村的民俗文化做了深入细致的了解。

按照昨天计划好的安排，今天早上 7：30 我们在学校 15 号楼下集合。王琳中午的车，因为她以前没有去过安泽，所以就留下兰天龙等她。我和王俊苗、关强、田丽红、张莹、兰卿就出发了。我们坐 2 路公交车到城北汽车站。正好有一趟车，于是我们买了 8：24 的车。由于他们都是第一次去安泽，而且也没有这么多人一起跟着出去考察过，所以一路上大家都很兴奋。大约走了一半路程的时候，我们听见司机和对面来的一辆车的司机交谈，得知前边堵车了，于是司机和乘客们商量了一下要换另外一条路，司机告诉大家另外一条路可能不好走，让大家做好准备，大家为了能尽早到达目的地就都答应了。因为路不是很好走，所以我们比原计划晚了些，我们 10：40 到达了安泽。

一下车，我就给景豫晋主任和李燕宁老师打电话。先给李燕宁老师打通电话，李老师就让我们在汽车站等着了，她说她家离汽车站有点远，她要打车过来。这时景主任也联系上了，我在电话里说明来意之后，景主任让我们等一会儿。过了一会儿景主任给我们回过电话说：出来汽车站往西走有一个"福缘旅馆"，他已经安排好了，让我们过去找老板，中午先在那里休息、吃饭，然后下午 2：30 他会安排一个副镇长带我们到村里去。由于刚和李燕宁老师说好要等她，所以就让关强先过去看看。一会儿关强说旅馆已经找到了，就在前边不远处。等了几分钟李老师也过来了。我们先和李老师汇报了我们的行程安排及调查的安排。由于已经和景主任说好了中午要过他安排的地方去休息，还有下午让他们带我们去村里。我们说明情况之后，李老师就说景主任要是能带我们去就更好了，毕竟有政府的人好办事。于是我们就和李老师道别，在我们走的时候李老师再三地叮嘱我们一定要注意安全，有任何事情要及时给她打电话。

11：30 我们都到了福缘旅馆。我们放下行李等了一会儿，就有人来安排我们吃饭了。吃过饭之后我们回到了旅馆，时间还早，所以大家就休息了一会儿。2：30 的时候景主任的司机张师傅就上来叫我们了。他说你们的计划是什么？具体需要做什么？我们说想先去村里找找村领导熟悉熟悉情况。他说那下午你们就不用都过去了，先派几个代表过去看看。于是我就和王俊苗、关强先去。一会儿我们就来到了镇政府，可能是景主任已经打过电话了，所以镇政府的刘书记在办公室里等我们。我们说明来意之后，刘书记就让镇政协薛主席送我们去村里。

薛主席开着车带着我们去高壁村，路程不是很远，七八分钟我们就到了。我们直接来到了村委会，正好村长王树祥在。薛主席向王村长介绍了我们，把我们的来意及需要帮忙的事情告诉王村长，并让村领导协助我们。王村长痛快地答应了。由于我们还得去桃曲村，所以我们就和王村长约定明天 8：30 见，接着前往桃曲村。

桃曲村离高壁村也不远。七八分钟我们就来到了下桃曲村。我们来到了村委会。村支部书记尚水宏和村主任吴起兵都在。我们说明情况之后，村主任吴起兵说明天上午他可能有点事情，但是他会安排人接待我们。我们看到今天的任务也算完成就告辞了。在村口的时候，薛主席告诉我们，你们记住这个牌子（牌子上写着下桃曲村），明天打车的时候来这里就行了。于是我们就回到了县城。

晚上我们回到旅馆，我组织大家对一天的工作做了总结，并安排了明天的访谈计划。

2013 年 8 月 24 日　星期六

今天早上我们起床收拾好之后，下楼吃早饭。吃过早饭，我们租了一辆车去高壁和桃曲。到了高壁村之后其他人都下去了，我和田丽红、张莹坐车继续顺着路往里，我们到了下桃曲村。走的时候我们留了车主的电话，打算晚上回去的时候再联系他。我们看了看时间才8：20，由于昨天我们来村委的时候村主任告诉我们9点再过来。时间还早，我们三人在村口对村子的地形、村况进行了观察，并且绘了简单的地形图，并进行拍照。说起桃曲村村名的来历，大部分村民认为原来这里种了很多桃树，而且村附近还有一条河，弯弯曲曲绕村而过，所以就给村子起名桃曲。现在这条河改名为李垣河，它得名是因为桃曲村上去有一个村子叫李垣村所以叫作李垣河。桃曲村可以说是依山傍水，有着得天独厚的自然条件。

对村落的情况了解之后我们就往村里走，想看看村里的街上有没有老人。我们走到靠近村口的地方时，发现这里有一座观音庙，这座观音庙很奇怪，它是坐南朝北的。观音庙很小，只有二三平方米。我们看到它里边的墙上有字，但是它的门口布满了蜘蛛网，一看就是很久没有人来上香了。我拨开门口的蜘蛛网进去看到墙上写着："南观音菩萨庙，始建于清朝康熙年间，几经历史沧桑，已破旧不堪，为弘扬佛教之精神，显菩萨之灵气，以普度众生，行善天下，扶正除邪恶扬善的宗旨，昭示后人，桃曲村顺应民意在原庙址进行了重修，并于公元贰零壹零年柒月壹日农历辛卯年陆月初壹开光。"通过这段话我们对这个观音庙有了一个大概的了解。我们从观音庙出来之后正好看到一个年轻的女子向我们这边走过来。我们就上去向她打听观音庙的情况，但是她说她不是本地人，她嫁过来的时候就是这样的，她也不知道这座观音庙的职能是干吗的。

我们问她村里还有其他的庙吗？她说村子的后边还有一个五龙庙。离昨天约定的时间还早，在她告诉了我们大致方位之后我们就决定先去看看五龙庙。我们边走边打听来到了五龙庙。但是令我们失望的是，这里荒草丛生，连一条路也没有。于是我们踩着齐腰的荒草来到了庙前。庙没有门窗，门前有一块碑。我们上前看，只见上面写着："诚信流芳，灵不灵在诚信，诚则灵。信不信由你，诚信可信，五龙之神，天皇赐封，施风行雨，造福于民，乘今盛世众多诚信之士，自发自建造神庙，于戊子二零零八年九月始工，月余竣工，更有志士慷慨解囊捐资尽心，现将捐资人士……"从这块碑我们对五龙庙有了大致了解。我们进到庙里没有看到神像，在供桌上供奉的是五个龙王牌位，中间的是东海龙王，从左到右依次是北海龙王，中海龙王，南海龙王，西海龙王。后来我们打听到，村民中很少有人去祭拜，听老人们说以前这里是一个四合院，还有戏台。但是现在我们看着它荒芜的样子很难想象它曾经的辉煌。

我们从五龙庙出来，看看时间差不多了，就来到了村委会，但是村委会里没有人，我们想着他们昨天说的话，于是我们三人就在院子里等着，一会儿，村委会来了一个人，他告诉我们说他是村委会的副主任，是村委会安排来接待我们的。我们向他具体地告知我们的目的和任务。他出去一会儿带回一位老人，他说这是他的父亲，让我们有什么需要问的可以直接问他。于是我们就按照调查思路开始了对老人的访谈。

张秀春（男，80岁），他最初是来看望叔叔，当时自己只有17岁，然后便一直待在下桃曲村。他的爷爷、奶奶还有叔叔都是民国时期过来的，后来叔叔留下来了，自己为了照顾叔叔，在十七岁那年也留在了这里。

访谈完张秀春大爷之后，我们看还有时间，我们就对张主任说想让他带我们再去访谈一下其他人。他看看时间也还早，就带我们去一了另一家。于是我们就来到了左孝仁家。

左孝仁是晋城人。8岁那年家里养活不了，便把自己给了从山东沂源过来的一家人。他说山东这一家人那会也是逃荒过来的，但不知道具体是旱灾还是水灾造成的饥荒。他说当时这一家人也是推着小木车，走了一个礼拜才过来的，之后主要还是以务农为主。

访谈完左孝仁之后，我们问村主任村里有没有河南或河北的移民，我们想访谈一下。他说有一个凭着手艺过来的河南人，但是张主任打了好几个电话一直联系不上他。于是我们就先去了另外一家。我们来到了王莲英家。王莲英，是山东莱芜人，那会是爷爷和老爷爷一起过来逃荒的，她的父亲是在这里出生的，她也是。她对于爷爷他们是怎么过来的，什么时候过来的，都不是很了解。

我们从王莲英家出来就中午了，然后我们回到村委会。正准备吃饭的时候，刚开始联系的那个河南手艺人来了，于是我们就对他进行了访谈，他的名字叫邵建庄。

邵建庄是靠木匠为生的，他在西安待了十年，然后来到安泽，当时桃曲村长开玩笑说了一句话：让他把户口迁过来，后来过完年，他就带着家人一同来到了这里。

我们吃完中午饭之后休息了一会儿。下午我们觉得下桃曲没有我们要采访的对象了，我们就与张根成主任商量着去中桃曲村。于是张主任就给我们联系中桃曲的人。3：00 我们到了中桃曲。张主任已经给我们联系好了访谈对象，我们直接就过去了。我们首先访谈了吕小根。

吕小根祖籍山东莱芜。父亲也是出生在安泽，他家是爷爷辈过来的。据他说，爷爷一九四几年的时候本来打算回山东看看，但半路上遇见了日本人，于是又返回来了，当时来安泽也是逃荒，担着担子，推着车子，一边走，一边要饭维持生计，走了半个月才过来的。

我们访谈完吕小根时，打听到村里还有一个大家族，他们也是移民来到桃曲村，但是已经不是一、二代移民了。我们就请张主任帮我们联系一下。但是电话联系不上，后来一个村民骑着自行车去他家帮我们把他请过来了。我们就对他进行了访谈，聊的过程中我们对他的家族有了一个全面的了解，最主要的是我们得知他家有家谱，他叫李金亮。按照家谱他的名字应该叫李家学，是山东沂源县人。他听奶奶说那会老爷爷推着小轱辘车，担着担子，带着四个儿子和大儿媳妇一起过来的。他奶奶是在山东和他爷爷结完婚，并不情愿过来，其他三个奶奶都是在这边找的，但不是本地人，也都是移民。李家是个大家族，迁过来的人也多，所以他们家的家谱一直能够延续下来，他说前几年他父亲回老家就是续家谱去了。访谈完之后，他带我们去家里看了看李家家谱。

我们在李金亮家仔细地看了他家家谱，并对重要信息进行了记录和拍照。这本家谱是他家祖辈逃荒时带过来民国时候的家谱，年代久远很有研究价值。

正在我们快结束访谈的时候，王俊苗说他们的访谈已经结束了。于是我们就返回到下桃曲村。在村委会村主任告诉我们说镇政府有村里的简介，让我们去那里找。于是我们和村主任道别。副主任把我们送到高壁村，我们和王俊苗她们会合就回到了县城。我们直接来到府城镇镇政府找到我们要的桃曲村的资料就回到我们住的旅馆了。

回到旅馆之后我们对一天的访谈进行了讨论，觉得我们要了解的基本情况已经明了，后来大家商量决定返回临汾。晚七点左右，我们乘坐大巴离开，9 点到达临汾。

四　段慧丽的调查日志

调查人：段慧丽　兰天龙　王琳
调查时间：2013 年 8 月 24 日
执笔人：段慧丽

2013 年 8 月 24 日　星期六　晴

今天要到安泽府城镇高壁村做关于移民、节日民俗、信仰民俗等相关问题的调查。早上八点半我乘坐了长治通往安泽的大巴。由于安泽为长治，临汾的中点处，估计两个小时能到达。到达安泽后，乘坐出租车到达高壁村，简单吃了点饭，就到村委会稍作休息。在吃饭的过程中我们聊起了山东煎饼和河南烩面，在高壁村的商店里，我们随处可以看到山东煎饼，中午的饭店也是河南风味的面食。还未进行调查，就已从饮食方面察觉出了一丝移民村的味道。

在来之前，简单地了解了一下关于高壁村的情况。高壁村在安泽的北部，位于沁河的西岸，属于温带大陆性气候，四季较为分明，以农业为主，工业稀少，这几年在村委会的组织下发展了果树培育和养殖等产业，一部分人也在农闲时出去打工，高壁村还有自己的网站。平时也有村民在上面发表文章、发布农产品信息、交友聊天什么的。

据说高壁村的来历和一块石壁有关，王俊苗说是一位老人说起的，具体真实与否尚未考究。进村口有一条河，不知道是什么河，询问了村民，但也没有说出个所以然，于是不再纠结，便进村子了，随意走了走，村子狭长，有一千多口人，三百多户，由于时间是中午，天气又很闷热，基本看不到什么人，我们只得在村委会稍作等待。在村委会里看到了整个村子的规划图，是按网格状来管理的，有第一网格组长、第二网格组长、第三网格组长、第四网格组长等。

15：00 的时候我们开始了正式的调查，由于调查问题涉及较多，避免调查过于混杂，所以我们决定从移民的户源地入手。上午的调查案例是两名山东人，因此，下午我们的调查对象为河南、河北人。此时，街道上已经可以看到一些村民，我们随意地上前询问了几位村民，但都对我们的来访心存芥蒂，还没有等我们解释便远远地走开。随后我们走进了一家蔬菜店，由于蔬菜店里没有顾客，因此我们便和蔬菜店的老板吴女士攀谈了起来。吴女士说她的祖上是山东莱芜人，也是迁移过来的，只不过到了她这代，已经和本地人无异，简单地谈了一些后，由于吴女士做生意，所以就作罢。从蔬菜店里出来，我们走进了理发店，理发店的师傅在得知我们的来意之后愿意和我们进行交谈，但是由于他在为顾客剃头，安顿我们随后过来。在关强的建议下，我们决定去陶根云家里进行访谈，之所以选择陶根云也是在村里的街道上问出陶根云的祖上是河南人。但是很遗憾，陶老先生不在家，听村民说陶老先生虽是河南人，但也是很小的时候随父亲迁移过来的，由于年事已高了，可能记不太清楚。随后我们见到了陶根云的弟弟陶根民，陶根民五十多岁，从与他的聊天里我们得知他的老家是河南，爷爷辈从那迁移到了山西，到了安泽，由于当时也不知道该去哪里，河南闹了蝗灾和旱灾，听别人说山西不闹灾害，所以就迁移到了山西，迁过来的时候高壁村只有一两户人家，而且地也是现垦出来的。经过这么多年的融合，基本生活习惯已没有什么不同，他哈哈哈地笑着说，河南山西都吃面！但是他又补充道："我们河南的简单！过年也是面！就点咸菜，不像这边，大鱼大肉的这么多！"在问起河南和山西婚丧嫁娶以及其他民俗节日的情况时，他表示没有什么大的区别，只是河南简单一些。但是这么多年过来了，也和山西一样了，彩礼啊，结婚啊，都差不多。从陶根民的口中，我们得到了一个消息，即在高壁村袁家的五兄弟中，有一人娶了一个云南媳妇，这在一定程度上也算作一种移民，因此我们决定到袁家云南媳妇家里坐坐，顺便聊一聊。

与陶根民聊完之后，又回到了理发店。理发店的老先生叫栗保林，祖上也是河南人，与陶先生不同的是他是河南林州人，他还骄傲地提起了红旗渠。但是脸上又闪过一丝失落，从他的口中我们得知他的父亲在逃荒的过程中和其他亲人失散了，毕生都在寻找着他的亲人，他这辈人也找过，但是很遗憾，都没找到。栗先生之前是务农，但是也学了一门手艺，给人理发，在高壁村里也是独一户，在回忆起逃荒的那段记忆他更多的是复述他父亲的记忆："那会儿就是闹饥荒嘛，移民的人可多呢，不但是我们一家，人太多都走散了，谁也找不着谁，刚来了这儿都是自己开荒种地，我父亲一人把我们兄弟们带大。后来找过那些姑姑们，但是没找见。来了这儿以后就安顿下来了，也不想回去了，都没亲人了回去干甚。生活习惯上都差不多，没有什么太大的差别，我的儿子也结婚了，娶的也是河南媳妇。也是原来迁移过来的，这个村大部分都是迁移过来的，本地的很少。"问到是否有外地人一说时，他说村子里大部分都是外地人，大家都一样，也没什么可说的了。关于信仰习俗方面，栗保林也表示没有什么不一样的，就算有不一样，也是在其父亲那一辈，到了他这一辈，已经和山西基本一样了，当被问起有没有什么信仰时，栗保林说没有。

从理发店出来，我们边走边打听袁家云南媳妇家在哪里，终于，走了一段时间，我们找到了袁家媳妇的住处，其间路上碰到了正在做访谈的王俊苗组，他们做的是户源地来自河北的访谈。袁家媳妇是袁家老五的媳妇，在村子的最东南头住着，三间土坯房，看上去家境应该不是太好，可以说是比较差，我们都在考虑云南媳妇嫁过来的理由。走进院子里的一间土坯房，我们见到了袁老五的母亲，半身不遂，不能开口说话，只是冲我们微笑，我们也无从得知她的亲人去哪儿了，只好放弃。在回村委会的途中，路过一户，门口坐着两位老人下棋，我们寻思可能他们是移民的亲身体验者，决定进行访谈。等两位老人一盘棋结束后，我们开始了正式的访谈。

老人名叫葛来柱，今年76岁，原籍河南济源。他是随上一代移民到安泽的，也是由于蝗灾和旱灾，在移民的苦难记忆描述里他给我们讲道："我的父亲当时移民的时候苦啊，用扁担挑着我们，前一个后一个，后来我的父亲去世了，我母亲来到这跟了人家姓葛的一家，所以我也跟着姓葛了，刚来到这的时候没有房子，住过庙，也没有地，自己开出来的。"我注意到老人的脸上有些许的无奈，问起节日民俗时，他详细地和我们说起了春节的社火，也就是他口中的"闹红火"："河南不知道，我不记得了，也没听我的父亲说过，安泽高壁村这的闹红火原来是很热闹的，在那个旧庙，都抢着上呢，都想去舞狮子，舞龙，每年要闹红火，后来'文革'的时候把庙毁了，也不让弄了，后来恢复起来，到现在都没人去了，还得出钱。"他口中所指的庙是高壁村的一处道观，名叫通玄观，建于金代，可惜现在庙墙坍圮，进都进不去了。随后我们又问到一些关于信仰的问题，老人说基本没有，土地爷在高壁村都很少信，就是原来在庙里烧个香拜个佛，求个平安什么的，也没有什么特殊的信仰。随后聊到了一些移到安泽后的生活习惯和适应情况，老人说，他来的时候很小，已经不记得河南的习惯了，他的母亲知道一些，但也是随着山西这边过的，没有什么特别之处，毕竟高壁是个移民村，百分之九十五都是外地的，所以也就随大流，看东家西家怎么办事儿，自己也怎么办事。

随后，我们对周德凤（高壁村第三网格组长）进行了简单的访谈。周德凤是山东莱芜人，看上去比较有文化，家里经济条件也相对殷实，回答我们问题的时候也注意措辞。回去的路上又碰到了王俊苗一组。他们在对一位退伍老兵进行访谈。

一切结束之后，我们回到了村委会，收集了一些其他资料，例如高壁村的规划图、简介等。稍作休息和雒宁组进行了联系，商讨后决定回临汾。19：00 左右，我们乘坐大巴离开。21：00 点到达临汾。

五　王俊苗的调查日志

调查人：关强　王俊苗
调查时间：2013 年 8 月 23 日至 24 日

2013 年 8 月 23 日　星期五　阴转晴

7：30 我们随行的六个人集合，一起坐公交去城北汽车站乘车去往安泽。8：20 坐上去往安泽的汽车，一路上六个人谈论移民村的相关情况，雒宁给我们简单介绍了安泽的发展历史，9：40 因为道路堵塞，我们改换了另一条路线，在这条路上看到了许多移民新村，印象最深的是五马岭移民新村，隶属于古县。10：30 到达安泽。雒宁联系了安泽的景主任和李燕宁老师，随后，景主任派人给我们安排了食宿，也见到了李老师，简单说了我们此次调查的内容。14：30 景主任派司机把我和关强送到了府城镇镇政府，刘书记接待了我们，我们说明了来意后，刘书记决定让当地的人大主席薛主席带领我们去调查三个村。不到十分钟，我们首先来到了调查的第一个村高壁村，在高壁村村委会见到了高壁村的村长王树祥，他向我们简单说明了本村的概况及移民情况，高壁村现有 300 多户人，几乎全村人都是老一辈从外地迁移过来的，以山东、河南、河北为主，山东人居多，占全村人口的百分之九十，但亲身经历移民的人少之又少，都是生在安泽长在安泽的移民后裔，由于薛主席一直在一旁等着，王村长也没多说，一直说让我们第二天来了找他，他找人带我们下去。至于高壁滩，是我负责调查的一个村，我特意问了王村长，王村长介绍说高壁滩是高壁村的一个小自然村，村子非常小，没有几户人家，薛主席也就没带我们过去。接着，去了桃曲村，桃曲村与高壁滩隔着一条河，当地称为交口河，河的北面是高壁滩，南面是桃曲村。桃曲村分为四个自然村，分别为上、中、下桃曲，还有一个羊坡（因为放羊的人多，便叫成羊坡），桃曲村的村委会设在中桃曲村，到了村委会（村委会设在一个小院里的两间房子里，没有高壁村的村委会气派）村长、书记都在睡觉，也许因为关系比较熟的缘故，薛主席对他们"拳打脚踢"，叫醒了他们，村长吴起兵和书记尚水宏了解我们的来意后，一开始说他们村里这几天忙于修建单元楼，没有时间陪我们，后来一说是宣传安泽文化，他们说过来找他，他派人帮助我们。在这里有必要说一下，两个村的村长和书记都是老一辈从山东迁移过来的，问他们是否知道移民的相关情况时，他们说已经不知道了，他们已经是第四代移民了。随后，我们准备赶回镇政府，一路上我们跟薛主席聊起了天，薛主席跟我们讲，其实他也不是安泽人，祖籍是东北的，后来跟随家人来到了霍州（来的时候叫霍县，现在薛主席还说霍县），考上了沈阳的一所大学，本来毕业后有机会分配到霍州矿务局，不甘于在本地生活，便来到了安泽，在安泽找下了稳定的工作，也成了家，就在安泽扎了根。而且他觉得安泽的生活环境比较好，虽然谈及那会没去霍州矿务局有点后悔，但多少能感受到薛主席对在安泽生活的满足和幸福。因为张莹、兰卿、田丽红当时在荀子文化园，薛主席顺便就把我们送到了文化园门口。进了院内和她们三人会合，简单说明了刚去踩点的情况，游览了荀子文化园。站在院内的最高点，看着沁河水流、一览安泽的县城，感觉安泽不像是一个县，更像是一个度假的好地方，周围群山环绕，树木茂盛，空气清新，给人一种心旷神怡的感觉。在没来安泽之前，一直认为安泽就是一个繁华的县城，一马平川，但在前往安泽的路上，一路山路颠簸，才感受到自己进入了山区，到了安泽，第一感觉地势高，人少，比较安静。从文化园沿路我们走回了旅馆，雒宁说这就是从县城的最东边走到了最西边，让我们大吃一惊，这县城小得我们从未见过。

晚上，我们和兰天龙、王琳碰了面，吃了饭，回到旅馆，雒宁把大家集中到一起简单开了一次田野调查会议，会上说明了我们的调查内容，强调一定要做到细、全。整理好自己的东西和要问的问题。各组长商量了调查计划。这一天的生活结束了，我们期待着明天的成功。

2013 年 8 月 24 日　星期六　晴

早上，大家早早地起了床，等待着出发。因为我们与村长约的八点在村委会见面，时间还早，便商量去吃早饭，还真是难找，附近连个吃早饭的地方都没有，我们又沿着县城的主大街——府城西大街一路向东走，走了好远才好不容易找了一个吃早饭的地方，迅速地吃完早饭，我们租了一辆面包车（因为两个村紧挨着，又是一条路，8 个人就一起走），到达各自调查的村落。

8：10 我们在村委会见到了王村长，他已经找好了人带我们下去，向我们介绍了一下带领人，带领我们的是张雪生副书记，是高壁村一个网格的负责人，不是高壁滩的负责人。由于高壁滩还比较远，张书记开车带我们去，一路上穿过高壁村的主大街，到学校路南路，一路向东便可到达高壁滩。沿路我们可以看到路两旁到处种满了玉米，张书记说安泽不种小麦，大部分种玉米，也有一些人种高粱。车上我们和张书记聊起了天，张书记也是外地迁过来的，爷爷辈迁过来的，老家是山东梁山，当时是因为遭水灾，家里没吃的，爷爷、姑姑，全家人都迁过来了，一路上边讨饭边找安家落户的地方，到了安泽，觉得这里地广人稀，就安营扎寨住了下来，一住就住到现在，不过除他爷爷及后辈留下来后，其他亲戚等山东环境好了都已迁回。8:40 我们到达高壁滩，一下车，映入眼帘的是一片的土坯房，没有院墙，鸡、羊满地跑。据张书记介绍，高壁滩村原有居民三十多户，现住居民十六户，有移民记忆的只有两位老人，一位是杨芝芳，一位是吴葵花。我们首先到了吴葵花的家，在他的家里正好杨芝芳到他家串门，就先与杨芝芳聊天。杨芝芳今年 76 岁，他是那会跟着自己的父亲还有姑姑来到安泽，当时他只有 3 岁，是被父亲放在担子里担过来的，由于那会年幼，不记事，全是根据父母亲的讲述，回忆告诉我们移民经历。杨芝芳家是从河南逃荒过来的，根据他的年龄和叙述得知他过来时的年份应该是 1940 年，属于新中国成立前，当时正处于抗日战争时期。河南由于黄河决口遭遇了水灾，河南本来就人多地少，这下土地全被淹没了，也没有了收成，家里人无法生活下去，被迫迁移。当时听杨芝芳说几乎所有的人都搬出来了，有的全家搬出来，路上还走散了不少，但是选择的栖息地不同。杨芝芳家选择了自然环境好的安泽，但他们来的时候正赶上日本军队在山西，安泽高壁滩村这个地方，地广人稀，远离战争，是比较理想的避难生存之地，所以他们就在这落脚。当时落脚的时候当地有没人住的破窑洞，听别人说高壁滩这个地方不久前发生过一次大的瘟疫，本地人全死了，他们来的时候没有一个人，全是空的窑洞，看到没人住，就住了下来。住下来后就给别人种地干活养家糊口，新中国成立后，分到了土地，就以种地为生，他继承了父业，也以种地为生，现在杨芝芳有三个儿子，大儿子在安泽县城，二儿子在临汾，小儿子跟着他在家种地。他现在住的房子还是刚迁过来住的窑洞，本想过去看看，因为门前有一条大黄狗，也就没进去，不过在去往他家的路上，我们见到了许多破旧的窑洞，已经没有人住了，估计这也是本地人打的窑洞吧。

接下来我们访谈了吴葵花。他老人家今年 80 岁，看起来身体非常好。据吴葵花介绍，他们家是从山东淄川过来的，也是因为逃荒，赶上干旱年，养活不起全家，就搬出来，那会听他父亲讲推着独轮车，拉着全家人的被褥铺盖，边讨饭边找地方，路上听人们说山西种什么就得什么，就来到了山西，后来见安泽地多就在这里住下了。吴葵花是生在安泽长在安泽，他老婆也是从山东迁过来的，不过不是一个村的。遗憾的是，吴葵花说自己因为得过脑梗，以前的好多事都记不起来了，我们也没有多问。

从两位老者的口述中，可以得知安泽以前人口稀少，土地相对肥沃，这里植被茂盛，河流纵横，确实是逃荒移民躲避战争的好去处。他们来的时候，当地人很少，他们可以直接住到荒废的窑洞里。后来我们访谈了一位路人，他告诉我们高壁滩村的移民主要是山东人，除了杨芝芳老人，还有一家姓张的是河南来的，后来迁回河南老家了。

由于高壁滩村子比较小，年轻人大都外出打工，留下来的都是一些老人、妇女和小孩，我们一路询问了几家，他们对移民没有什么记忆，我们决定回高壁村。由于高壁滩仅仅是高壁村的一个自然村，我们决定再对高壁村的移民情况进行调查。

高壁村是三个村子里人口最多、移民情况最复杂的一个村子，移民构成有山东人、河南人、河北人、平遥人，还有新中国成立后来做生意的其他地方的人。在高壁村三交河的桥头，遇到了齐雨芳，他是1966年的高中生，在那时属于高级知识分子。齐雨芳家是移民个案的典型代表，从他口中得知很多移民信息。齐雨芳家是从他爷爷辈迁移到这里来的，来自山东莱芜高庄镇。也是由于家乡遭灾，家里部分人迁过来了，其中老大和老三家搬过来了，老二老四还留在老家。齐家迁过来的原因还有点不一样，他们家在安泽有本家，他们的本家是更早搬迁过来扎根落脚。齐雨芳家是知道后才过来。来的时候，只清楚地记得当地人只有一家姓赵的，可见当地人很少。据齐雨芳讲述，山东人吃在嘴上，河北人跑在腿上，意思是河北人爱迁移，大部分后来又迁回去了，山东人比较安分，能吃饱就留下了，迁回去的很少。齐雨芳后来具体讲述了山东人迁过来保留的部分习俗，主要是祭祖方面的。访谈完齐雨芳后，我们在交口河桥边遇见了一个穿着保安服的老人，他叫裴留成，今年66岁，父辈时从山东迁过来的，那会并不是什么逃荒，而是当时父亲有个姐夫在高壁村的附近一个厂子替别人烧炭，父亲在山东也没什么工作，就跟着姐夫来到了这里，那时父亲只有十六七岁，再后来在安泽成了家，就没有回去，中间每年也回老家看看，老家的人都不在了后，就再也没回去过。由于裴留成身体不是很好，说了几句说就走了，我们没继续问下去，但他提供了移民原因的另一个案。接着在村委会周德凤的带领下，我们在学校路南的路边遇见了杨九成和时振华老人，据村里人推荐，他俩小时候就喜欢听老人们讲以前的故事，所以对村里的事很了解。两位老人详细讲了一下河北移民和河南移民的具体情况。河北的有四家，杨九成是一家，刘奎宝一家，吴振东一家，李智文一家。河南主要是姓原的三家，他们来自河南辉县，但不是一家人。时振华家在高壁村开了磨坊，因为有事就先走了。杨九成今年 60 岁，老家是河北的，因为老家的地大部分是盐碱地，没法种粮食，家里就没吃的，那会他爷爷是个皮匠，给别人做工挣钱买粮食吃，后来做的人越来越少了，维持不了一家人的生计，就出来了。那时只有他爷爷一个人出来，一路上挑着担子，担子里放着做皮的工具，一路找活一路生活，后来跑到安泽在一家富人家里做工，做了三个月，觉得这个地方不错就住下了，之后就一直定居在这里。

调查完之后我们与雒宁联系，询问他的调查情况，雒宁那边也差不多了，看见时间也不早了，就准备打道回府，与雒宁碰面后，简单说了自己的调查情况和任务完成情况，雒宁决定今晚回临汾。我们就匆匆回到了府城镇。

参考文献

一 英文文献

Robert A. Georges and Michael Owen Jones, *Folkloristics An Introduction*, Indiana University Press, 1995.

二 论文（含学位论文）

[1] 钟敬文:《谈谈民间文学在大学中文系课程中的位置》,《北京师范大学学报》(社会科学版) 1996 年第 6 期。

[2] 张余:《秦晋伞头秧歌概说》,《民俗研究》1997 年第 2 期。

[3] 董晓萍:《民间文学传承研究概论》,《民俗博物馆学刊》1998 年第 1 期。

[4] 康保成:《秧歌与阳戏》,《戏剧艺术》1998 年第 6 期。

[5] 钟敬文:《从事民俗学研究的反思和体会》,《北京师范大学学报》(社会科学版) 1998 年第 6 期。

[6] 钟敬文:《建立中国民俗学学派刍议》,《广西民族学院学报》(哲学社会科学版) 2000 年第 1 期。

[7] 刘锡诚:《民俗百年话题》,《民俗研究》2000 年第 1 期。

[8] 平女:《山神崇拜与自然保护》,《大自然》2000 年第 2 期。

[9] 陈勤建:《20 世纪中日民俗学学术倾向及前瞻》,《民俗研究》2001 年第 1 期。

[10] 行龙、毕苑:《秧歌里的世界——兼论民俗文献与中国社会史研究》,《民俗研究》2001 年第 3 期。

[11] 向柏松:《传统民间信仰与现代生活》,《中南民族大学学报》(人文社会科学版) 2003 年第 1 期。

［12］定宜庄：《口述传统与口述历史》，《广西民族学院学报》（哲学社
会科学版）2003 年第 3 期。

［13］刘铁梁：《地方社会的建构与地方民俗文化的创造——北京三个区
民俗调查的视角》，《民间文化论坛》2007 年第 1 期。

［14］刘魁立：《论全球化背景下的中国非物资文化遗产保护》，《河南社
会科学》2007 年第 1 期。

［15］陈道龙、戴冰：《论赘源古建筑的风水选址》，《艺术百家》2007 年
第 1 期。

［16］黄旭涛：《生活层面：民间小戏民俗学研究的新视角——以祁太秧
歌为例》，《山西师范大学学报》（社会科学版）2007 年第 5 期。

［17］安学斌：《民族文化传承人的历史价值与当代生境》，《云南大学学
报》（社会科学版）2007 年第 11 期。

［18］高丙中：《作为公共文化的为物质文化遗产》，《文艺研究》2008 年
第 2 期。

［19］卫才华：《山西移入民的民俗变迁与地方社会》，《山西农业大学学
报》（社会科学版）2008 年第 2 期。

［20］刘大先：《非物质文化遗产的生意——敢壮山布洛陀的神话塑造和
文化创意》，《粤海风》2009 年第 2 期。

［21］陈建华：《秧歌是自身血统还是外来文化——与康保成先生商榷》，
《社会科学评论》2009 年第 3 期。

［22］陈文龙：《试论山西介休后土庙道教建筑群之管理》，《世界宗教文
化》2010 年第 4 期。

［23］王杰文：《"传统"研究的研究传统》，《民族文学研究》2010 年第
6 期。

［24］马知遥：《中国虎文化探源及民间布老虎生存状况反思》，《文苑》
2012 年第 1 期。

［25］王丽霞、史莉丽等：《唐城"花灯秧歌"的文化内涵》，《忻州师范
学院学报》2012 年第 12 期。

［26］兰晓敏：《山西省移民村落民俗生活调查研究》，硕士学位论文，山
西师范大学，2012 年。

［27］朝戈金：《非遗〈公约〉十年传承从大师到个人》，《成都商报》
2013 年 6 月 15 日。

三　专著

[1] 徐珂：《清稗类钞》，商务印书馆民国六年（1917 年）版。

[2] ［美］詹姆逊：《中国民俗学三讲》，北平三友书社 1932 年版。

[3] ［英］瑞爱德：《现代英国民俗与民俗学》，江绍原编译，上海文艺出版社 1932 年版。

[4] ［英］柯克士：《民俗学浅说》，郑振铎译，上海商务印书馆 1934 年版。

[5] 崔令钦：《教坊记》，古典文学出版社 1957 年版。

[6] （明）臧晋叔：《元曲选》（二），中华书局 1958 年版。

[7] 陈汝衡：《说书史话》，作家出版社 1958 年版。

[8] ［英］班恩：《民俗学问题格》，杨成志译，中山大学"民俗学会丛书" 1928 年版。

[9] ［日］直江广治：《中国民俗学》，林怀卿译，台湾世一书局印行 1970 年版。

[10] （南朝）萧子显：《南齐书》，中华书局 1972 年版。

[11] （清）张廷玉等：《明史》，中华书局 1974 年版。

[12] （明）宋濂等：《元史》，中华书局 1976 年版。

[13] 袁珂：《山海经校注》，上海古籍出版社 1980 年版。

[14] 范宁：《博物志校证》，中华书局 1980 年版。

[15] 王利器：《风俗通义校注》，中华书局 1981 年版。

[16] 杨伯峻：《春秋左传注》，中华书局 1981 年版。

[17] （汉）司马迁：《史记》，中华书局 1982 年版。

[18] （宋）孟元老撰，邓之诚注：《东京梦华录注》，中华书局 1982 年版。

[19] （清）潘荣陛：《帝京岁时纪胜》，北京古籍出版社 1982 年版。

[20] （清）姚廷遴：《清代日记汇抄》，上海人民出版社 1982 年版。

[21] 洪兴祖：《楚辞补注》，中华书局 1983 年版。

[22] （晋）葛洪：《西京杂记》，中华书局 1985 年版。

[23] （清）屈大均：《广东新语》，中华书局 1985 年版。

[24] 钟敬文：《钟敬文民间文学论集》，上海文艺出版社 1985 年版。

[25] （南朝）宗懔：《荆楚岁时记》，宋金龙校注，山西人民出版社 1987

年版。

[26] 张紫晨：《中国民间小戏》，浙江教育出版社 1989 年版。

[27] （宋）高承：《事物纪原》，中华书局 1989 年版。

[28] 中国戏曲志编辑委员会编：《中国戏曲志》，文化艺术出版社 1990 年版。

[29] 李乔：《中国行业神崇拜》，中国华侨出版社 1990 年版。

[30] 《文史知识》编辑部编：《道教与传统文化》，中华书局 1992 年版。

[31] 阿英：《夜航集》，中国文联出版社 1993 年版。

[32] 葛剑雄、曹树基、吴松弟：《简明中国移民史》，福建人民出版社 1993 年版。

[33] 潘琳：《炎黄子孙——华人移民史》，上海三联书店 1993 年版。

[34] （明）刘若愚：《酌中志》，北京古籍出版社 1994 年版。

[35] 高丙中：《民俗文化与民俗生活》，中国社会科学出版社 1994 年版。

[36] 乔润令：《山西民俗与山西人》，中国城市出版社 1995 年版。

[37] 刘魁立主编：《中国民间文化丛书》，浙江教育出版社 1995 年版。

[38] 何新：《诸神的起源——中国远古太阳神崇拜》，光明日报出版社 1996 年版。

[39] 武艺民：《中国道情艺术概论》，山西古籍出版社 1997 年版。

[40] 钟敬文主编：《民俗学概论》，上海文艺出版社 1998 年版。

[41] 钟敬文：《民俗文化学发凡》，载《钟敬文民俗学论集》，上海文艺出版社 1998 年版。

[42] 费孝通：《乡土中国　生育制度》，北京大学出版社 1998 年版。

[43] （南朝）吴钧：《续齐谐记》，载于《汉魏六朝笔记小说大观》，上海古籍出版社 1999 年版。

[44] （清）顾禄：《清嘉录》，江苏古籍出版社 1999 年版。

[45] 王国维：《宋元戏曲考》，中国戏剧出版社 1999 年版。

[46] 赵世瑜：《眼光向下的革命——中国现代民俗学思想史论（1918—1937）》，北京师范大学出版社 1999 年版。

[47] （明）刘侗、于奕正：《帝景景物略》，北京古籍出版社 2000 年版。

[48] （明）冯梦龙：《山歌》，江苏古籍出版社 2000 年版。

[49] 李默：《百年家庭变迁》，江苏美术出版社 2000 年版。

[50] ［美］保罗·唐纳顿：《社会如何记忆》，纳日碧力戈译，上海人民

出版社 2000 年版。

[51]（北魏）郦道元：《水经注》，时代文艺出版社 2001 年版。

[52] 顾希佳：《礼仪与中国文化》，人民出版社 2001 年版。

[53] 陈平原：《中国文学研究现代化进程二编》，北京大学出版社 2002 年版。

[54] 钟敬文：《钟敬文文集·民间文艺学卷》，安徽教育出版社 2002 年版。

[55] 佐斌：《迁移者的心灵》，华中师范大学出版社 2002 年版。

[56] 董晓萍：《说话的文化——民俗传统与现代生活》，中华书局 2002 年版。

[57] 行龙：《近代山西社会研究》，中国社会科学出版社 2002 年版。

[58] 苑利：《二十世纪中国民俗学经典》，社会科学文献出版社 2002 年版。

[59]［美］尤金·N. 安德森：《中国食物》，马孆、刘东译，江苏人民出版社 2002 年版。

[60] 赵荣光：《中国饮食文化概论》，高等教育出版社 2003 年版。

[61] 陶立璠：《民俗学》，学苑出版社 2003 年版。

[62] 董晓萍：《田野民俗志》，北京师范大学出版社 2003 年版。

[63] 安介生：《山西移民史》，山西人民出版社 2004 年版。

[64] 杨天宇：《仪礼译注》，上海古籍出版社 2004 年版。

[65]（汉）司马迁：《史记》，中华书局 1982 年版。

[66] 韦黎明：《中国节日》，五洲传播出版社 2005 年版。

[67] 聂鑫森：《走进中国老节日》，湖南美术出版社 2005 年版。

[68] 李景汉：《定县社会概况调查》，上海人民出版社 2005 年版。

[69] 孙红侠：《民间戏曲》，中国社会出版社 2006 年版。

[70] 班固：《汉书》，中华书局 2007 年版。

[71] 陈勤建：《中国民俗学》，华东师范大学出版社 2007 年版。

[72] 段友文：《黄河中下游家族村落民俗与社会现代化》，中华书局 2007 年版。

[73]［美］J. K. 施赖奥克：《近代中国人的宗教信仰——安庆的寺庙及其崇拜》，程曦译，安徽大学出版社 2007 年版。

[74] 湖南省博物馆主编：《湖南出土殷商西周时期青铜器》，岳麓书社

2007 年版。

［75］格雷戈里·纳吉：《荷马诸问题》，巴莫曲布嫫译，广西师范大学出版社 2008 年版。

［76］刘德增：《闯关东——2500 万山东移民的历史与传说》，山东人民出版社 2008 年版。

［77］慕平译注：《尚书》，中华书局 2009 年版。

［78］陈勤建：《文艺民俗学》，上海文化出版社 2009 年版。

［79］许维遹：《吕氏春秋集释》，中华书局 2009 年版。

［80］张紫晨：《中国民间小戏》，浙江教育出版社 1995 年版。

四　网络资料

［1］《2000 年第五次全国人口普查数据公报》，http：//www. stats. gov. cn/tjsj/pcsj/rkpc/dwcrkpc/（2013 年 7 月 2 日）。

［2］根据第五次人口普查数据，《府城镇》（2013 年 7 月 2 日），http：//ww. agri. com. cn/population/450122107000. htm?% B8% AE% B3% C7% D5% F2。

［3］中国网，《首届中国（山西·安泽）荀子文化节新闻发布会》（2006 年 9 月 15 日），http：//webcast. china. com. cn/webcast/created/884/36_ 1_ 0101_ asc. htm。

［4］中央政府门户网站，《国务院办公厅关于加强我国非物质文化遗产保护工作的意见》（2006 年 12 月 16 日），http：//www. gov. cn/zwgk/2005 - 08 - 15/content_ 21681. htm。

［5］山东省情网，《山东移民东北》（2007 年 8 月 1 日），http：//www. infobase. gov. cn/history/nanjing/200708/article_ 11009。

［6］山西新闻网，《山西虎迷踪之史迹篇：人虎相争晋地曾经多虎踪》（2008 年 4 月 12 日），http：//www. daynews. com. cn/sjdsb/bban/B3/520346. html。

［7］王洪星，《安泽县 2011 年国民经济和社会发展统计公报》（2012 年 5 月 10 日），http：//www. anze. gov. cn/info/news/shows/4684. htm。

五　地方文献资料

［1］李钟珩修，王之哲纂：《岳阳县志》，成文出版社，民国二年（1913

年）。

［2］杨世瑛修，王锡祯纂：《安泽县志》，成文出版社，民国二十一年（1932 年）。

［3］临汾研究会编：《临汾地区民间舞蹈概述》，内部资料，临汾地区民间文艺研究会，1986 年。

［4］逯丁艺编：《安泽文史资料》，内部资料，1991 年。

［5］逯丁艺：《安泽县志》，山西人民出版社 1997 年版。

［6］平阳府志编委会编：《平阳府志》，山西古籍出版社 1998 年版。

［7］高剑锋、王修印编：《临汾景观文化安泽新八景》，内部资料，临汾工艺美术印刷有限公司，2009 年。

［8］高剑锋、郭万泽编：《平阳古村落安泽唐城》，内部资料，临汾工艺美术印刷有限公司，2010 年。

［9］张玉甲、王修印、高剑锋编：《平阳古村落安泽和川》，内部资料，临汾工艺美术印刷有限公司，2010 年。

［10］段树聪：《安泽荀府遗风今犹在》，《山西晚报》2010 年 2 月 17 日。

［11］王建武：《盛装唐城"夜明珠"》，《临汾日报》2010 年 4 月 12 日。

［12］赵俊峰：《安泽县民间文学集》，三晋出版社 2010 年版。

［13］安泽县史志办公室编：《雍正岳阳县志民国安泽县志合集》，李裕民点校，内部资料，2010 年。

后　记

　　坐落于山西南部的小城——安泽，美丽、静谧。近年来因为荀子享誉中华，朋友们谈到安泽向往之情溢于言表，小城的生活方式颇有北欧风范，地广人稀，森林覆盖率高，空气清新。作为临汾人我并没有太多机会前往，只是参加过两次"荀子文化节"，荀子文化园的宏伟气势给我留下了深刻的印象，只是没有机会逗留，深入了解这座美丽的小城。2012年张有智老师给了我一个机会，他承担一套安泽地方文化丛书的编撰，感谢他一如既往地信任与提携，将有关安泽民俗撰写的工作交给我，面对这一任务时既惊喜又惶恐。我不了解这个地方，能否写出这部著作？会不会辜负老师的厚望？自己撰写的安泽民俗可否得到当地学人以及民众的认可？

　　再棘手的事情也要找个着手点，在查阅安泽地方文献、实地调查以及请教张有智老师与安泽文化人的基础上，选了安泽移民、荀子文化节、黑虎信仰、唐城秧歌、和川道情等几个切入点，希望从记忆、表演与传统三个层面以点带面地论述、阐释安泽的民俗事象，以此为个案呈现在当下文化语境中，地域文化形象的建构。在本书的撰写过程中，对安泽移民记忆、黑虎信仰、唐城秧歌、和川道情等事象进行了近两个月的调查，山西师范大学硕士研究生朱婵媛、雒宁、杨喜凤、兰天龙、王俊苗、关强、段惠丽、王琳、兰卿、张莹等做了大量的工作，付出了辛勤的劳动，在此深表谢意。非常感谢在安泽调查过程中，山西师范大学文学院亢西民教授、安泽县人大副主任景豫晋、临汾市六中教师李燕宁等的大力支持与协助！

　　感谢张有智老师，他不仅给了我撰写此书的机会，而且从本书的选题到最后的修订，他都进行了精心的指导，让我再次感受到了老师的博学与严谨；感谢中国社会科学出版社郭鹏老师为本书出版所付出的辛勤劳动；感谢父母对我工作的支持，他们承担了全部的家务，使我有条件完成这部书稿的调查与撰写工作；感谢女儿史毛馨和爱人史晋奎的陪伴与理解！

毛巧晖
2015 年 6 月